新版

学校現場で役立つ子ども虐待対応の手引き

子どもと親への対応から専門機関との連携まで

玉井邦夫

明石書店

◇はじめに

「近年、新聞やテレビ等のマスメディアを通じて「子どもの虐待」という言葉を耳にすることが多くなった。また、1992年の日本児童青年精神医学会総会においては「児童虐待をめぐって――変貌する社会・家庭・子ども」というタイトルでシンポジウムが組まれている。このように、「子どもの虐待」という問題への関心は、一般、専門家を問わず、高まってきているように思われる」――これは、1994年に出版された、西澤哲氏の著作『子どもの虐待』の出だしである。この本は、虐待に対する臨床心理学的なアプローチの体系書としては、わが国初ともいえる著作であった。わずか14年前の記載であるが、おおげさではなく「連日連夜」というペースで虐待事例に対応せざるをえないような最近のわが身を思うと、「それはいつのこと?」という気分にさせられる。それほどまでに子ども虐待は急激に社会問題化してきた。マスコミの意図的なキャンペーンという側面はあるにせよ、現在では、新聞紙上で「虐待」という活字を見ない日の方が少ないのではないかと思われるほどの状況である。

子ども虐待がどのくらい増加しているのかという点については、しばしば児童相談所の虐待相談処理件数の推移が引用される。１９９０（平成２）から２００３（平成15）年までの十余年で、相談処理の件数は20倍以上になっていて、２００５（平成17）年度には３万４０００件を超えている。もともと、虐待事例のすべてが児童相談所を経由するわけではないという指摘も多く、実数の掌握はなかなか困難と思われる。一例として、１９８９年（平成元年）に大阪児童虐待調査研究会が実施した調査では、児童相談所が関与するのは虐待事例の約40％という結果が報告されている。その後の法的な整備などで、児童相談所の関与率が上昇してきたことが、先の統計資料に見られる急増の一因であろうことは想像にかたくないが、かといってこれがすべてではないことも、本書で述べていくような学校現場における対応実態から明らかである。

もちろん、こうした児童相談所の関与率の上昇という要素以外にも、虐待防止法の施行などの施策が推進されるなかで、それまで虐待という認識をしていなかった事例についても虐待事例としてカウントされるようになってきたという事情によるところが大きいと考えられる。しかし、だからといって、子ども虐待の事例が実数としては増えていないという見方はできない。

子ども虐待が、家庭を中心とする社会全体の子ども養育機能の低下や歪みの現れであるという点については意見の一致するところだろうと思われる。家庭養育の基盤が脆弱になりつつあることはさまざまな局面で指摘されていることであり、実際、厚生労働省の人口動態統計によれば、１９８９（平成元）年には件数にして15万８０００件、率にして１・29％だった離婚は、１９９９（平成11）年には２・０％を超え、２００２年（平成14年）には30万件弱、２・３％に達している。もちろん、離婚がそのまま子ども虐待のリスクであるといっているのではない。むしろ、離婚によって子ども虐待につながりかねない家庭内のストレス連鎖を断ちきる場合もある。しかし、こうした急激な離婚率の上昇が、現代社会における家庭養育の形態や機能についての激変を示すデータであることは確かである。この他にも、就業形態の多様化による単親世帯の増加や生活リズムの乱れ、情報化社会の急激な進展による対人関係の希薄化なども指摘されることが多い。こうしたことがらが、どのような関連の仕方で子ども虐待の増加と結びつくのかという点については改めて論じたいが、少なくとも子ども虐待が実数として増加する要因は現代社会に数多くあるといっても間違いないだろう。

本書では、このように子ども虐待が急増するなかで、学校現場と教育行政がどのような役割を担うべきなのか、また、担いうるのかという点を中心に考察していく。本書の最大の特徴は、虐待という親子関係に立ち向かっていく考え方やノウハウについて、徹底的に学校現場と教育行政の観点から述べたことである。虐待そのものについての学術的な解説書は数多いし、福祉の観点から書かれた実践的なテキストも良書が次々と出版されている。しかし、学校の組織特性や、教職員の業務の流れに即して虐待対応について検討している文献はほとんどないと思われる。

そうした特性をもった本であるので、読者には虐待という現象そのものへの理解を、他の書籍によっても深めていただきたいと願っている。

本書は、総論と各論というイメージで書かれている。第1部およびまとめは総論部分である。第2部の第3章から第11章までが各論の部分である。必ずしも順に読んでいただく必要はなく、その章だけを読んでもある程度内容的には完結するように心がけた。

なお、本文中に出てくる事例は、そのすべてについて、一定の脚色を施してある。仮に、酷似した事例が現実にあったとしても、それは偶然である。そうした酷似は、ある意味で虐待事例に共通する構造の存在を示しているものと考えていただきたい。

◇新版によせて

本書は、初版発行以来、幸いにして版を重ねた。各地の研修などでも、「読んだ」という声を寄せてくれるさまざまな立場の支援者に会うことができた。

このたびの重版にあたり、児童虐待防止法その他の法規の改正や、社会状況の変化に合わせて、改訂を行った。当初は単に法規の改正と、統計的な数値を新しくすることだけで考えていたが、実際に作業を始めてみるとそれだけではすまなくなった。結果として、すべての章に大なり小なりの加筆と修正を施すこととなった。特に、今後はおそらく爆発的に顕在化してくると予想される性的虐待の問題について、旧版では説明不足だった点を補強した。

旧版出版のときと同様、今回も作業は遅れに遅れ、明石書店の編集部にはご迷惑をおかけすることの連続だった。謝罪とともに感謝を申しあげたい。

虐待への対応は、もはや学校現場にとって特異的なものではなくなってきている。それとともに、学校に対応に対する社会の目も厳しくなっている。本書が、現場の教職員の方たちと、それを支える学校臨床の関係者にとって、少しでも道標となることを願っている。

新版　学校現場で役立つ子ども虐待対応の手引き——子どもと親への対応から専門機関との連携まで✹目次

第2章　学校は虐待にどう対応してきたか　39

第5章　虐待を聴く 111

第6章　子どもへの対応　132

第7章　保護者への対応　174

第8章 校内連携 209

第11章　スクールトラウマ、メンタルケア、その他の留意点　265

資料&ブックガイド　289

＊文中の注番号は参考文献を示し、その書誌情報は巻末の「さらに理解を深めたい人のためのブックガイド」に掲載しています。

第1部 学校と子ども虐待、その現状とこれから

第１部では、子ども虐待の問題に対して学校がどのような役割を期待されているのか、現状はどうなのかという点について述べる。第２部第３章以降とはある意味で独立しているので、必ずしも順を追って読んでいただく必要はないかもしれない。しかし、一度は目を通していただきたい内容である。

第1章 学校は虐待防止にどんな役割を期待されているのか

新しい虐待対応システムに学校と教育行政は欠かせない

子ども虐待の問題に関して、学校と教育行政はこれまでどちらかといえば副次的な役割と位置づけられてきた。これは何よりも、虐待の問題が子どもの生存および生活の基盤そのものに関する問題であり、必然的に福祉分野の対応が最優先されてきたからである。そのこと自体は当然ともいえることであり、こうした段階では、学校に期待されるのは早期発見とそれに続く関係機関への通告と、人権教育などに代表される、長期的な視野での予防教育であったといっていい。今、目の前で進行しようとしている虐待ケースについては「見つけてください。そして専門機関に連絡してください」というのが学校に期待される役割だったのである。

実際、数年前まで、一部の学校現場あるいは教育行政機関のなかには、子ども虐待の問題について学校や教育行政が積極的に関与することについて懐疑的な見方をする向きもあった。そうした見方の奥底にあるのは「虐待は家庭の問題であり、家庭が本来的にすべきことができずにいる特殊な事例の問題である。そうした問題を取り扱うのは福祉領域であり、福祉がきちんと対応できているならば子ども虐待の問題は学校にはもち込まれないはずである」という認識だった。筆者自身、学校における子ども虐待への対応について話し合う席上で、「これは福祉のツケ回しではないのか」という問われ方をしたことがある。

たしかに、問題行動と呼ばれるさまざまな現象の多くが、高等学校段階を含めた初等・中等の学校教育段階で発生しているというだけの理由で、その対応や責任の多くが学校に押しつけられてきた観は否めないし、そのことでかえって学校の機能不全が起きているという問題認識は重要である。そうした現状に対する思いが、「家庭の問題こそ先決であり、学校はそのツケを支払っているのだ」という論理にも通じていくのかもしれない。しかし、だからといって「虐待対応は福祉の専門領域であり、学校は無関係」という姿勢はまったくの間違いなのである。副次的どころか、学校現場と教育委員会は、社会全体の虐待対応システムにおいてむしろ中心的な位置にあるべき機関なのである。

♻虐待を防ぐために必要な「漏れの少ない網の目」

その理由として最も本質的なのは、わが国のヒューマンサービス体系のなかですべての子どもと家族に投網的に関与する権限を有しているのが学校システムだけであるということである。医療・保健・福祉といったシステムは、受益者が自らの意志でそのサービスにアクセスしてこない限り、積極的な関与がしづらい仕組みをもっている。また、虐待事例の早期発見を考えたとき重要な位置を占める母子保健領域の健診システムについても、多くの「問題事例」が健診を受診しなかった家族のなかに潜んでいるという認識はほとんど常識になっている。つまり、「網の目」から漏れているケースほど重大な問題を秘めている可能性が高いということなのである。

もちろん、虐待の場合には強制的な関与の権限が児童相談所に与えられている。しかし、そもそも虐待を生じている家族で、加害者になっている親が福祉的な介入を自分たちにとっての「受益」と考えることは少ない。虐待という問題は、周囲が考える「支援の必要性」が、当事者には共有されにくいという基本的な特性をもっているのである。だとすれば、「漏れの少ない網の目」こそが要求されることになる。

その点で、学校システムは、子どもの居所に応じて、義務教育段階であれば必ず「担任」が決定されるし、家庭との接触を含めた関与の権限が与えられる。それだけではなく、親の方も「学校は子どものことをするところ」という認識があるため、比較的話し合いの切り口を見出しやすいという利点もある。このような特性を有する学校システムが虐待対応に組み込まれていくことは必然的なことなのである。

✿児童相談所だけでは実現できない予防的対応

現実の問題として、虐待対応のシステムが福祉的対応だけでは限界に達しているという認識は、すでに多くの関連領域で共有されているし、法的な面でも新たな体制整備に向けた動きが加速している。それは、ひとことでいえば「予防」により重点を置いたシステムへの転換を目指すものということができる。

社会全体の虐待対応システムは、一定の段階を経て発展すると考えられている。初期の段階では、何よりも子どもの安全確保が最優先の課題になる。それがある程度まで達成されてくると、単に子どもの身柄を安全に確保することだけではなく、親と子の関係そのものをケアしていかなければならないという課題が前面に出てくる段階になる。ケアという観点は、虐待の世代間伝達（虐待を受けて育った子どもが、長じて親になったときに、虐待をするようになってしまうという現象）を食い止めるという、いわば究極的な虐待予防活動にとってもきわめて重要だと認識されるようになるのである。

　こうした予防対応とケアの重視という課題に直面すると、社会の虐待対応システムも変化せざるをえない。

　これまでのシステムは、いわば火事が起きた場所にできる限り早く駆けつけ、炎のなかから子どもを救い出す、というものだった。その目的でいいというのならば、一定の地域ごとに火の見櫓が建っていればいいということになる。児童相談所に一極集中するような対応システムは、こうした段階のものだったといっていい。

　ところが、当然のことながら、火事は起きてから消火にあたるよりも、起こらないでいてもらう方が社会的なコストも結局は安くなる。室内の小火のうちに対応した方が、消火そのものもしやすいということになる。つまり、予防的対応ができるようになるほど、子どもと親の被るダメージも少なくなり、対応もしやすくなる、ということである。こうした目的になると、もはや火の見櫓では十分な機能とはいえなくなる。路地を巡りながら火の用心を訴えていくような機能が必要になるのである。そうした活動は、児童相談所のみでは実現できない。より地域に密着した各機関の力を結集することが必須の課題になるのである。

　このような、より地域に密着した形での新しい虐待対応システムは、学校現場と教育行政に何を求めているのか。以下に、順次見ていくことにする。

虐待防止法の改正に見られる「学校に期待される役割」

社会的な虐待対応システムのなかに学校を組織として位置づけようとする方向性は、２００４年（平成16年）10月１日付で施行された改正児童虐待防止法（通称。以下、防止法と略記）においても明瞭に示された。この法律は子ども虐待への対応についての骨組みとなっているものであり、改訂は、２０００年（平成12年）の施行時にすでに予定されていた見直しである。そのなかで教育行政や学校に対する役割規定が一段と明確にされたということは、虐待対応に際しての学校の機能に対する社会的な期待の現れということもできる。

以下では、防止法の改正点のなかで、学校現場と教育行政に直接的に関わってくると思われる点をとりあげて、社会全体としての虐待対応システムのなかで学校に求められているものが何なのかについて検討していくことにする。防止法の全文は資料として巻末に掲載しているので、新旧条文の対照については煩雑ながら参照していただきたい。ここでは改正点の主眼について述べることにする。

なお、防止法は２００７年（平成19年）と２００８年（平成20年）にさらに相次いで改訂され施行されている。ただし、これらの改訂は主として児童相談所による立入調査などの権限を強化したり、指導に従わない保護者に対して児童相談所による措置のあり方を明確にしたりといった、児童相談所を中心とする福祉機関に関連する内容が主眼であり、虐待防止システムのなかに学校や教育行政を位置づけるという趣旨の改訂は、16年のもので一段落していると考えていい。なお、巻末資料は、最新版の虐待防止法である。

本章では、虐待防止法規において学校や教育行政に課せられた責任がどのように変化したのかを解説することが目的であり、以下の本文内で「旧法」と称しているのは平成16年改正前の防止法で、「新法」とは平成16年改正の防止法を意味している。

1　第二条（児童虐待の定義）に関する変更点——保護者以外からのネグレクトとDVの存在

第二条（児童虐待の定義）の改正点は2点ある。一つは、保護者以外の人間が虐待行為を加えている事態についても、保護者のネグレクトとして虐待と認定できるようにしたことである。旧法では「保護者（親権を行う者、未成年後見人その他の者で、児童を現に監護するものをいう。以下同じ。）」の行為としてのみ各種の虐待が定義されていた。新法では、「保護者以外の同居人による前二号（身体的虐待と性的虐待のこと）又は次号（心理的虐待のこと）に掲げる行為と同様の行為の放置その他の保護者としての監護を著しく怠ること。」も保護者の虐待行為であると定義している。子どもが保護者以外の人から虐待的な扱いを受けていることを看過することは、保護者自身の虐待行為なのだ、と規定したわけである。

旧法の規定では、たとえばきょうだい間の身体的虐待や性的虐待では、直接の加害者が保護者ではないという理由で「虐待ではない」とされてしまうような事態が生ずることがあった。もともとわが国の性的虐待に関する法的定義は「保護者による」という限定が加えられている点で欧米の定義よりも狭義のものになっていた。このこと自体は親子関係の密着度などの文化的要因が異なる以上、一概に是非を論じられるものではない。しかし、被害者となる子どもの心理的なダメージは、加害者が保護者であろうとそれ以外の人物であろうと同様であり、被害者救済という観点から法的対応の隙間になりうる部分を埋めるための改正であると考えていいだろう。

二つめは、ドメスティック・バイオレンス（以下ＤＶと略記）の存在が子どもに対する虐待であると規定されたことである。具体的には、第四項に心理的虐待の一例として明記された。旧法では心理的虐待を「児童に著しい心理的外傷を与える言動を行うこと。」とのみ定義していたが、新法では「児童に対する著しい暴言又は著しく拒絶的な対応、児童が同居する家庭における配偶者に対する暴力（配偶者〈婚姻の届出をしていないが、事実上婚姻関係と同様の事情にある者を含む。〉の身体に対する不法な攻撃であって生命又は身体に危害を及ぼすもの及びこれに準ずる心身に有害な影響を及ぼす言動をいう。）その他の児童に著しい心理的外傷を与える言動を行うこと。」という詳細な定義がなされたのである。

これは事実上の虐待の定義の拡大であり、すでに欧米ではＤＶを日常的に目撃しているということを5種類目の虐待として定義してきた考え方に合わせたということになる。たとえ直接的な暴行・暴言を受けていなくても、両親にあたる大人同士の間にそのような関係が存在していることで、子どもの精神発達には深いダメージが与えられるのである。

児童虐待防止法の改正に合わせてＤＶ防止法も改正され、ＤＶの被害者だけではなく、その子どもについても保護命令（接近禁止命令）の対象とされたことで、女性が子どもを連れてＤＶから逃れてきた場合に、女性相談所と児童相談所の連携による包括的な対応が期待されるようになる。ただし、学校にとっては、この改正はこれまで以上に家庭内の人間関係に対する「踏み込み」に難しい判断を要求されることにつながる。たとえば保健室などで子どもが両親間の暴力行為を訴えた時点で、虐待の発見ということになり、形式としては通告義務が生ずることになるからである。現実の問題として、これだけで通告に踏み切ろうとする学校現場は少ないであろう。

2 第四条（国及び地方公共団体の責務等）および第十三条（児童虐待を受けた児童等に対する支援）に関する変更点

第四条では、虐待の早期発見と防止、児童の保護及び自立の支援に携わる人材の確保と資質向上などに関する研修を講じる義務が国と地方公共団体に課せられた。そして、新設の規定として、児童福祉施設の職員と併記して学校における適切な子どものケアや家庭に対する指導のあり方についての調査研究についても国と地方公共団体の講ずべき措置であるという規定がされた。学校の対応力向上が教育行政の責務として位置づけられたということである。これは、第十三条（児童虐待を受けた児童等に対する支援）において、虐待を受けた子どもが「その年齢及び能力に応じ充分な教育が受けられるようにするため、教育の内容及び方法の改善及び充実を図る等必要な施策」を講じる義務が国及び地方公共団体に課せられたことと連動する。学齢期の子どもにとって教育を受ける権利はいかなる状況下でも保障されなければならず、仮に現行の学校システム内で対応困難な事例であれば、その子に応じた教育環境を提供する方向ですべてを考えなければならないということである。

3 具体的な対応に関する変更点

具体的な対応についてもより踏み込んだ改正が加えられている。第五条（児童虐待の早期発見等）において、旧法では教職員個人に課せられていた早期発見の努力義務が、組織としての学校に対しても同様に課せられた。同時に、子どもと保護者に対して、虐待防止のための教育や啓発が義務づけられた。こうした規定により、単に目の前の虐待ケースに適切に対応するということだけではなく、人権教育や日常的な生徒指導などを通じて、将来的な虐待防止にも学校は明確な意識をもって臨まなければならないということになる。また、第六条（児童虐待に係る通告）において、通告義務の要件が「虐待を受けた児童を発見した」場合という規定から「虐待を受けたと思われる児童を発見した」場合に改められた。要するに、虐待の発見と通告における学校の役割がこれまで以上に重視されてきたのである。

早期発見の努力義務が教職員個人にのみ課せられていた旧法下では、万一、通告に学校管理者の同意が得られなかった場合には教職員が深刻なジレンマに陥る事態もあった。仮に教職員が個人の判断で通告したとしても、実際問題としては学校が組織として関与できないことは重大な支障になっていた。また、通告要件が「虐待を受けた子ども」とされていたことで、虐待の確証が得られないという理由で通告を躊躇する傾向は学校現場に顕著に見られた。これらのことがらについては後に詳述することにする。本来、虐待であるかどうかの判断は児童相談所や福祉事務所など、通告される側の責任であり、学校は疑ったら通告するというのが法の趣旨である。今回の改正はこの点をさらに明確にしたものである。

ただし、学校現場には通告の実効性を疑問視する声も強い。実際、通告後の対応――とりわけ家庭に対する対応――についての経過がなかなか学校には知らされず、なかには問い合わせてもプライバシーを理由に児童相談所が情報提供をためらい、進路指導などに支障をきたしたというような事例も見られたことがある。福祉領域ばかりを求心力にしてきた虐待対応システムの弊害の一つでもあり、個人情報の保護と虐待対応という二つの命題を両立させようとするときの困難さを示す実例ということもできるだろう。

こうした点に鑑みて、第八条（通告又は送致を受けた場合の措置）においては、通告の受け皿である福祉事務所と児童相談所に対し、学校の教職員等の協力を得つつ職務を遂行する義務が規定された。この規定と表裏一体のものとして、第五条には国の虐待防止施策に対する学校の協力義務が規定されている。法改正の趣旨どおり学校からの通告率があがるためには、通告後の対応システムが今以上に成熟することが不可欠であろう。そして、この課題には学校の子どもと家庭に対する対応力向上も当然含まれると考えなければならない。

虐待対応のための「要保護児童対策地域協議会」

1　要保護児童対策地域協議会の前身となる市町村虐待防止ネットワークの実状と課題

本書のなかでも随所で触れることになるが、虐待事例への対応にはさまざまな機関の連携が不可欠である。連携とは、情報の共有と行動連携の両者が含まれる。

こうした観点から１９９２（平成３）年以降、各市町村において、「ことが起きたときの個別ケース会議」にとどまらず、常設型のネットワークによって関係機関の相互理解を深め、結果として早期発見と早期介入を可能にしようという試みが続けられてきた。２００４（平成16）年に実施された厚生労働省による実態調査では、全国の市町村のうち39・８％でこうしたネットワークが設置されていた。一見すると低い数値のように思われるかもしれないが、指定都市の設置率は１００％、区では82・６％、市では67・０

%、町で34・５%、村で20・５%となっていて、明らかに人口密度ないし人口数と相関していた。人口が多くなればそれだけ虐待件数が増加し、市町村の切迫感も高まる、ということだったのだと思われる。ただし、学校という視点から考えた場合には必ずしも問題なしといえなかった。概して、人口数の少ない地域ほど、地域資源の中核として学校が占める役割は増大するものである。そして、人口移動の広域化に伴って、こうした地域でも虐待の発生する危険性は高まっていたと思われるし、なかには「ある日突然『虐待ケース（ネグレクトの場合が多いようだが）』が転入してくる」といった事例もある。ネットワークが存在しない地域でこうした問題が発生したとき、学校はほとんど必然的に抱え込みに陥らざるをえないという状況だったのである。

市町村虐待防止ネットワークの中核機関は、「児童福祉主管課」と「児童福祉が主担当となる保健福祉統合課」を合わせると60・８%、「母子保健主管課」と「母子保健を主担当とする保健福祉統合課」を合わせると11・１%、「主担当を一方に定めない保健福祉統合課」が８・８%であった。回答は重複回答であるため単純にはいえないが、これらの合計で全体の８割を占めている。その他には「障害福祉主管課」「家庭児童相談室」「福祉事務所」「保健センター」「保健所」などで、「教育委員会」という回答も５・９%あったものの、ほとんどが福祉または母子保健を中心に運営されていたと考えていい。

ネットワークの活動が「虐待防止」に限定されていたという市町村は、実は５割に満たない状況だった。半数以上の市町村がそれ以外の活動目的として「いじめ対策」（22・８%）、「非行対策」（20・６%）、「不登校」（２・９%）、「障害児支援」（19・４%）、「引きこもり」（17・４%）などを掲げていた。この点は実は非常に重要なことで、虐待という現象の予兆ないし影響として、一見すると虐待とは思えないような事象が観察されるということが非常に多いのである。学校教育的にいえば、虐待防止の活動は生徒指導上のあらゆる課題と密接に関連しているということであり、防止ネットワークが裾野の広い活動目的を掲げていたのは当然のことといえる。

虐待防止に対して一定の効果を期待された市町村虐待防止ネットワークだが、決定的な課題があった。多くのネットワークが行政部局間の横断的な任意のつながりとして設置されていたため、個人情報を共有するうえで困難が大きかったのである。たとえば、ネットワークが主催して個別ケース会議を開いたとしても、母親の主治医である精神科医は医師法に縛られ、子どもを担当している教員は地方公務員法に縛られ、というように、それぞれの職種が異なる法律で守秘義務を課せられていて、なかなか情報の共有が進められないという実態が指摘されていた。

こうした課題を解決するために構想されたのが、次に述べる要保護児童対策地域協議会である。

2　家庭児童相談全般の一次機能が市町村に

前項で見てきたように、市町村虐待防止ネットワークは主として早期発見の目的で設置が進められた。常設型のネットワークとして、関係する各種機関の相互理解を深めるなどの効果は大であったと思われるが、同時にさまざまな面での困難さ、課題を残していたことも述べたとおりである。

そうした課題のなかでも、個人情報の共有に関する戸惑いは、ネットワークという構想の根本に関わる問題であった。後述するが、学校現場が虐待事例に対応するにあたり、関係機関との連携について抱いている困難さもまた「個人情報の共有の難しさ」なのである。

虐待事例では、当然ながらきわめて微妙な個人情報を扱うことが多くなる。任意設置であった市町村虐待防止ネットワークでは、個人情報に対する守秘義務に限界があった。特に、24時間体制での見守りなどが必要なケースでは、公務員だけではなく民間の力を借りる必要がある。民生委員や児童委員がこうした役を担うことが多いが、彼らは基本的にはボランティア活動に従事する民間人の身分であり、公務員としての守秘義務を課せられていない。また、それぞれのケース対応力にも大きな較差があり、民生委員に伝えられた情報が、決して悪意ではないにせよ当該の保護者に伝わってしまい、ケースマネージメントに支障をきたしてしまうという事例も見られていた。

こうした根本的な問題を払拭する目的で、児童福祉法を改正し、市町村虐待防止ネットワークを新たな法定協議会として位置づけることで、個人情報に対する守秘義務を担保しようとしたのが要保護児童対策地域協議会である。虐待のような事例では、専門機関同士の連携や個人情報の共有などについて保護者の同意を得られないこともしばしばであり、子どもの安全という観点からネットワーク対応の基盤を整備したと考えられるだろう。こうした動きに関連する児童福祉法の改正点、および、要保護児童対策地域協議会の設置・運営要綱を巻末資料として掲載した。

だが、要保護児童対策地域協議会の新しさは守秘義務の担保だけではない。前身の市町村虐待防止ネットワークが、どちらかといえば早期発見を重視し、児童相談所を求心力とする福祉対応への「つなぎ」機能を求められていたのに対して、今回の要保護児童対策地域協議会は、家庭児童相談全般の一次機能を市町村におろすという前提で構想されている。これは、実際の対応力を市町村行政機関に求めることに他ならない。２００５（平成17）年からは、虐待を含めたあらゆる子どもと家庭に関する相談の一次窓口は市町村に統合された。これに伴って、虐待の通告先も児童相談所のみならず市町村の窓口も加わった。こうした変化は、否応なく、実質的な対応力や危険性の判断力を市町村に求めていくことにつながる。

この場合の対応力とは、主として予防対応である。虐待のリスクを早期に発見し、これまで以上に迅速な対応を可能にするため、母子保健、教育などと連携した地域密着型のネットワークをつくりあげる目的である。そこで求められてくるのはリスクを的確に判断する技量と、親子関係に介入していく技量である。これは、当然のことながら学校現場に対しても求められてくると考えなければならない。

補足であるが、防止法と双子のような歩調で改正がくり返されているドメスティック・バイオレンス防止法（通称）においても、２００８（平成20）年の改正で、それまでの「市町村は配偶者暴力相談支援センターの業務を実施することができる」という規定から「配偶者暴力相談支援センターの業務を実施するよう努めなければならない」「ＤＶ防止及び被害者の支援のための『市町村基本計画』を定めるよう努めなければならない」というように市町村の努力義務が拡大された。市町村の義務や権限が増すごとに、市町村立機関である公立の小中学校の責務も増大していくと考えるべきであろう。

3　要保護児童対策地域協議会の実態と課題

さて、機関連携による虐待対応の切り札ともいうべき要保護児童対策地域協議会であるが、その実態はどのようなものなのであろうか。厚生労働省による「市町村の児童家庭相談業務の状況及び要保護児童対策地域協議会（子どもを守る地域ネットワーク）の設置状況等について（平成21年４月現在）」の調査結果をもとに見ていきたい。

まず設置状況についてであるが、全国１７９８の市町村のうち、要保護児童対策地域協議会を設置しているのは１７５５市町村で、97・６％にのぼる。指定都市や人口10万以上の市では１００％であり、村についても89・5%に達していて、ほとんどすべての市町村に設置されているといっても過言ではないだろう。この時点で、２０１０（平成22）年末にはこの設置率が99・6%になると見込まれていて、法定化によって、虐待防止のネットワーク構築は急速に進んだということができる。都道府県単位でいえば「全市町村に設置」が33、「8割以上で設置」が13で、設置率が8割を下回っているのは1県のみだった。

協議会で推進役となる行政部局を「調整機関」と呼んでいるが、この調整機関の種別内訳を示したのが**表1**である。

圧倒的に福祉部局が多いことは当然であるが、わずかとはいえ教育委員会が調整機関になっている。その比率が、市町村規模が小さくなるほど増えていることに気づく。ここにも、人口規模にかかわらず、ある程度平準的に存在している教育行政の地域性があると思われる。

要保護児童対策地域協議会は、**図1**のような構成になっている。

協議会は通常「代表者会議」「実務者会議」「個別ケース会議」の三層構造になっている。ただし、人口規模の小さい自治体では代表者会議と実務者会議、あるいは代表者会議と個別ケース会議といった二層構造になっている場合もある。一方、人口規模の非常に大きな自治体では、「虐待部会」「発達支援部会」「学校支援部会」などといった部会に分けて活動している例もある。

通常は実務者会議を構成する行政部局のうち一つが調整機関として指定され、住民や地域機関、ときには地域外の機関（高等学校、特別支援学校、医療機関、児童相談所など）からの連絡に一元的に対応する。虐待を疑われるケースの連絡を受けると、調整機関は緊急受理会議を開き、個別ケース会議を開催するかどうか、開催するとしたらどの機関に出席を要請するかなどを決定する一方で、子どもの安全確認のための情報収集などを開始する。個別ケース会議では、そのケースに関与する人間が一堂に会して情報の共有と支援方針を話し合うことになる。こうした一連の過程で児童相談所は適宜助言をする立場になる。

要保護児童対策地域協議会の最大の特徴は、法定化することで個人情報の共有を担保したという点にある。この協議会の要項に規定された会議では、参加者の職種ごとの守秘義務を規定した法規を超えて、個人情報を本人の同意なく開示することが許される。たとえば、医師がカルテの内容を開示しても医師法違反には問われないのである。そのかわり、児童福祉法上の守秘義務がかかり、しかもその義務は退職後も含めた終身のものとされている。これによって、任意設置のネットワーク時代の難題がクリアされることになるのである。

ただし、このことは「内緒話」ができるようになるというイメージでとらえられてはならない。情報の共有が行われれば、当然のことながら、各機関のケースへの対応が変化す

図１　要保護児童対策地域協議会の構成と機能

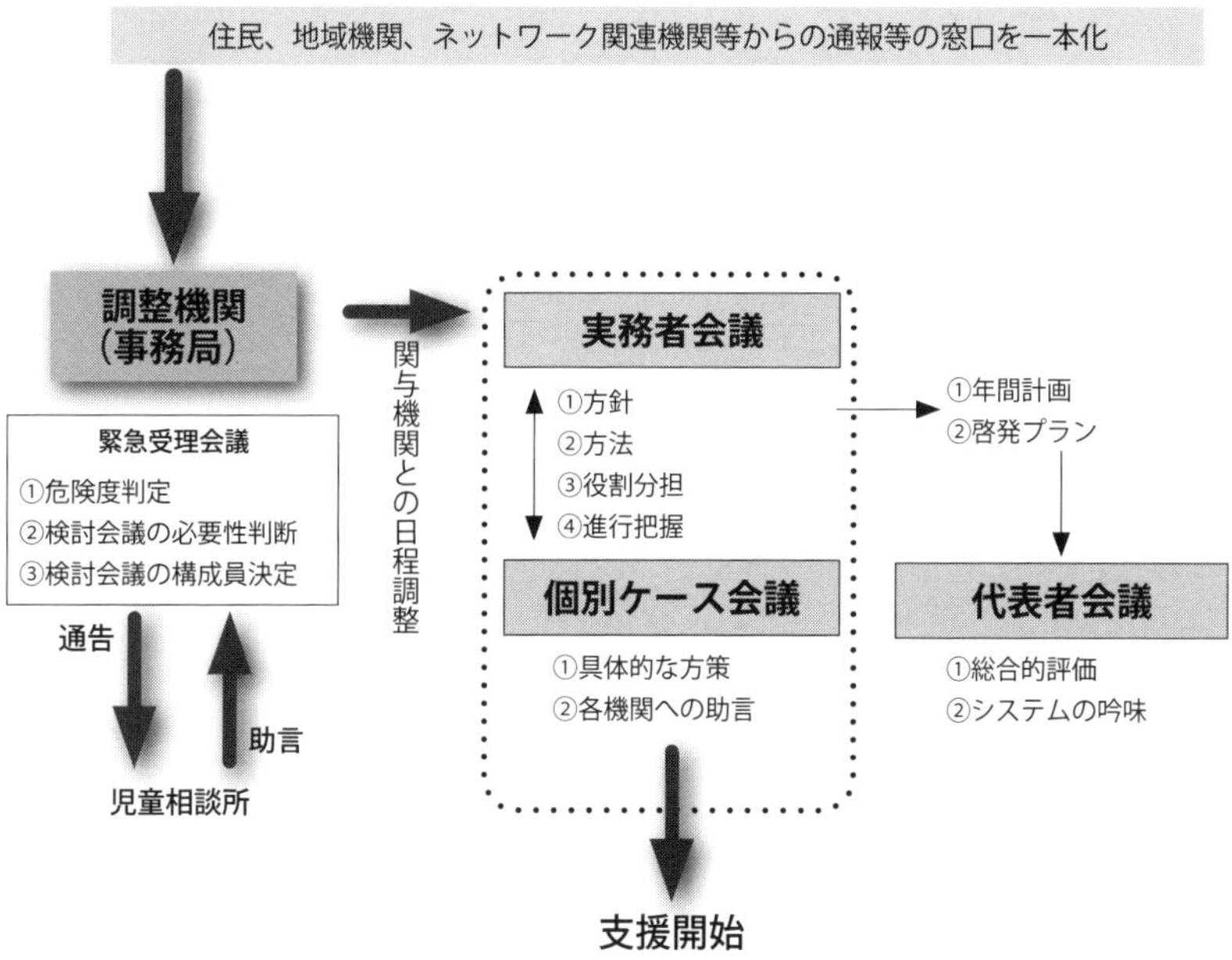

指定都市	合計	参考（2008年4月）
6	907	886
33.3%	54.5%	57.8%
-	27	23
-	1.6%	1.5%
5	436	383
27.8%	26.2%	25.0%
1	129	100
5.6%	7.80%	6.5%
-	32	24
-	1.9%	1.6%
-	14	13
-	0.8%	0.8%
-	48	34
-	2.9%	2.2%
-	1	2
-	0.1%	0.1%
3	9	11
16.7%	0.5%	0.7%
-	7	9
-	0.4%	0.6%
3	53	47
16.7%	3.2%	3.1%
18	1,663	1,532
100.0%	100.0%	100.0%

表１　要保護児童対策地域協議会の調整機関の内訳（2009年４月１日現在）

規模区分＼調整機関	市・区（30万人以上）	市・区（10〜30万人未満）	市・区（10万人未満）	町	村
児童福祉主管課	42	147	320	348	44
	65.0%	73.5%	64.1%	48.3%	27.3%
母子保健主管課	-	-	5	18	4
	-	-	1.0%	2.5%	2.5%
児童福祉・母子保健統合主管課	8	10	37	289	87
	12.5%	5.0%	7.4%	40.1%	54.0%
福祉事務所（家庭児童相談室）	10	25	88	3	2
	15.6%	12.5%	17.6%	0.4%	1.2%
福祉事務所（家庭児童相談室除く）	1	1	28	-	2
	1.6%	0.5%	5.6%	-	1.2%
保健センター	-	1	1	10	2
	-	0.5%	0.2%	1.4%	1.2%
教育委員会	-	3	13	24	8
	-	1.5%	2.6%	3.3%	5.0%
市設置の保健所	-	-	-	-	1
	-	-	-	-	0.6%
児童相談所	-	-	-	4	2
	-	-	-	0.6%	1.2%
障害福祉主管課	-	-	1	5	1
	-	-	0.2%	0.7%	0.6%
その他	3	13	6	20	8
	4.7%	6.5%	1.2%	2.8%	5.0%
合計	64	200	499	721	161
	100.0%	100.0%	100.0%	100.0%	100.0%

※調整機関の単位数は件

出所：市町村の児童家庭相談業務の状況及び要保護児童対策地域協議会（子どもを守る地域ネットワーク）の設置状況等について（2009年４月現在）

虐待事例の減少		死亡例、重症例の減少		虐待問題の認識・関心の高まり		その他	
数	%	数	%	数	%	数	%
48	3.0	83	5.3	937	59.5	35	2.2
3	4.3	4	5.8	62	89.9	0	0.0
3	1.5	21	10.4	154	76.6	4	2.0
21	4.3	31	6.3	310	63.0	9	1.8
20	2.9	26	3.7	352	50.7	16	2.3
1	1.0	0	0.0	45	42.9	5	4.8
0	0.0	1	6.7	14	93.3	1	6.7
58	3.5	89	5.3	1,015	61.0	41	2.5

出所：厚生労働省『市町村域での要保護児童対策地域協議会及び児童虐待防止を目的とするネットワークの設置状況調査の結果について（平成18年４月調査）』（2006年10月発表）

る。そのことは、ケース（特に加害者視されている保護者）にはたいてい「何かあった」と感じとられることになる。この点については2章であらためて検討する。

要保護児童対策地域協議会の使命はあくまでも予防的対応にある。したがって、「虐待かどうかははっきりしないが、心配」という段階で調整機関に連絡が入ることが最も大切なこととなる。協議会には児童相談所のような強制的介入の権限もなければ、子どもを家庭から分離する権限もない。あくまでも虐待につながりかねないリスクを抱えた親子を早期に把握し、その関係の悪化を防ぐために地域ベースの取り組みをしていくことが課題である。不幸にして明確に虐待と呼ぶべき状況に陥ってしまったケースについては、児童相談所との連携のもとで対応していくことになる。たとえば、ここで紹介している調査が行われた２００８（平成20）年の時点で、要保護児童対策地域協議会が把握していた「要保護児童ケース（大半が虐待疑いのケースであると推定される）」は７万５３７８件であるのに対して、この年度に児童相談所が対応した虐待件数は２６

表２　要保護児童対策地域協議会または児童虐待防止ネットワークの設置によるメリット、効果、改善された点（複数回答）

		協議会・ネットワークの設置数・予定数	連絡調整・情報共有		各関係機関の役割明確化		早期介入	
		数	数	%	数	%	数	%
全体		1,576	1,029	65.3	768	48.7	643	40.8
都道府県	市・区（30万人以上）	69	64	92.8	58	84.1	42	60.9
	市・区（10～30万人未満）	201	166	82.6	135	67.2	110	54.7
	市・区（10万人未満）	492	342	69.5	264	53.7	211	42.9
	町	694	396	57.1	272	39.2	249	35.9
	村	105	48	45.7	29	27.6	24	22.9
指定都市		15	13	86.7	10	66.7	7	46.7
（参考）2005年度		1,665	1,123	67.4	792	47.6	659	39.6

62件となっている。この数値からも、要保護児童対策地域協議会が一次対応ラインとして予防的観点でかかわり、そのなかからケースの状況に応じて児童相談所を活用するかどうかを絞り込んでいくという構造が理解できると思う。

要保護児童対策地域協議会の活動の中核にあたる個別ケース会議の開催頻度は、ケース数の多さによって当然ばらつきが出るが、1ケースあたりの平均をとるとほぼ年間2～4回となる。3～6か月に一度といったペースで個別ケース会議が開かれていることになる。

要保護児童対策地域協議会の効果と課題については、やや古いデータになるが、2006（平成18）年に任意設置の市町村ネットワークとともに実施された厚生労働省の調査がある。そこでは、協議会およびネットワークの設置による効果については、「虐待問題の認識・関心の高まり」という啓発面を指摘する回答も多いが、対応の実務に関しては「連絡調整・情報共有」「各関係機関の役割明確化」「早期介入」のいずれの回答についても、人口規模が大きくなるほど明らかに効果があるとしていることがわかる。人口規模が大きくなればそれだけ虐待事例にも数多く遭遇するであろうと考えられる。虐待事例への対応が日常的になっていけばいくほど、個人情報の共有を可能にする法定協議会の仕組みが奏功していることが如実に示されている（**表2**）。

また、協議会の運営をするうえでは、「事務局に負担が集中してしまう」「効果的な運用方法がわからない」「スーパーバイザーがいない」といった回答が3割から4割強となっていて、システムをつくっても人材の確保に苦慮している実態がうかがわれる。こうした実情は、現在でも基本的に変わりはないと思われる。

第2章 学校は虐待にどう対応してきたか

さて、ここまで虐待防止法と児童福祉法の改正点を確認する形で、虐待対応システムのなかで学校に期待される役割について概観してきた。また、虐待対応システムそのものの新たな枠組みについても検討してきた。この章では学校という組織の特性を踏まえながら、学校における虐待対応の現実的な課題について見ていくことにする。

学校における虐待対応の課題

1 「投網性」がもたらす問題

先に、学校が虐待対応システムの一翼を積極的に担うべき必然性として、子どもと家庭に関与する際の投網性を指摘した。学校に期待される役割が主として発見と通告という場合には、この投網性はそのまま利点となる。ところが、対応力までが積極的に求められてきたとき、この投網性こそが学校における虐待対応の困難さを増幅する最大の要因の一つになってくる。つまり、学校には必ず「その子以外の子」「その家庭以外の家庭」が存在するという事実である。学校生活の個々の断面ごとには、子どもと教員の関係だけからすれば、特別支援学級などで一対一という状況はありうる。しかし、特別支援学級もまた、ほとんど例外なく当該の子どもの所属する学年との連携のなかで運営されている。学校生活の全体を通じて、特定の子どもが他の子どもから「隔離」された状況に置かれることはまずないし、そのような状況をつくろうとしても実際には不可能に近い。どれほど担当する教員が子どもとの個別的な関係のなかで工夫を凝らしたとしても、学校生活においては教員の統制を超えたさまざまな相互交渉が生じることを避けられない。

虐待を受けた子どもがしばしば集団生活において著しい不適応行動を示すのは周知の事実であり、そこには後述の通り複雑な機制が存在する。個別的な心理臨床や医療・福祉領域の対応のなかでは、こうした機制を踏まえて、相当に意図的な生活環境、治療環境を構築することも不可能ではないかもしれない。しかし、学校という組織にはそれができないのである。

こうした現実的な制約は、子どもだけでなく保護者への対応においてもまったく同様である。虐待を受けた子どもが示すさまざまな逸脱行動に対して、特にその「被害」を被った子どもの保護者から、学校に対する突きあげが生じてしまう事態も決して珍しくない。しかし、ここでも学校はその子が虐待を受けているということを明示して説明することはできないのである。

2　家庭との関係

家庭との関係においても、学校は福祉領域の対応と異なるスタンスを要求される。子どもの生命に急迫的な危機状況が認められたり、家庭における養育力の不足が補償不可能と判断されたりした場合には、子どもは家庭から分離されることになる。もちろん、子どもが施設に措置されたとしても、その子どもが義務教育年齢にある限り、どこかで教員が対応していることになるが、原籍の学校にしてみれば目の前から子どもがいなくなることで虐待対応も終結すると考えられるかもしれない。しかし、現実には複数の子どもがいる家庭ですべての子どもが同時に保護されるという事態は稀であり、別の子どもを通じて家庭と学校との関係は継続されることが多い。たとえすべての子どもが分離されたとしても、親はその地域に依然として生活している。とすれば、地域社会の一つの核としての学校は、なんらかの形でその家庭との関係をもち続けざるをえない。虐待を生じさせてしまう家族は、家庭外の各種のネットワーク（親族、近隣、友人、職場など）からも孤立傾向を示していることが多く、ひとことでいえば「地域の厄介者」的な扱いを受けている場合が多い。したがって、仮に子どもが家庭から分離されたとしても、その家族は依然として地域社会のなかである種のストレッサーとして認知され続けていることも多く、その影響はさまざまな形で学校にも届くことになる。

こうした、具体的な家庭との関係だけではなく、事態に対する危機意識という点でも、教育領域と福祉領域では必ずしも一致しないこともある。たとえば、小学校３年生の長女を頭に４人の子どもがいる母子家庭があった。４人の子どもはいずれも父親が異なり、戸籍のうえでは母は一度も結婚していない。末の子どもはまだ2歳であり、長女は実質的にこの子の養育を任されているような生活状況に追いやられていた。当然、長女は安定した登校と学校生活を続けられる状態ではなく、遅刻や欠席、学校生活への集中困難といった問題点は徐々に強まってきていた。こうしたなか、母親はまたしても妊娠した。これ以上の養育が現実的に可能なのかを問う保健師に対して、母親は「長女がしっかり面倒をみるので大丈夫。中絶するお金がもったいないから産むつもりだ」と述べた。この時点で、学校側はもはや長女を在宅のまま支えることは困難であると判断し、ネグレクト事例として通告に踏み切った。その後、児童相談所から子どもを一時保護する方針が示されたが、なんと保護されたのは末の乳児だったのである。これは、福祉領域の対応としてはある意味で当然の判断である。適切な衣食住のケアもおぼつかない生活環境のなかで、最も危険にさらされているのは自己防衛力の弱い乳児であることは間違いないからである。しかし、通告した学校側からすれば、最も「緊急」を要する課題を抱えているのは長女であり、その対応に限界を感じたからこそ通告したのである。その長女は依然として家庭に残り、しかも、児童相談所の介入に反発した母親は、「お前がしっかりしていればこんなことにならなかった」と長女を責めることになり、長女への対応の困難さはむしろ増したかの観があった。

3　学校という組織の特性

学校という組織は非常に複雑で、直線的なヒエラルキーとして考えることができない。学級、学年、教科といった分担と生徒指導、進路指導、教務といった職務分掌はマトリックス構造をなしており、情報伝達や連携の仕組みも単純ではない。組織を構成している職種こそ、養護教諭やスクールカウンセラーという少数の人間を除いてほとんど単一に近いが、職制の複雑さが個々の教員に多重な役割を求めることにつながり、結果として校内における連携の実を低下させてしまうこともしばしばある。そうなると、結局は虐待に対する対応力を「力量」という個人の要因に依存せざるをえなくなる。

また、学校には「教授－学習」という軸と「管理－経営」という軸が常に同時に存在している。この二軸は学校でのあらゆる教員の活動に影響しているが、ときとして整合性のある解決が困難になる場合もある。ある教員にとっては「教授－学習」面の方が優先されるべきだと考える事態に対して、「管理－経営」面からの批判が出され、下手をすると教員間の対立構造を生み出すこともある。この二軸の対立は、そもそも学校という組織の宿命ともいえるもので、えてして議論は「鶏か卵か」という際限のない悪循環に陥ってしまう。

さらに、学校という組織の重大な特性は教員の異動の頻繁さである。異動がないとしても担任の交代は確実に起こる。当然、対応の一貫性に支障が生ずることが考えられるが、異動についてはもう一つ別の側面でも問題につながる。現状の教員配置は在籍する児童生徒数を基礎とした原則を主としており、現場にいる教員の大半は学級担任ないし教科担任という形で子どもに接する。虐待への対応は、対応する側の人間にも著しいストレスを与えるもので、すでに欧米では「二次的外傷性ストレス（ＳＴＳＤ）」という概念が提唱されて研究も進められている。強い歪みをもった親子関係や激しい逸脱行動、親や子から向けられる激烈な感情や攻撃、場合によってはそれを契機に生じてしまう学級崩壊といったことがらを通じて、教員は強度の失敗体験にさらされる。しかし、たとえ異動や担任交代によってそうした環境から離脱したとしても、適切なメンタルケアを受けられないなかでは、新たな環境への適応に障害をきたすことも稀ではない。その場合、職場集団を形成する他の教員は、なんらかの形でフォローに尽力しなければならなくなる。つまり、適切な対応システムのないなかでは、一つの虐待事例に対応した教員がトラウマを抱えたまま異動することによって、徐々に学校システム全体の機能を低下させるような事態も想定されることになるのである。

もう一点、少子化の急激な進行と昨今の地方自治体の財政逼迫によって、多くの自治体で教員集団における非常勤講師や臨時採用・期間採用教員の比率が増加していることも考えなければならない。勤務条件や勤務形態の違いによって、こうした教員が学校内の情報共有の場から疎遠にならざるをえない場合もあるのである。

4　校種間連携

学校における子ども虐待への対応という課題を考えていくうえでは、校種間の連携が必須の条件になる。これは、単純にひとりの子どもの成長を支援し続けるという意味でも重要なことであるが、家族への対応を考えればそれだけのことではない。一つの家族のなかに幼稚園、小学校、中学校、高等学校、それぞれに在籍する子どもがいるという事態は珍しいことではない。虐待行為が仮に特定の子どもに選択的に向けられている場合であっても、すべての子どもはそうした虐待環境のなかで生活しているわけであり、なんらかのネガティヴな影響を被っていることは自明のことである。また、虐待を受けたことによる影響は、子どもの加齢に伴ってその現れを変えていく。ともすれば子どもの年齢があがるにつれて、子どもが示すさまざまな逸脱行動が子ども個人の特性としてのみとらえられてしまい、背後にある虐待環境の問題がなおざりにされてしまうこともありうる。こうした場合、その家族に属するすべての子どもについての評価を重ね合わせることで、初めて家族の問題を浮かびあがらせることができることも多い。校種間連携はその意味でも重要なのである。

ところが、幼小中高それぞれの学校はまったくといっていいほど異なる組織特性を有している。義務教育段階である小学校と中学校をとってみても、小学校では学級担任が子どもの状態把握に圧倒的な優位性をもっているが、教科担任制を敷く中学校では必ずしもそうではない。虐待対応のように、家庭や関係諸機関とのつながりの重視される業務は通常生徒指導の範疇でとらえられることになるが、中学校や高等学校では生徒指導部が組織されているのに対して、小学校では単に生徒指導委員会の扱いで、機能的にも組織的な基盤をもっていない場合も多い。さらに、幼稚園と小学校では圧倒的に女性教諭の比率が高いのに対して、中学校と高等学校では教員の男女比率が半々に近い。後に述べるが、教員の虐待に対する感度には性差が関係している可能性が高く、こうした教員の性別構成の違いが対応力の違いにつながってしまう可能性もあるのである。

学校現場における虐待対応の全国的な実態

国レベルの教育行政が子ども虐待の問題に本格的に取り組みだしたのは、２００２（平成14）年に筆者を代表者として組織された「児童虐待に関する学校の対応についての調査研究」班（文部科学省特別研究促進費研究班　以下、研究班と表記）からであると思われる。この研究班は児童精神医学、臨床心理学、ソーシャルワーク、法学それぞれの研究者で構成され、２年間にわたって、学校現場における虐待対応の現状把握と課題の絞り出しを目的に活動した。その後、防止法および児童福祉法の改正という虐待対応システムの改革のなかで、さらに踏み込んだ教育分野での対応のために、２００５（平成17）年度から２００６（平成18）年度にかけて、文部科学省において「学校等における児童虐待防止の取組に関する調査研究会議」（以下、研究会議と表記）が組織され、再び筆者が代表を務めた。この会議では、防止法改正によって教育行政と学校現場の虐待対応の実態にどのような変化が生じたのかを検証するとともに、学校現場と教育行政に向けた研修プログラムを開発することを主目的とした。なお、この研究会議は日本愛育研究所の才村純氏を代表者とする厚生労働科学研究「子ども家庭総合研究」の「保育所、学校等関係機関における虐待対応のあり方に関する調査研究」（以下、才村班と表記）とリンクする形で運営された。

以下で述べる学校現場の実態調査は、２００２年度には筆者らの研究班によって実施されたものだが、２００５年度の調査は才村班の主管であることをお断りしておく。研究班および研究会議の成果はすでに報告書としてまとめられて全国に配布されているが（巻末ブックガイド参照）[*1*2*3]、本節において概略を説明することにする。

実態調査は、いずれも学校現場と教育委員会の双方を対象に実施された。

1　教員の虐待事例の経験と遭遇事例の概要

２００２年度調査では「虐待事例を体験したことがある」と回答した教員は、幼稚園と小中学校を合わせて21・９％であった。これが17年度調査になると、幼稚園では20・５％、小学校は35・２％、中学校では27・６％で、全体では30・５％となっていた。２００２年度調査が教員個人を対象にしていて、２００

5年度調査が学校園単位を対象にしているという点と、２００２年度調査が過去2年間での体験を尋ねているのに対し、２００５年度調査では過去3年4か月の体験を尋ねているという違いがあるため単純な比較はできないが、明らかに、学校現場において虐待事例に遭遇する例は増加しているし、教員が目の前の事例を虐待であると認識する度合いも高まっていると考えられる（表3）。

経験した虐待事例の内容を見ても、変化がうかがわれる。２００２年度調査では身体的虐待が60・9％、ネグレクトが29・9％、心理的虐待が17・7％、性的虐待が4・7％であったのに対し、２００５年度調査では身体的虐待41・9％、ネグレクト43・9％、心理的虐待8・6％、性的虐待3・0％となっている。経験のある教職員であればおそらくネグレクトを疑うケースの多さを実感していると思われるが、その意味では２００５年度調査ではより学校現場の実感に近い数値へと変化しているといえる（図2）。これは、学校の認識力の向上を意味しているのかもしれない。２００２年度調査の時点では、学校は福祉サイドからの虐待種別に関する判断を受け止める側にとどまっていた可能性もあり、それが「自前の判断」ができるようになりつつあるのかもしれないのである。

2　疑いの契機

校内の職務によって、虐待の疑いの契機は異なることが示された。養護教諭は子どもの身体的様子から、学級担任や学年主任は子どもの言動や登校状況から、生徒指導担当者は親の言動や他の教員からの情報を総合して疑う傾向が見られた。これは、学校という組織が単一職種的な組織でありながら、虐待を発見する複眼的視点をもちうることを示しているといえる。ただし、こうした複眼的視点が有効に機能するため

表３　虐待事例を体験したことがある教員または学校園の数

	調査対象	「体験あり」と回答した人または校園数				
		幼稚園	小学校	中学校	不明	合計
2002 年度調査	2329 人	52 人	248 人	166 人	43 人	509 人
		25.6%	25.3%	18.2%	18.4%	21.9%
2005 年度調査	1803 校園	72 園	357 校	121 校	0 校	550 校
		20.5%	35.2%	27.6%	0.0%	30.5%

＊ 校種ごとの％はそれぞれの校種ごとの教員数および校園数を分母とする。合計欄の％は調査対象の全数を分母とする。

の会議や情報交換の場が保障されていることが欠かせない条件になる。

虐待種別では、身体的虐待は子どもの身体的様子から、性的虐待は子どもの言動から、ネグレクトと心理的虐待は登校状況から疑う傾向が強かった。また、子どもの年齢上昇につれ、疑いの契機は学校生活の観察によるものから子ども自身の言動によるものへと変化していた。さらに、教員歴との関連では、教員歴が増加するにつれて、虐待を疑う視点は多角化していくことがわかった。**（表４‐１および２）**

3　疑いの後の対応

２００２年度調査における、虐待を疑った後の対応について示したのが**表５**である。

この表では、対応について複数回答してきた回答者がいたために、回答数の合計が５０９を超えてしまっている。複数回答とは、この事例に対する初期対応とその後の対応が変わり、その両方を記入したためであると思われる。比率は、回答数の合計を母数としてある。それを見ると、幼稚園・小中学校全体で関係機関に管

図2　体験した虐待事例の種別（複数回答）

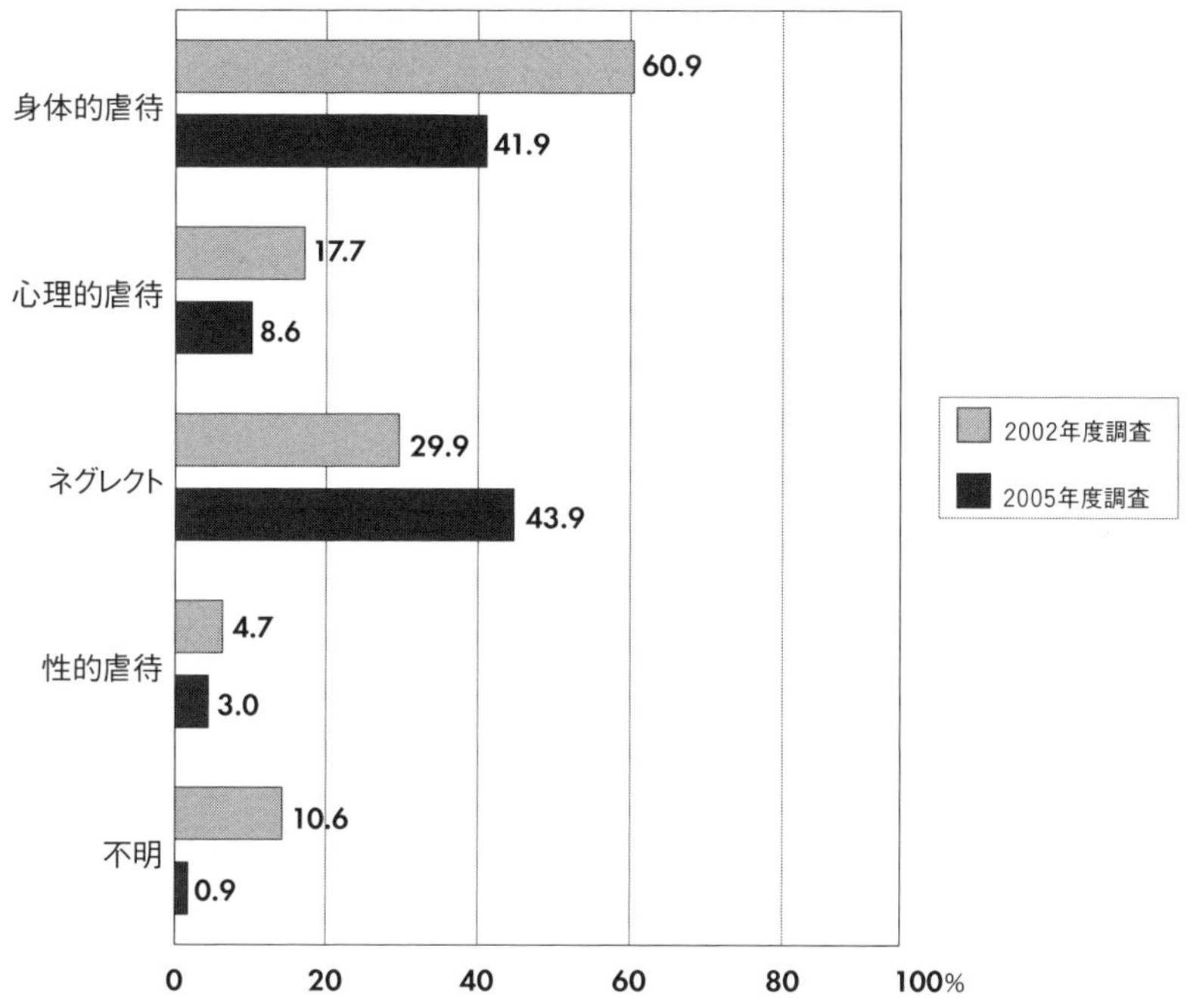

＊「不明」については、2002年度調査では無記入も含まれ、2005年度調査では「わからない」という回答選択肢である。

理者を通じて、あるいは個人として関係機関に通告したのは49・8％で、学校内での対応にとどまった事例が39・6％にのぼっていた。これに対して、２００５年度調査では通告率は75・4％に達している。通告状況は確実に改善されているが、この変化は小学校と中学校における著しい改善によるものであり、幼稚園の通告状況は前調査とほとんど変わっていない。

　疑いの後の校内でのケース管理は、幼稚園と小学校では学校管理者が行うことが多いのに対して、中学校では生徒指導部が行う傾向の強いことが示された。

　２００２年度調査でも、虐待を疑ううえで、生徒指導担当者が

表４－１　虐待を疑った契機（2002年度玉井班調査）　（単位：人）

	契機／校種・教員歴・職務・虐待種別	合計	子どもの身体的様子から	子どもの言動から	子どもの登校状況から	親の言動から	兄弟姉妹の様子から	級友の話から	他の教職員の連絡から	その他	不明	非該当
	全体	**509**	**207**	**186**	**81**	**70**	**24**	**5**	**122**	**60**	**29**	**1820**
	割合（%）		**40.7**	**36.5**	**15.9**	**13.8**	**4.7**	**1.0**	**24.0**	**11.8**	**5.7**	
校種別	幼稚園	52	29	24	6	11	3	0	7	6	4	151
	割合（%）		55.8	46.2	11.5	21.2	5.8	0.0	13.5	11.5	7.7	
	小学校	248	116	70	42	32	11	0	57	27	16	733
	割合（%）		46.8	28.2	16.9	12.9	4.4	0.0	23.0	10.9	6.5	
	中学校	166	48	77	23	22	6	4	46	19	8	745
	割合（%）		28.9	46.4	13.9	13.3	3.6	2.4	27.7	11.4	4.8	
教員歴別	３年未満	28	9	11	2	4	2	1	7	2	3	135
	割合（%）		32.1	39.3	7.1	14.3	7.1	3.6	25.0	7.1	10.7	
	３～10年未満	79	33	30	13	11	2	0	24	7	4	251
	割合（%）		41.8	38.0	16.5	13.9	2.5	0.0	30.4	8.9	5.1	
	10年以上	392	161	142	66	54	20	4	87	51	21	1389
	割合（%）		41.1	36.2	16.8	13.8	5.1	1.0	22.2	13.0	5.4	
職務別	学級担任	280	113	105	43	47	8	4	58	28	22	1092
	割合（%）		40.4	37.5	15.4	16.8	2.9	1.4	20.7	10.0	7.9	
	学年主任	65	28	27	11	9	0	0	13	9	2	226
	割合（%）		43.1	41.5	16.9	13.8	0.0	0.0	20.0	13.8	3.1	
	生徒指導担当	27	9	11	3	4	2	1	7	2	2	84
	割合（%）		33.3	40.7	11.1	14.8	7.4	3.7	25.9	7.4	7.4	
	養護教諭	37	26	12	8	2	3	0	6	5	0	58
	割合（%）		70.3	32.4	21.6	5.4	8.1	0.0	16.2	13.5	0.0	
虐待種別	身体的虐待	485	163	118	30	40	12	3	80	39	—	—
	割合（%）		33.6	24.3	6.2	8.2	2.5	0.6	16.5	8.0		
	心理的虐待	179	38	50	23	23	9	1	20	15	—	—
	割合（%）		21.2	27.9	12.8	12.8	5.0	0.6	11.2	8.4		
	性的虐待	42	3	16	5	4	2	1	6	5	—	—
	割合（%）		7.1	38.1	11.9	9.5	4.8	2.4	14.3	11.9		
	ネグレクト	275	61	62	49	27	14	2	39	21	—	—
	割合（%）		22.2	22.5	17.8	9.8	5.1	0.7	14.2	7.6		

表4－2　虐待を疑った契機（2005年度才村班調査）　（単位：校、園）

	校種・虐待種別 ＼ 契機	合計	子どもの身体的様子	子どもの言動	子どもの話	子どもの登校状況	保護者の様子	きょうだいの話	他の保護者の話	他の子どもの話	他の教職員の話	その他	不明
	全体	**922**	**382**	**322**	**95**	**213**	**210**	**77**	**97**	**20**	**65**	**212**	**17**
	割合（%）		**41.4**	**34.9**	**10.3**	**23.1**	**22.8**	**8.4**	**10.5**	**2.2**	**7.0**	**23.0**	**1.8**
校種別	幼稚園	95	32	25	19	19	31	6	17	1	5	24	6
	割合（%）		33.7	26.3	20.0	20.0	32.6	6.3	17.0	1.1	5.3	25.3	6.3
	小学校	640	285	223	211	144	139	63	64	8	46	159	10
	割合（%）		44.5	34.8	33.0	22.5	21.7	9.8	10.0	1.3	7.2	24.8	1.6
	中学校	187	65	74	87	50	40	8	16	11	14	29	1
	割合（%）		34.8	39.6	46.5	26.7	21.4	4.3	8.6	5.9	7.5	15.5	0.5
虐待種別	身体的虐待	386	225	124	129	37	47	27	37	3	22	89	2
	割合（%）		58.3	32.1	33.4	9.6	12.2	7	9.6	0.8	5.7	23.1	0.5
	心理的虐待	79	8	37	30	9	33	7	7	3	10	22	0
	割合（%）		10.1	46.8	38	11.4	41.8	8.9	8.9	3.8	12.7	27.8	0
	性的虐待	28	2	9	19	3	5	2	1	1	1	3	0
	割合（%）		7.1	32.1	67.9	10.7	17.9	7.1	3.6	3.6	3.6	10.7	0
	ネグレクト		143	149	135	164	122	40	51	13	32	81	7
	割合（%）		35.3	36.8	33.3	40.5	30.1	9.9	12.6	3.2	7.9	20	1.7

表5　虐待を疑った後の対応（2002年度玉井班調査）　（単位：校、園）

		合計	学校内でのみ対応した	管理者を通じて他の関係機関に連絡・通告	個人として他の関係機関に連絡・通告	対応の仕方がわからず放置した	その他
全体		**540**	**214**	**241**	**28**	**8**	**49**
	%	**100**	**39.6**	**44.6**	**5.2**	**1.5**	**9.1**
校種	幼稚園	56	17	28	4	2	5
	割合（%）	100	30.4	50	7.1	3.6	8.9
	小学校	254	101	118	12	2	21
	割合（%）	100	39.8	46.5	4.7	0.8	8.3
	中学校	181	73	79	7	4	18
	割合（%）	100	40.3	43.6	3.9	2.2	9.9

最も幅広くバランスのとれた情報源をもちうることが指摘されている。

通告の時点で虐待の確信があった、確証をえていた、とする回答は２００５年度調査で53・２％である。２００２年度調査でも48・４％と大差なく、学校現場が虐待の確証を求めようとすることには無理があることが改めて確認されたといえる。防止法では、学校現場に対して確証をえることを求めてはいない。それは児童相談所を中心とする専門機関の責任であるとされている。しかし、それでも学校は確証を求めようとする。それは、ある意味で地域資源の中核である学校という組織の宿命的な特性であるとも考えられる。

２００５年度調査で「通告をしなかった理由」として上位にあげられたのは、公立幼稚園では「園内対応が可能と判断」（64・０％）「虐待の程度が軽い」（40・０％）「判断に自信が持てなかった」（32・０％）、私立幼稚園では「虐待の程度が軽い」（64・３％）「判断に自信が持てなかった」（42・９％）「園内対応が可能と判断」（35・７％）、小学校では「校内対応が可能」（57・４％）「虐待の程度が軽い」（37・２％）「虐待という自信がなかった」（35・７％）、中学校では「校内対応が可能」（60・０％）「虐待という自信がなかった」（40・０％）「虐待の程度が軽い」（36・７％）となっていた。２００２年度調査でも虐待という判断への自信のなさと通告の実効性に対する疑問（通告することでかえって状況が悪化してしまうのではないかなど）が通告を躊躇する理由の双璧になっていたが、防止法改正を挟む3年間で、学校現場にはある程度まで自力対応できる範囲というものについての判断力がついてきていることがうかがえる。しかし、このことは、虐待事例のリスクを学校が単独で評価しようとしているということも意味する。この点については、別のところで改めて検討したい。

4　全般的な意識

２００５年度調査では、通告義務について、「知っていた」のは、公立幼稚園71・8％、私立幼稚園45・7％、小学校66・3％、中学校60・3％、「知らなかった」のは、公立幼稚園22・0％、私立幼稚園30・9％、小学校30・6％、中学校36・4％であった。

防止法は虐待の確証はなくとも疑いの段階で通告するよう求めているが、これを「知っていた」のは、公立幼稚園63・6％、私立幼稚園45・9％、小学校61・5％、中学校57・3％、「知らなかった」のは、公立幼稚園30・9％、私立幼稚園31・1％、小学校35・5％、中学校39・5％であった。今後の対応について、「必ず通告する」と回答した教員は公立幼稚園43・4％、私立幼稚園34・0％、小学校44・5％、中学校46・3％、「場合により通告する」が公立幼稚園53・0％、私立幼稚園57・2％、小学校51・8％、中学校49・1％となっており、通告への姿勢はおおむね前向きであるが、「場合によっては」という回答者の理由がどの校種においても「確証がある場合」がトップになっていて、確証を求めようとする教員の姿勢はここでも非常に強いということができる。

２００２年度調査では、この他にも、性別では、男性教員より女性教員の方が全般的に虐待と判断する傾向が強く、通告の段階になるとこの傾向は顕著になること、しかし、ネグレクトについてのみは男性教員の方が判断・通告の感度が高いという傾向を示すことも見出された。この性差がはたして教員独自のものなのか、一般的に見られるものなのかは確認できていない。もしも虐待への感度に教員の性差が出るとしたら、これは重大な問題をはらみうることになる。校種によって、教職員の男女比率は著しく異なるからである。

また教員歴が長くなるにつれて、身体的虐待以外の虐待に対する認識は低下し、通告への姿勢は保守化することもわかった。校種別では、中学校教員は幼稚園・小学校教員に比して身体的虐待への感度が有意に低い、つまり、幼稚園・小学校教員であれば虐待だと感じるような事例でも、中学校の教員はそう感じない、という傾向が示された。

教育委員会における対応の実態

国の教育施策と学校現場の結節点である教育委員会における虐待対応や現場支援の実態についても、２００２年度に全国調査を実施した。２００５年度調査では、児童福祉法の改正による要保護児童対策地域協議会の設置状況と、文部科学省の「学校と関係機関の行動連携のためのネットワーク事業」の実施状況と合わせて、教育委員会を対象とした調査を実施して、各種のネットワークの有無と教育行政の対応に関連が見られるかどうかを検証した。行動連携のためのネットワーク事業とは、出席停止の判断を余儀なくされるような困難ケースを想定し、出席停止期間の対応を含め、学校が他の機関との連携のもとに子どもと家庭の双方にアプローチすることを目的としたものであり、教育委員会が事務局を担う。虐待防止のための法定協議会が立ちあがる以前に、教育行政分野が主導するネットワークとして提唱されたものである。モデル事業として展開されたが、モデル事業の終わる時点ではすでに要保護児童対策地域協議会の構想がスタートしており、事実上要保護協議会の枠組みに発展解消した例もあると思われる。

1　各種ネットワークの設置状況

文部科学省の推進する行動連携のための中学校区内ネットワークのモデル事業を実施している市町村は165か所（8・2％）で、市町村虐待防止ネットワークが設置されているのは874か所（43・4％）であった。虐待防止ネットワークには、代表者会議レベルで71・6％、実務者会議、個別ケース会議にはそれぞれ62・8％、60・3％の教育委員会が参加していた。しかしながら、虐待防止ネットワークが設置されていない市町村では、虐待事例の個別ケース会議に教育委員会が参加した経験があると回答したのは24・4％にとどまっており、教育行政が虐待対応について機関連携をとっていくにはネットワークの設置が重要であることが如実に示された。

2　2004（平成16）年度の通告把握状況

2004（平成16）年度中に教育委員会が把握した学校現場からなされた通告の件数は小学校が2502件（平均1・45件）、中学校が979件（平均0・6件）、高等学校が76件（平均1・81件）、特別支援学級教育学校が14件（平均0・35件）であった。2002年度調査でも小学校に比べて中学校教員の虐待への感度が低くなる傾向が指摘されたが、2004（平成16）年度の通告実態においても小学校と中学校の差が明確になったといえる。市町村においては学校現場からの通告を教育委員会に報告するという原則は90・6％であるが、都道府県水準になると62・0％になる。家庭児童相談の一次機能が市町村におりた現状からは当然の状況かもしれないが、今後、特別支援教育学校における虐待問題への啓発や、性的虐待のさらなる顕在化による高等学校における対応力の強化が求められていけば、都道府県教育委員会の状況も変化せざるをえなくなると思われる。

3　関係機関との連携強化

連携強化への取り組みをしていると回答した教育委員会は都道府県・政令市で84・5%、市町村で64・1%であった。おそらく、教育行政における虐待対応がまだ始まったばかりのことであり、啓発や連携強化のための取り組みなども、当座は都道府県・政令市レベルで始めようとする構えが強いと想定されること、並びに、福祉や警察等の関係機関が比較的都道府県・政令市レベルの機関であることが多いことなどが要因として考えられる。しかしながら、今後学校における対応力が実践的に問われてくれば、当然市町村教育委員会の主導的な取り組みがさらに要求されてくることになると思われる。

連携強化を図った相手先機関は、都道府県・政令市教育委員会の場合児童相談所（98・0%）、警察（81・6%）、民生・児童委員（53・1%）の他、福祉事務所（42・9%）、保健所（38・8%）、保健センター（36・7%）、自立支援施設（30・6%）、児童養護施設（24・5%）など、比較的広範囲に及ぶ。対して市町村教育委員会では民生・児童委員（81・9%）と児童相談所（60・8%）が突出し、福祉事務所や警察、保健センターがこれに続くという結果になっていた。ここからは、児童相談所という虐待対応の中核機関は当然として、それ以外の機関となると、教育行政主導の連携方策は、設置者が同じ機関同士から始められている様子が示唆される。

4　虐待防止法の改正に伴う法の趣旨徹底や教育委員会としての取り組みの変化

管下の学校に対し、防止法の改正趣旨の周知徹底を図った教育委員会は、都道府県・政令市では96・6％、市町村では86・1％であった。また、周知を教職員個人の単位で行った教育委員会は都道府県・政令市で84・5％、市町村で67・7％であった。ちなみに、2002年度調査においては、学校単位の周知活動は市町村で75％、都道府県・政令市で98％であった。また、教職員レベルへの周知活動は、市町村が84％、都道府県が86％であった。2004（平成16）年度の防止法の改正趣旨には学校現場の対応にとって重要な内容が含まれていることを考えると、2005年度調査の周知徹底率は低いと評価すべきではないかと思われる。防止法は、教育行政に限らず虐待対応の基本的な枠組みになる法規であり、常に確認され、周知され続けなければならない性質のものである。今回の改正によって学校や教育行政がどのように位置づけられたのかという点の徹底した啓発も必要であろう。学校現場の人事異動の頻繁さや規模の大きさを考えれば、「去年したから」というような姿勢がもしも教育行政の現場にあるとしたら、強く問題視されなければならない。

法改正によって具体的にどのような状況の変化が生じているのかについては、都道府県・政令市教育委員会では「研修機会の増加」（32・8％）、「研修内容の変更」（24・1％）、「学校現場からの通告数の増加」（22・4％）が上位を占め、「特に変化なし」は22・4％であった。市町村教育委員会では「特に変化なし」が63・4％で突出し、「教育委員会や学校現場からの相談の増加」が20・1％であった。市町村教育委員会における「特に変化なし」という回答の多さが何を意味しているのか（対応の立ち遅れなのか、現場に近いだけに実態にさほど変化がないということなのか）、この結果からだけでは判断ができない。

都道府県・政令市教育委員会においては研修機能が取り組みの重要な柱になっていることがうかがわれたが、36・４％で年間３回以上の研修が実施されていた。ただし、対象者に校長を含めているのは54・５％で、生徒指導担当者の78・８％、一般教諭の84・８％などに比べて低く、組織としての学校にさまざまな責務が課せられた現状を考えれば不十分の感は否めない。研修内容としては「防止法の内容」「機関連携のあり方」「児童生徒の指導上の配慮」が８割から９割を占めていた。

5　生徒指導上の諸課題と虐待の関連についての認識

現在の生徒指導においては、あらゆる生徒指導上の課題の背景には虐待が潜んでいる危険性があることを疑うべきであると謳っている。こうした見地から、不登校、非行、特別支援学級学級在籍児の背景に虐待が疑われるケースを教育委員会がどの程度把握しているかについて質問したところ、不登校については市町村教育委員会で９９１名、都道府県・政令市教育委員会で１４９名という数が報告された。２００２年度調査ではそれぞれ３９０名、76名であったことを考えれば、この問題に関する教育現場・教育行政の関心は確実に高まっていると考えられる。非行については市町村教育委員会で５２９名、都道府県・政令市教育委員会で94名であった。参考までに、２００４（平成16）年度版の「生徒指導上の諸課題の現状と課題」では、学校内外での暴力行為を起こした児童生徒は小学校から高等学校までで３万８９９０名であり、中学３年生がその33・４％を占めると報告されている。２００２年度調査では、特に非行の場合、子どもの学年があがるにつれて、子どもの示す逸脱行動そのものが問題視されてしまいがちになることで、背景の虐待に気づきにくくなるのではないかという危険性を指摘したが、今回の非行に関する報告数は不登校に比べても低く、やはりそうした危険性のあることを示しているとも考えられる。特殊学級在籍の児童生徒のなかで背景に虐待があると思われる数は、市町村で２８８名、都道府県・政令市では８名であった。

6　各種のネットワークの設置状況と教育委員会の虐待対応との関連

市町村教育委員会について、ネットワークの設置状況によって以下のような分類を行った。

■第一群――行動連携ネットワークと虐待防止ネットワークをともに設置している市町村（１１８か所／５・９％）

■第二群――行動連携ネットワークは設置しているが、虐待防止ネットワークは設置していない市町村（47か所／２・３％）

■第三群――行動連携ネットワークは設置されていないが、虐待防止ネットワークは設置している市町村（７３６か所／36・５％）

■第四群――行動連携ネットワークも虐待防止ネットワークも設置していない市町村（１０７３か所／53・２％）

この分類に即して各種の取り組み実態に差が見られるかどうかを検討した。

市町村虐待防止ネットワークが設置されていない場合に、虐待事例への検討をめぐっての関係機関との検討会に教育委員会が参加しているかどうかを質問した。これは、第二群と第四群の比較ということになる。結果、第二群では「参加の経験がある」が55・8%であるのに対して第四群では23・7%、「参加の経験がない」では第二群が44・2%であるに対して第四群が76・3%であり、いずれも1%水準の有意差が認められた。行動連携ネットワークが設置されていることで、教育委員会が関係機関との連携協議の場に参加する機会は確実に増加するということができる。また、行動連携であれ虐待防止であれ、ネットワークが設置されている場合にはなんらかの研修が実施される機会があること、両ネットワークがそろっている場合にはその傾向が顕著になることも示された。研修の実施機関、回数については目立った差は認められなかったが、対象者についてはなんらかのネットワークを設置している群で、第四群に比べて「生徒指導主事」を対象とする比率が有意に高かった。学校現場が関係機関との連携を図るうえでの窓口として生徒指導機能は極めて重要であり、ネットワークが設置されているとこうした実態に即した研修が企画されることになるものと考えられる。

学校と教育委員会の虐待対応実態についての要約

既述内容と重複しない点について若干の補足を含め、二度にわたる全国調査の比較結果を要約しておこう。

①虐待種別について児童相談所統計と比較した場合、学校現場ではネグレクトの比率が児童相談所統計より高く、心理的虐待の比率が低く、中学校における性的虐待の比率は顕著に高い。２００２年度調査に比して、２００５年度調査ではネグレクトの比率の上昇が顕著であった。

②２００２年度調査に比して、関係機関に通告・連絡するケースは大幅に増加していた。学校現場の通告等への踏み込みは確実に改善されていると思われる。小中学校とも8割前後の比率でなんらかの相談・通告がなされており、２００２年度調査で最終的に通告に至った事例が5割であったことを考えれば、虐待に関して抱え込むという構造は薄れつつあると考えられる。通告後の連携についても高率で連携がとれていると回答している。ただし、機関間連携を求めた時点での「確信」についてはやはり5割のラインであり、学校が虐待の確証を得ることの困難さを示している。もともと虐待防止法が教職員に求めているのは疑いの時点での通告であり、「確証を得ようとする」学校の姿勢はしばしば福祉領域などでは問題視されることもある。しかし、2回の調査でほぼ変わらないこの数値に、学校という組織が地域社会のなかで占めている位置と機能の特性が示されていると考えるべきであり、こうした特性を踏まえた学校現場への支援策が検討されなければならない。

③私立幼稚園を除いて教育委員会と協議したのは全体の5割前後で、教育行政内の連携システムの確立が課題である。

④学校（園）が所在する市町村に虐待防止ネットワークが存在することを「知らない」と回答した教職員

が過半数を占めていた。

⑤学校現場が教育行政に望むものとして、相談できる専門機関の整備、研修の充実、専門家の配置や派遣、被虐待児童救済のためのサポートチームづくり、児童虐待に対応する教員の加配といった回答が多く、この点は2回の調査で類似が認められた。

⑥虐待対応の一次機能が市町村におりたことで、教育行政における報告等の仕組みづくりは進展している一方で、関係機関の連携努力は都道府県レベルでの方が進んでいる実態もある。実際的な現場支援を担う市町村教育委員会と、適切なスーパービジョンを提供できる都道府県・政令市教育委員会との役割分担の発想が必要である。

⑦教育委員会における対応については、なんらかの形でネットワークが設置されている市町村教育委員会では、そうではない市町村の教育委員会に比べて明らかに虐待対応が進んでいる実態が示された。今後、教育委員会には学校現場への助言といった縦の機能とともに、他の行政領域との連携を図ることで学校現場を支援する横の機能も求められることになると考えられる。

以上、学校が子ども虐待の問題にどう取り組むべきなのかという主題をめぐって、総説的に述べてきた。以下の各章では、学校における虐待対応について様々な視点から具体的な検討を行っていくことにする。

第2部 虐待を防止するための具体的な方法

第２部では、虐待防止に向けて学校は、教師は、何ができるのか、その具体的な方法をさまざまな事例をまじえながら解説する。虐待の基本的知識とともに、子どもや保護者とどう対応したらよいのか、校内、校外との連携、教師のメンタルケアまで多角的にアプローチする。

第3章 虐待を理解する

虐待という現象を理解すること

虐待という言葉やその種別は知っていても、そもそもどうしてそのような保護者－子ども関係が生じるのかという点について疑問を感じている教職員は多いと思われる。

もともと、学校というシステムは、家庭との間で教育活動についての目的意識を共有したり、子どもへの関わりについて連携することを前提にして成り立っている面がある。たしかに、学力面での実質的なダブルスクール化が進行していたり、教員の資質を問うような事件や報道が相次いだこともあって、最近ではこうした連携関係には揺らぎも見えている。しかし、そうした現状を改善し、学校や地域社会の「再生」を模索するための鍵概念もまた、「学校と家庭・地域社会との信頼関係と連携」である。子どもの発達を保障するという観点からは、子どもの生活の両輪である家庭と学校の連携が必須の前提になることは当然のことなのである。

多くの教職員は、子どもの発達を願って学校と家庭が価値観を共有し、手を携えて進むことを、理想でもあり当然でもあると考えている。そのため、虐待という現象は、教職員のこうした考えに真っ向から対立するものであるかのように受け止められてしまう。だから、実際に虐待事例に遭遇していてもなお「信じられない」と感じたりする。そして、虐待が事実であると判明すれば、保護者の態度に対する「理解できない」「許せない」という思いを反動のように強烈に抱くことも多いだろう。

こうした考えは、しばしば保護者に対する否定的な評価と、そうした保護者を「特別で異常な人格の持ち主」と認知させることにつながる。しかし、学校は地域社会の重要な求心力の一つであり、保護者を含めた家庭との連携はいかなる場合でも模索されなくてはならない。また、再三述べてきたように、学校現場が遭遇する虐待事例の多くは在宅での対応が求められる中度・軽度の事例でもある。保護者に対する否定的な態度は、対応の害にこそなれ、決して益にはならない。

この章では、まず虐待という保護者－子ども関係が生じてくる機制と、それが子どもに与える影響について基礎的な知識を提供する。子どもが虐待によってどのような影響を受けるのかを理解することは、次の章でも述べるとおり、学校現場で虐待を受けている可能性のある子どもを発見する際に不可欠の知識となる。

虐待の発生機制

虐待という保護者－子ども関係がなぜ生じるのかということについては、保護者の要因、子どもの要因、家族の要因、社会の要因に分けて考える必要がある。もちろん、こうした要因は相互に関連し合い、影響を与え合うものだが、とりあえず分離して考える方が理解しやすいだろう。

1　保護者の要因

虐待を加える保護者に共通する特徴を見出そうとすることは、虐待の早期発見や防止にとっても重要な課題である。もしもこうした特徴を把握することができるなら、虐待が発生するかもしれないという危険性を察知しやすくなるからである。

ひとくちに保護者の要因といってもさまざまな側面が考えられるが、ここでは保護者の心理的・人格的な要因に限定して述べる。もちろん、子育てをするなかで保護者が被るストレスといった要因も、虐待を引き起こしていく重要な要因になるが、この点は家庭の要因や社会の要因として論ずることにする。

✿対人関係の未熟性

虐待を加えてしまう保護者の心理的・人格的な特徴は、ひとことでいえば「保護者としての未熟性」ということができる。こうした未熟性は、最も顕著な場合には対人関係や社会性そのものの未熟さとして、親子関係以外の場面でも気づかれることになる。たとえば、授業参観や個別懇談の場での社会的な常識を逸脱した言動である。

――幼稚園での授業参観。参加した保護者のなかに複数の妊婦がいたことから、園側は何脚かの椅子を準備した。ところが、ある父親が妊婦を無視して椅子に座り、足を大きく前に投げ出すような態度で参観を始めた。ほどなくして、父親は足を高々と組み、やがていびきをたてて眠ってしまった。この父親は、母親へのＤＶと子どもへの身体的虐待が疑われている人物だった。

社会性の未熟さは、人間関係における適切な心理的距離の調節ができないという現れ方をすることが多い。過度に挑戦的・攻撃的でとりつく島がない、という態度もそうだが、逆に、常識外れに馴れ馴れしいこともある。

♻子どもに対する認知の不正確さ

保護者としての未熟性が、このように明瞭な「おかしさ」として言動に現れてくる場合には判断もしやすいが、多くの場合には、「話をしていると何か変」という程度の感覚として気づかれることになる。学校で教職員が保護者と話をする場合にはたいていが子どもをめぐる話題になるが、こうした話のなかで「何かちょっと違う」と感じるのである。

しばしば小学生の子どもを叩いている母親。子どもが「お母さんに叩かれる」としきりに訴えることを気にした担任が、母親を呼び出して話し合いを試みた。叩くよりも言い聞かせた方がいいのではないかという担任に母親は「言ってます。言ってもきかないから叩くんです」と答えた。叩かれてばかりいれば子どもは母親との交渉を恐れてしまい、ますます話を聞かなくなるのだから逆効果ではと担任が返すと、「叩かれる理由は子どもの側にある。子どもは自分が悪いと納得しているのだから心配ない」と答える。しかし、「どうして叩かれるのかわからない」という子どもの訴えを聞いていた担任は、子どもが叩かれる理由について納得しているようには思えない、という話をした。それに対して母親は言い放った。「いえ、ちゃんと理解しています。毎回私は叩く理由をあの子に話していますから」

毎回叩く理由を話していますから子どもは理解しています――この言い方に現れているのは、「子どもには子どもの気持ちや理解の仕方がある」という大前提に対する無理解である。「説明した」「話した」というのは保護者側の行為であり、「理解しているはず」というのは親の思いである。それが本当に子どもに理解されているのかどうかを確かめるという態度は、「自分にはわかっていても子どもにはわかっていないかもしれない」という前提を必要としている。自分が説明したのだから当然理解しているという言い方の背後には、子どもを一つの独立した人格として認めることができないという認知の歪みがあるのである。

虐待をしてしまう保護者には、こうした子どもに対する認知の歪みが多かれ少なかれ認められる。上述のように、子どもの人格の独立性を認知できないというのは極めて重篤な歪みといえる。そこまで至らなくても、子どもの能力や発達水準に対する認知が不正確で、結果として子どもにはとうてい無理な要求を押しつけてしまうという場合も多い。３歳の子どもに向かって片づけができないことを叱責したり、１年生の子どもに対して「こんな漢字も書けないのか」と嘲笑したりする例がこれにあたる。

小学校6年生を頭とする4人姉妹の母子家庭。4人の子どもは上2人とその下の妹、末の妹がそれぞれ父親が異なる。この家庭の母親が再び違う男性の子どもを妊娠し、母子健康手帳の交付を受けに来た。しかも双子であることが判明していた。経済的・心理的に養育がかなり困難なのではないかと危惧の念を示した保健師に対し、母親は「堕ろす金はないから産む」と言った。この母親は、これまでにもしばしば夜間に家を空けたり、何日か外泊してしまうという行動をとってきていたため、保健師は責任をもって新たな子どもの養育ができるのかどうかを問いただした。母親は「上のお姉ちゃんがしっかりしているから大丈夫」と答えた。長女はこの時点で、すでに家事の負担が多く、学校を断続的に欠席する状態になっていた。

この例では、新たに産まれてくるであろう2人の子どもを含め、5人もの子どもの世話をするという行為が小学校6年生の子どものしなければならないことなのかどうかという点についての理解が、まったく欠如している。もちろん、そのことによって子どもが学校に通うことも困難になっているという事実が、この子の成長や発達にとって大きな阻害要因になっているという理解も見られない。

こうした子どもに対する認知の歪みが、保護者自身の知的な能力水準の問題や、人格的な問題から生じていることもある。なんらかの精神疾患が保護者にある場合もこれにあたる。「あなたには悪魔が取り憑いている、悪魔を落とさなければ死んでしまう」という妄想にかられて着衣のままの娘に高温のシャワーを浴びせかけた例などはその典型だろう。また、気持ちは決して虐待的なものではなくても、保護者自身の知的能力の限界があるため養育が不適切にならざるをえない場合もある。

慢性的な精神疾患をもった母親が、母子家庭の状態で3歳の子どもを育てているというケースがあった。母親は決して子どものことが嫌いでもなく、育児に対する意欲もあった。しかし、残念ながら基本的な能力が不足していた。

ある日、母子が並んでテレビを見ていたところ、インスタントのチャーハンのコマーシャルが流れた。テレビの画面には、中華鍋のなかで米粒が舞いあがる映像が示された。子どもは、いかにも食べたいといった表情でその映像を見ていた。すると、母親は子どもに「食べたいか?」と尋ねた。子どもがうなずくと、母親はすぐにその商品を買ってきた。しかし、炊きあげたご飯ではなく、生米のまま炒めて、それを子どもに食べるよう強要したのである。

こうした顕著な病理性がないように思えても、子どもへの認知が不正確になってしまうケースは数多い。むしろ、学校現場が対応する虐待ケースの大半はこうしたケースであるといってもいいだろう。

♻何が認知の歪みを生じさせているのか

こうした認知の歪みがどのように生じてしまうのか、必ずしも一元的なモデルがあるわけではない。いくつかの心理的な要因を組み合わせて考えていく以外にはない。その一つは、依存性である。虐待をする保護者が依存的であるということは意外に思えるかもしれないが、そもそも虐待という関係のもち方が、「保護者として／大人としての自制」が不十分なところから生じていると考えれば、自らの責任を担いきれずに依存してしまう心性とつながっていることは理解できるのではないかと思う。

依存とは、自分と相手のそれぞれがすべきことについての適切なギブアンドテイクがない関係である。本来自分の責任であることがらまで相手に責任を押しつける。そこにあるのはあくまでも自己中心的な発想であり、無責任で不正直な態度である。相手の状況に合わせて、というのではなく、一方的に相手を意のままに動かそうとする気持ちが先行する。だから、子どもに対して、その子が本来もっている以上の能力の遂行を期待してしまう心性につながるのである。

当然のことながら、子どもはこうした期待に完全には応えられない。子どもへの依存が強い保護者は、ここで「勝手に裏切られる」ことになる。これが、衝動的な怒りや攻撃を生むことになる。「私がこんなに疲れているのにどうしてあなたは片づけができないの！」という、子どもにすれば理不尽な怒りをぶつけることになるのである。

このような依存性の背景には、保護者自身がその生育歴のなかでなんらかの愛情飢餓体験をしていることが多いということはしばしば指摘される。その典型はいうまでもなく保護者自身が虐待を受けてきたという体験である。虐待を受けた子どもが長じて保護者になったときに子どもを虐待してしまうという現象を世代間伝達と呼ぶが、この現象についてはまた別の文脈で詳しく検討することにする。ここでは一つだけ、虐待としつけの違いについて述べておく。

✿虐待としつけ

身体的虐待のケースでは、しばしば保護者から「これはしつけであって虐待ではない」という主張が出される。そして、「自分はもっと激しい体罰を受けてきたが、そのことを恨んではいない。むしろ厳しいしつけのおかげで今があると思っている」「子どもはからだで覚えるものだ」「言ってわからないときには体罰で教えるしかない」といった、体罰信仰とでもいうべきポリシーをもっていることも多い。しつけと虐待がどのような点で似て非なるものなのかという説明ができるかどうかは、こうした保護者の「強弁」に対抗するうえで重要な知識になる。

実は、しつけと虐待は子どもの側からすると非常に似た面をもっている。それは、大人から要求される行為に関して、なぜそうしなければならないのか、意味や理由が理解できない、という面である。しつけの代表格として、通常2歳代に行われるトイレットトレーニングを例にとる。なぜおまるで排泄をしなければならないのかをきちんと理解している2歳児というのは考えられないであろう。それどころか、それまではおむつのなかで排泄をしてもにこやかに世話をしてくれた大人が、ある日を境におまるでの排泄を要求し、おむつでの排泄に対して叱る、などという事態はある意味で理不尽の極みかもしれない。ところが、こうしたしつけを受けたことで子どもの心理発達に大きな障害が生じるかといえばそうではない。それはなぜなのだろうか。

多くのしつけが行われる乳幼児期では、子どもに対して大人の力が圧倒的に優位である。しつけと虐待の違いを一言で言い表すとしたら、この絶対的な力が大人から子どもに向けて行使される際に、主導権が誰にあるか、ということになる。しつけでは子どもが主導権をもち、虐待では大人が主導権をもつのである。もう少し具体的に述べる。

まず、どのような行為がしつけの対象となるかという点である。適切なしつけでは、発達の最近接領域と呼ばれる課題が選択される。最近接領域とは、子どもの現在の発達水準から見て「次にできるようになりそうな」「あと少しで自力になりそうな」「できるようになったばかりでこれから使い込んでいくことになるような」力・行為のことで、子どもが最も熱心に取り組むのはこの領域の課題に対してである。どう努力しても到底実行できそうにないような目標や、すでに獲得してあたりまえになってしまった行為などは、子どもにはつまらないものなのである。最近接領域の課題がしつけの対象となることで、子どもからすれば、表面的には厳しいしつけを受けているように見えても、そこに達成感を感じることができる。達成感は「もっとやりたい」という動機づけを昂進することになる。ところが、虐待においては、そもそも要求される課題が子どもの発達水準に見合っていないことが極めて多い。こうした要求に晒される子どもが学習するのは達成感ではなく無力感だということになる。

また、適切なしつけでは、大人はある行為を子どもに要求する際に、具体的なモデルを明示している。どこに手をつき、足を置き、どこに力を入れればいいのか、といったことである。これによって、子どもはしつけを受けながら自分の行為の是非を自己チェックできるようになる。それが、健全な自己統制感につながっていく。ところが、虐待ではこうした明示的なモデルが示されず、言葉だけで指示されることが多い。その代表的な例が「ちゃんとしろ」という言葉である。「ちゃんとしろ、ちゃんとしろって言ってるだろ、どうしてちゃんとできないんだ、ちゃんとできないならもう勝手にしろ」といった言葉をたたみかけられると、子どもはどうしていいかわからない。何をどうすることが「ちゃんとする」ことなのか理解できないからである。自分では「ちゃんと」したつもりの行為について批判されれば、ついには子どもは自律的な判断をすることを避けるようになる。

3つめとして、子どもの行為に対する賞罰、すなわち「大人の力の行使」に一貫性があるかどうかという点がある。適切なしつけの過程では、褒める、叱る、あるいは励ます、制止する、などの大人の反応には高い一貫性がある。子どもにすれば、叱られないようにするにはどうすればいいのか、褒められたいと思ったらどう行動すればいいのかがわかりやすい。これまでに述べてきたように、子どもは自力でできそうな課題を要求されているし、そのモデルも明示されている。その行為をすればきっと褒めてもらえるという期待のもとでしつけ要求に従えば、期待通りに褒めてもらえるのである。これが、先に述べた「子どもが主導権をもっている」ということの意味である。こうしたサイクルを積み重ねていくことで、子どもは報酬によって統制された心的な構えを獲得することができる。「やりたい」「できた」という感覚に支えられて新たな行為に挑戦しようとするようになるのである。ところが虐待では、圧倒的な大人の力が、大人の主導権で行使される。子どもは大人からの叱責を避けたくても避けようがない。「結局のところ自分が何をしようと関係なく、罰は保護者の気分次第」という状況に置かれるのである。無力感はますます強まるし、自律性も崩壊させられる。こうした子どもは、嫌悪による統制という心的構えを持たされることになる。何かを避けたい、という構えから行動が選択されることが基本になってしまうのである。

適切なしつけは、子どもに、世界に対する安心感と、大人に対する合理的な信頼を提供する。虐待ではこれが起こらない。しかも、こうした過程が乳幼児期に進行することがほとんどであることを考えると、この時期の子どもが発達的に当然もっている自己中心的な認知によって、「すべては自分が悪い」という強烈な罪責感を植え付けられることになるのである。

こうしたしつけと虐待の違いを評価する視点は、なんらかの障害をもつ子どもを育てる保護者が、「訓練」「療育」と称して行う関わりについても同様にあてはめることができる。

2　子どもの要因

虐待などという行為は異常な保護者の所行だ、と思っている人にとっては、「子どもの要因」などというものがあること自体信じがたいかもしれないが、虐待があくまでも保護者と子どもの相互関係の歪みであるという前提に立てば、保護者－子ども関係の健全な発達を阻害してしまう要因が子ども側にあることもうなずけると思われる。ただし、ここには一つ重要なポイントがある。子どもの要因とされるものは、それを保護者がどのように受け止めるかによって虐待のきっかけになるかならないかが決まるのであり、「こういう要因をもった子どもでは虐待を受ける」といった絶対的なものではないということである。その意味では「子どもの要因」とは「保護者の要因」であるということもできるかもしれないが、予防という観点からすれば、「子どもにこういう特性がある場合には危険性が増す」という理解をしておくことにも意味があると思われる。

虐待を受けてきた子どもと対応した教職員は、しばしば「あの子は保護者から殴られても仕方がないような気がする。そのくらい可愛げがないし、悪さをする子だ」という評価を下すことがある。ここで言おうとしている「子どもの要因」とは、そうした子どもの逸脱行動を指しているのではない。そうした行動のほとんどは虐待という著しく不適切な養育を受けてきた結果である。ここで言おうとしているのは、そもそもそうした不適切な養育に陥ってしまうきっかけとしての、「育てにくい」「手がかかる」「他の子と違う」という思いに保護者をさせてしまうような要因、ということである。

そうした要因のなかで代表的なものをいくつか指摘しておくことにする。くどいようだが、これらの要因をもつ子どもが必ず虐待を受けるということではない。ほとんどの場合、こうした要因をもっていたとしても、保護者はそんな子どもの特性を適切にとらえたうえで対応し、虐待的ではない保護者－子ども関係を築いていく。その意味では、「子どもの要因」というのはあくまでも虐待の契機になるかもしれない要因に過ぎないのである。

未熟児、過熟児、低体重児といった出生時の「普通でなさ」は、ある種の保護者にとってはひどく手のかかる子どもを産んでしまったという思いの土壌になる。特に、こうした出生時のできごとは、子どもが保育器に入ることで母子の退院の日程がずれたり、退院後も定期的な保健師の訪問を受けたり通院したりといった作業を必要とすることも多く、そのことが煩わしさと感じられることもある。子どもが外表性の奇形（たとえば口唇口蓋裂やある種の皮膚疾患など）をもって生まれてきた場合にも同様の危険性はある。もちろん、こうしたさまざまな「トラブル」の多くは、医学的に見れば十分に対処可能であったり、そもそも「トラブル」というほどのことでもないという場合も多い。それは、いってみれば子育てのバリエーションの一つとして消化していくことが可能なものであり、これが保護者－子ども関係の歪みにつながるのはあくまでも子どもの要因に保護者の要因が組み合わされた場合である。次の例などはこの典型的なものだろう。

――小学校4年生の男児の母親で、心理的虐待とネグレクトのケース。面接のなかで、子どもの誕生の前後のことを語ったときの言葉。

「もともと、子どもなんて欲しくなかったんですよ。姑との関係にはうんざりしていたし、それを見て見ぬふりをしている夫にも腹が立って、心のなかではもう離婚するしかないくらいのことまで考えていました。だから、妊娠もイヤだった。セックスは仕方なく、という感じでときどきはつき合っていました。でも、絶対に子どもはできないようにしてくれ、って言ってたんです。それが、できちゃった。夫に文句を言ったら、なんだかのらりくらりで……。堕ろすことも考えましたけど、子どもができたら姑の出方も少しは変わるかもしれないと思ったし、何より子どもを理由にして実家から出られるかもしれないと思ったので、結局産んだんです。でも、いよいよという段になったらやっぱりイヤでイヤで……。分娩台にのぼる直前まで死産ならいいのに、と思ってました。でも、生まれてきちゃって……。元気な男の子ですよ、って言われたらもう目の前真っ暗で。男の子なんてがさつなばっかりで、母親の味方になんかなってくれないじゃないですか。ただでさえ欲しくなかったのに、男の子だとわかったらもうどうしようもなく憂鬱で。なのに姑はでかしたとか言うし。夫も『将来は野球をやらせたい』とか無責任なことばっかり言うし、だんだん腹が立ってきたんですよね。そんなに男の子がいいならお前らが育てればいい。でも、結局私が何もかもやらなきゃいけなくなるのは目に見えてるわけでしょ？　それなら、お前らの思いどおりになんかさせてやるもんか、私の思ったとおりに育ててやる、って思ったんですよ」

ここには、「保護者の要因」のところで見てきたような、子どもの個性を受け止められず、あたかも無機物のように認知する心性が現れている。このケースの場合には「男児である」ということが虐待の引き金になったわけだが、「男児である」という子どもの要因は決して虐待の本質的な理由ではないことが理解できるだろう。子どもの要因を考えていくうえで欠かすことのできない点は、子どもの発達経過に現れる育てにくさの原因としての発達障害である。この点は学校における虐待対応にとって非常に重要なポイントなので、章を改めて後ほど論じることにする。

なお、改めていうまでもないことかもしれないが、本節で述べてきたことは、子どもになんらかの障害や疾患があることが必ず虐待につながるなどといっているのではない。多くの家族が、子どもの障害や疾患を受け止め、むしろ家族生活の豊かさにつなげていることは間違いないのである。

3　家族の要因

保護者と子どものそれぞれに個別的な要因があることに加えて、虐待を生じる家族にはある程度共通した特徴が見られる。そのなかで最も重大で、対応するうえでも困難さを増す要因となるのが、その家族が地域社会や親族ネットワークから孤立しているという状況である。虐待を生じる家族は、しばしば地域社会においてもトラブルメーカーであったり、自治会やPTA活動などでも規範を守れずに結果として他の家族から孤立していることが多い。また、親族のネットワークにおいても、「子どもが生まれてから一度も実家に戻っていない」「結婚そのものが賛成されていない」「夫がひどく不機嫌になるので実家に手伝いに行きたくても行くことができない」といったエピソードが見られることがしばしばである。このような孤立状況は、外部からの力を借りて家庭内の問題を解決していく道を狭めてしまうし、虐待の発見を遅らせる要因にもなる。

こうした家族そのものの病理性というものは、保護者と子どもを単独で観察していてもなかなか把握することができない。しかし、現実的な対応を考えると欠かすことのできない要素になる。したがって、この点を家族病理という観点で論じていくことにする。

✿家族という生きもの

家族はそれ自体が一つの生きものである。「父のキャラクター」「母のキャラクター」「子どものキャラクター」が単純に足し算されて「家族のキャラクター」が描き出せるわけではない。「両親で来るときにはいつも何も言わないお父さんだから、そういう人なんだとばかり思っていたけれど、この前たまたまお父さんだけと会ったら、とてもよく喋る人だったのでびっくりした」などという話を聞くことも多いのではないだろうか。

家族が一つの生きものであるとすれば、そこには当然一人ひとりの個人が生きものであるのと同様に、時間経過とともに発達していくというプロセスを考えることができる。家族病理として虐待をとらえる視点は、こうした家族発達のつまずきとして保護者と子どもの関係の歪みを理解していくということなのである。

家族の誕生にあたるのが、夫婦関係の成立である。わが国の民法の下では、夫婦はそれぞれ異なった家族の出身者ということになる。夫と妻、それぞれが育ってきた家族のことを出自家族と呼んでいる。出自家族の違いは、それぞれの生活習慣や嗜好性などに違いを生じさせる。夫婦関係を始めようとするときには、しばしば「価値観の一致」ということが重視されるが、生活習慣や嗜好性といった要素もまた価値観を構成する要因なのである。ただし、「男女にかかわらず家事は均等に分担すべきだ」とか「長子だからいずれ親の老後のケアは引き受けなければならない」といった、生活の根幹に関わるような価値観については、一致していなければそもそも夫婦関係に踏み込むことさえためらうことにもなりかねない。逆にいえば、さまざまなストレスはありながらも夫婦関係を営んでいく男女の間では、こうした本質的ともいえる価値観についてはある程度までの一致があるということになる。しかし、生活習慣や嗜好性などは必ずしも夫婦生活の本質に関わるとは限らない。まったく趣味が違っていても支障なく生活を営んでいる夫婦などいくらでも見かけることができるだろう。

だが、だからといって、生活習慣や嗜好性の違いが夫婦生活にとってストレスにならないということでもない。それどころか、夫婦として生活を始めた初期の段階では、生活習慣の違いはお互いにかなりのストレスにも感じられる。こうしたストレスを解消しながら「自分たちのやり方」をつくりあげていくまでには一定の時間がかかるのである。この時期に解消されなかったストレスや、どちらかに負担の偏った形でできあがった夫婦パターンは、育児をしていくうえでのつまずきの土台になっていく。

子どもが生まれれば、一度安定した夫婦の役割関係は再び変容を迫られることになる。夫婦は両親という新しい役割を引き受けることになるが、これは決して「夫婦が両親になる」という単純なものではない。両親と夫婦は、二重の役割関係で併存するのである。同じ人間同士の会話でも、夫婦としての会話と両親としての会話では、話題も関係性も異なることは実感として理解していただけるのではないだろうか。

役割関係の二重性は、時には混乱も引き起こす。子どものことを心配して話しかけている「母」に対して、仕事で疲れているということばかりいう「夫」との間では、コミュニケーションはうまく機能しない。このような役割関係の歪みは、どんな家族のなかでも生じうる。しかし、適応的な機能を維持している家族のなかでは、役割関係やコミュニケーションに多少の歪みが生じても、それを修正したり、子どもの人格発達への影響を甚大にしないままで食い止めることができる。それは、一つには、夫婦間、両親間、親子間といったコミュニケーションが相互性を保っていることによる。相互的なコミュニケーションでは、多少の役割的な不適切さが生じても、それを相互にフィードバックすることが可能である。そのことが、コミュニケーションと役割関係の修正につながっていく。そして、結果としては適切な役割関係のコミュニケーションが家族生活のなかで主調となっていくのである。裏返せば、コミュニケーションの相互性が崩れた場合には、こうした修正が効きにくくなり、不適切な役割関係のコミュニケーションが中心になってしまうこともありうることになる。

コミュニケーションの相互性と並んで、親世代と子ども世代の間にある精神的な境界線が適切に運用されることも、子どもの人格発達を保障していくうえで重要な点である。この境界線を世代間境界と呼ぶ。子どもを育てていくなかで、親はときには世代間境界を飛び越えて、子どもの精神水準にまでおりていく。このことが、子どもの意志、子どもの能力、子どもの立場でものごとを考えたり感じたりする力になる。もしもこうした飛び越えができないということになれば、親は子どもの現実を無視した発達要求を押しつけたり、逆に子どもの当然の要求を無視してしまったりすることにつながっていく。また、ときには親は世代間境界を厳密に守ってみせることも必要である。適切なしつけは、子どもに能力に応じた「分」を示すことである。どこまでが自分の判断で決定していいことなのか、どこからが大人に相談しなければならないことなのかを的確に伝えている親子の関係では、世代間境界が適切に維持されているということができる。あるいは、経済的な問題などで、子どもが担うべきではない責任をきちんと親が引き受けるということも、世代間境界が適切に維持されていることの現れである。

図３　虐待を生じさせていく家族システムの病理

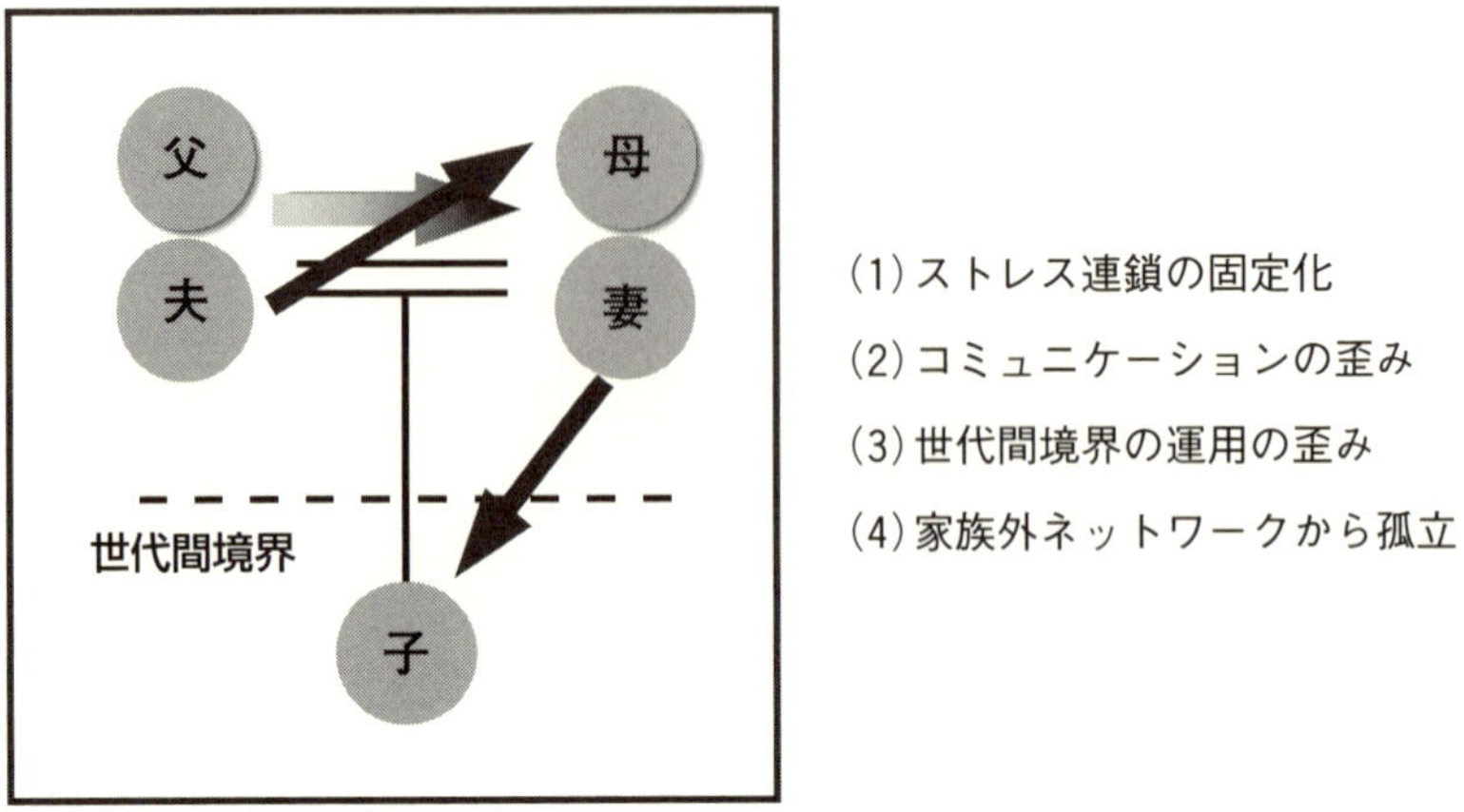

✪虐待に陥る家族関係の病理性

虐待を生じさせる家族システムの病理について図３で説明しよう。虐待に陥ってしまう家族では、まずコミュニケーションの相互性がどこかで阻害されている。そのことによって、ストレス連鎖が固定化されてしまうことになる。「俺が疲れて帰ってきているのに、いつまで子どもを起こしているんだ」というような、「夫」の怒りが「母」に向けられるようなコミュニケーションが生じても、「あなただって親なのだからそんな勝手な言い方はしないで」とか「私だって働いているのだから何もかも完全にはできない」といった妥当な反論が許されないような、一方的なコミュニケーションになってしまうのである。結果として歪んだコミュニケーションはなかなか修正されずに続いていくことになる。

このようなコミュニケーションの相互性の破綻は、ほとんど必然的に世代間境界の運用も歪ませていく。「母」としてのストレスを「父」が受け止めてくれないとか、「妻」としての役割を求めてもらえないということになれば、そこに生じる怒りや不満は子どもに向かわざるをえなくなる。

性的虐待などは、本来ならば親世代で解消されなければならない欲求が、世代間境界を歪ませて子どもに向かっている状態だと考えられる。

保護者の要因のところでも述べた「子どもに対する不正確な認知」もまた、世代間境界の運用を歪ませる大きな要因になる。子どもの実状を正確に把握することができなくなれば、子どもに対する要求は歪まざるをえないのである。このような、家族内の役割関係の歪みやコミュニケーションの硬直性といった条件に、先に述べた「外部ネットワークからの孤立」という要素が重なることで、親と子のそれぞれが家庭外からもち込んでくるストレスは適切に処理されないまま家族のなかで充満し、不適切なはけ口として子どもが選び出されていくのである。

4　社会の要因

子どもや家族に関するどのような問題でも、「社会が悪い」という言い方はされる。この言い方は、時として判断停止を招く。「社会全体が悪いなら、個人になどできることはない」という考え方を招いてしまうのである。

虐待の問題についても、「社会の悪さ」という要因は確実にある。ワーキングプアという言葉に象徴されるような収入格差などの経済的要因によって生活基盤を脅かされることは、当然子どもの養育に好ましくない影響を与えうることになる。また、少子化のなかで、子どもを完璧に育てなければならないという無形の圧力が親にのしかかっていることも考えられる。男女共同参画社会というかけ声はあっても、育児の精神的な負担や心理的圧力が女性に偏っていることも否定できないだろう。

こうした社会的要因は、いずれも親子関係を歪ませていく背景因子になりうる。さらに、虐待という現象は文化的な側面も強く、伝統的に親子の密着した関係が長期間にわたって続く傾向のあった日本型の子育て観が、生活形態や価値観の多様化と呼ばれる時代風潮との齟齬を生じ始め、そのことが「親のあり方」への圧力となっている面も指摘する必要があるだろう。

しかしながら、本書の目的はあくまでも学校現場での虐待対応への実践的な指針を示すことにあり、こうした社会的・文化的要因について詳細に論じることはしない。

虐待が子どもに及ぼす影響

虐待は、当然のことながら子どもの身体的・心理的発達に重大な影響を及ぼす。この節では、虐待が生じているのではないかということを適切に疑ったり、子どもの示すさまざまな言動に対応していくための基本的な考え方に限定して述べる。

1　虐待の影響の総体的な理解

子どもが虐待を受ける環境というものは、いうまでもなく健全な心身の発達にとっては不適切な環境である。したがって、虐待の影響はまず直接的に身体面の発育に現れることが多い。激しい体罰によって身体の一部に変形が生じてしまっている場合もある。また、年齢に比して身長や体重が著しく劣っていることも多い。

心理面では、虐待の影響を三つの側面で考えることができる。一つは、虐待的な環境に適応するために子どもが身につけたさまざまな反応が、それ自体は極めて当然なものであったとしても、学校生活のなかでは「激し過ぎる」「欠如している」といった量的な不具合として示されてしまうということである。身体的な虐待や心理的虐待を受ければ強い恐怖心を抱いたり、その結果激しい怯えの行動を示しても不思議ではない。しかし、決して虐待とは呼べないような、教職員による日常的な注意や叱責などに対しても同様の反応が起こるとすれば、それは学校生活に支障をきたすことにつながる。

二つめは、虐待を受けるという特殊な環境のなかで、標準的な心理発達の過程では起こりえないような特異的な学習をしてしまった結果である。性的虐待を受けた子どもが、保育士や教職員に対する甘えの行動を起こす際に、過度に性器部分に触れようとしたりすることがある。性化行動と呼ばれる現象の一つであるが、これなどは通常の環境に育っていれば生じない類の学習であるということができる。

三つ目は、上述の現象の裏ともいうべきことがらで、通常の生育環境にあれば当然学習していたであろうさまざまな社会生活上の技能や知識を獲得できていないという問題である。

学校生活においては、この三つの側面が入れ替わり立ち替わり現れることになる。そこに対応の困難さの一因があることになる。つまり、子どもの生育歴を考えれば理解はできると考えられる言動であっても、学校生活においては過剰であったり過少であったりするために対応に苦慮するかと思えば（一つめの側面）、ときにはなぜそのような言動をとるのか理解に苦しむような逸脱を示したりする（二つめの側面）。さらに、子どもが示す言動には激しいアンバランスが見られ（三つ目の側面）、どこに指導の基準を定めればいいのかを決めがたくするのである。

虐待によって子どもが受ける影響を理解するうえで最も大切なのは、子どもにとって虐待という家庭環境は世界のすべてであり、その環境に子どもは適応してきているという認識である。虐待を加えるような人間関係が「異常だ」というのは外の世界の人間が考えることであり、乳幼児期から虐待にさらされている子どもであれば、虐待される環境こそが「あたり前」なのである。そのような環境で成長し、適応した子どもは、学校生活という新しい環境に入ってきたときでも、やはり自分は「虐待的」な環境にいると感じて当然である。

学校を「虐待的環境」と認知していても、その環境を構成している大人は、子どもにとって「慣れている虐待者」である保護者ではない。子どもは、この新しい環境のなかで、周囲の大人がどこまでいったら「虐待行為」を始めるのかを確かめずにはいられない。虐待を受けた子どもがしばしば非常に挑発的でトラブルメーカー的な言動をとるのは、教員や級友がどこまでいったら「虐待行為」をするのかを試そうとしているからなのである。こうした行動をリミットテスティング（限界吟味）と呼ぶ。リミットテスティングへの対応は、６章で改めて述べることにする。

2　虐待の種別による影響

虐待の種別によってまったく異なった影響が現れるということはないし、そもそも多くの虐待事例は複数種の虐待が混在している。が、ここでは４種の虐待ごとに、子どもに現れる言動を概略的に述べる。

♻身体的虐待

身体的虐待の影響として真っ先にあげられるのはいうまでもなく身体的な後遺症状である。体格の劣化、難聴、視力低下、関節の変形、脱毛症状などがあげられる。たいへんおおざっぱな言い方だが、特段の疾患がないにもかかわらず、体格が年齢標準から著しく劣っている場合――具体的には、年齢の平均値から標準偏差にして二つ分程度の劣りが見られる場合――には疑う必要がある。

心理面では、「弱きに強く、強きに弱く」といったパワーゲーム的な人間関係や、問題を力で解決しようとする態度などが顕著になる。これは、家庭でそのような人間関係や問題解決のモデルにさらされてきた結果と考えられる。学級内での威嚇的な言動、要求が阻止されたときの自己統制の弱さなどもしばしば見られる。また、大人の関わり方に圧倒的な強さを感じ取った場合には、極度の恐怖を示すこともある。

♻ネグレクト

ネグレクトもまた、子どもの体格の劣化を招くことが多い。また、それ以外にも衛生管理がなされていないためのさまざまな皮膚疾患や進行した虫歯、耳鼻科的な疾患などが見られることもある。

心理面では、生活への意欲の乏しさを感じることも多い。その一方では、慢性的な怒りを抱えているかのように、些細なことをきっかけにして癇癪を起こすことなどもある。

♻性的虐待

性的虐待の影響として最も特徴的なのは、性化行動と呼ばれる、過度で不自然な性的色彩を帯びた言動である。身体的な接触を伴って甘えてくるときに、女性教員の胸部に執拗に触ったり、男性女性を問わず股間に触れようとしたりする。また自分の陰部を擦りつけるような甘え方をしてくることもある。こうした身体接触を伴わなくても、保健室の性教育教材に異様な関心を示したり、その関心をおおっぴらに口にして周囲を辟易させることもある。性的虐待は子どもが性的な成熟に達してから発生するとは限らず、乳幼児期から始まっていることも多い。こうした性化行動は、正常な愛着関係を形成してくる過程で、性的な身体接触や言動が織り込まれることにより、子どもがそうした性的色彩を大人への愛着行動と混濁して学習してしまった結果なのである。

わが国ではまだ、性的虐待の被害者になるのは大半が女児であるが、局部の痒みや痛みなどの訴えから性感染症が疑われる場合もある。

✿心理的虐待

すでに述べたとおり、すべての虐待は心理的虐待の要素を含んでいる。したがって心理的虐待にのみ特化した影響というものを取り出すことはなかなか難しいが、対人関係のなかで当然生じる感情のやりとりに関して、著しい不安定感を感じることもある。気分のむらが激しかったり、文脈からは不自然に感じられるような怒りや引きこもりの反応が見られたりする。

3　発達障害と虐待の影響

虐待と発達障害はきわめて密接な関連性をもっており、学校で観察される生徒指導上のさまざまな課題の背後には、常にこの二つの要因を可能性として考えておく必要がある。ただ、この問題は今後の学校教育にとって非常に重大な問題であるため、10章で独立して扱うことにする。

第4章 虐待を発見する

学校生活の流れに即した虐待発見の視点

子ども虐待は、その多くが乳幼児段階から生じる。したがって、子どもが学齢期に到達する時点では、ある程度虐待の状況についても把握がなされているという事例も多い。かつては、就学前の医療・保健・福祉分野での取り組みや対応の視点が就学にあたって学校側にうまく引き継がれず、学校側が結果として対応を誤ってしまうケースも散見された。次の例などはその典型であろう。

妊娠段階からうつ的な精神状態にあった母親で、出産後も生後の2年間については「どんな育児をしていたか記憶がない」「気づいたら子どもを壁に投げつけようとしていて、夫に制止された」というような回想をしていた。母親は継続的に精神科を受診していて、主治医からは「育児にあまりのめり込まないように」「できるだけ他の人の協力を得て、手が抜けるところは抜くように」という指導をされていた。就学にあたり、残念ながらこうした情報は学校側に提供されなかった。新入生の担任は、この子のハンカチが何日間か交換されていなかったり、鉛筆などの学用品の準備や記名などが不十分であることに気づき、「最初が肝心」と考えて連日のように母親に対して連絡帳などを通じた強い指導を行った。この結果、6月に入る頃から「あなたが自分のことをしっかりできないからお母さんが叱られる」として、母親は子どもに手をあげることが多くなってしまった。

このような例は、関係機関の情報共有が適切に行われるだけで相当の改善が見込まれるものである。かつては個人情報の共有に大きな壁があり、こうした事態に陥ってしまう危険性も大きかった。しかし、本書の1章で概観したとおり、現在は個人情報の共有を効果的に行うためのシステムづくりが始められており、今後は改善が見込まれると考えられる。

ここでは、こうした事前の実態把握や情報提供が必ずしも十分ではなく、学校生活が始まってから虐待を疑われていくような事例について検討する。最初に、子どもの学校生活の流れに即しながら疑いをもつ視点をあげていく。そのうえで、疑いのポイントを列挙する形で述べていくことにする。

1　入学・新学年の開始時

かなり程度の重い虐待事例でも、入学式には保護者が学校に来ることが多い。また、新学年の開始時には担任の交代などもあり、さまざまな提出物があるため、間接的にでも学校は家庭とのやりとりをする機会が増える。この時期には、さまざまな提出物の記入の杜撰さや提出の遅れ、式や懇談の場における親子のやりとりの観察などを通じて、虐待の疑いをもつことができる。極端な例では、子どもに対する強い否定的な感情や評価を堂々と示す場合もある。入学式の当日に、上履きを忘れてきたという理由で、校門に出迎えていた教頭の眼前で子どもを殴りつけた父親という例もある。

2　各種の保健室業務

新学期が始まれば、身体計測をはじめとした各種の保健室業務が実施される。身体的虐待の場合にはさまざまな種類の外傷や火傷の痕跡などが見られることもある。さらに、こうした痕跡が、通常子どもが怪我をしやすい身体部位にではなく、脇腹、背中、腿の内側など、外からは見えにくいところに集中していることもある。こうした外傷について養育者に質問すると、答えが不自然であったり、外傷の様相と矛盾した内容だったりすることも多い。

ネグレクトの場合には、不衛生から生ずる皮膚疾患や、頭皮、耳垢などのケア不足状態が見られることもある。また、発熱などの症状が出て家庭に連絡しても迎えに来なかったり、通院を依頼したにもかかわらず受診をしないといったこともある。子どもがかなりの怪我をした状態で登校してきて、保健室から家庭に対して受傷や通院の状況を確認すると「よくわかりません」とか「今日通院するつもりでした」といった答えが返ってくることもある。

また、服を脱ぐことに対して強い抵抗を示したり、極端な場合には健診の日に限って欠席してしまう場合もある。

3　家庭訪問

都道府県によって対応は異なるが、たいていの場合、一学期の間に家庭訪問の機会がある。虐待事例では、親が訪問日時の約束を守らないとか、訪問そのものを拒む場合もある。あるいは、子どもが家庭訪問に関する書類をもち帰ったり、家庭と学校が連絡をとることに抵抗する場合もある。

家庭訪問が実現したとして、短時間の訪問だけで親の育児態度や心理面の特性について判断することは困難であるが、すでに述べてきたとおり、虐待をする保護者にはある種の心理的な未熟さが特徴として見られることもある。こうした未熟さは社会的な場面での常識的な社交や、人に対する心理的な距離感のおかしさとして現れることも多い。さほど親密なやりとりをしたことがないにもかかわらず、家庭訪問で過度に馴れ馴れしい態度で教師の私生活について質問をしてきたり、逆に極度に他人行儀で紋切り型の反応しか返ってこないこともある。担任教師が家庭を訪問する場合の常識的な準備（部屋の片づけ、湯茶の接待など）の状態や、子どもの学校生活に対する保護者としての関心の度合い、子どもに対する保護者としての評価などは、比較的短時間の訪問でもある程度把握することができるものである。

4　水泳指導

夏前には水泳指導が始まるが、とたんに欠席が目立つようになったり、水泳着への着替えを嫌がったりする場合には、２で述べたことと同様の疑いを抱く余地がある。特に性的虐待の場合には、他の子どもと一緒に着替えることに強く抵抗を示したり、昨年まではまったく問題なく着替えていたにもかかわらず、その年から突然着替えを拒むようになったりすることもある。

5　夏季休業

夏季休業は子どもにとって家庭にいる時間が増えることを意味している。この時期までに担任がある程度まで子どもとの信頼関係の構築に成功していれば、子どもから夏季休業期間中の不安について訴えがあることもある。

ネグレクトのケースなどでは、夏季休業の終了後に子どもの体重が減少していることもあり、これは重要なサインとなる。義務教育段階の子どもは基本的には成長期にあり、通常の健康状態であれば体重が大きく減少するということはない。給食がなくなった長期休業期間中に体重減少が見られるということは、家庭内での適切な栄養摂取が行われていないことを強く示唆している。

ただし、最近では特に女児を中心としてダイエット志向が小学校の中学年くらいの年齢まで下がってきており、本人の自発的な意志に基づく不健康なダイエットによって急激な体重減少が見られる場合もある。「寒天ダイエット」がブームになったときに、夏休み中本当に寒天しか口にせず、二学期に入って20キロ近い体重減少を示した例もある。こうした場合、子どもの健康的な発育にとって有害と思われるような食習慣を、養育者がコントロールすることができないという意味ではやはりネグレクトであるという言い方もできないことはないが、虐待と断定してしまうのは行き過ぎであろうと考えられる。

6　その他の学校生活場面

学校生活では、学級、学年、全校、部活動、登下校など、さまざまな大きさの集団や子どもの組み合わせが生じる。虐待を受けた子どもは、基本的には対人関係の不安定さを抱えている。こうした不安定さは、集団の大きさ、集団の年齢構成、立ち会っている大人の違い、活動の構造化の強弱などによって、著しく異なった行動傾向を生み出すこともある。

虐待を疑う視点

学校生活の流れのなかで、どんな局面で虐待を疑いうるのかということを理解したうえで、具体的に虐待を受けている子どもが示す言動や徴候について、前節との一部重複はあるが、説明することにする。

1　子どもの身体に現れる徴候

✿外　傷

身体的虐待によって生じる外傷には、なんらかの意味で不自然さが感じられることが多い。まず受傷の部位が、通常の生活ではあまり露出しないと思われる臀部や背中、肩の後ろ、脇腹、内腿などであることが多い。それはあたかも怪我をしていることを外から見つけられないように意図しているかのように感じることもある。

火傷も非常に多いが、煙草を押しつけたような火傷であったりする。手や足などに、水平になった傷痕を見ることもある。これは、高温のお湯に手足を漬けさせられたときの火傷の特徴である。自然な火傷の多くはお湯が飛び散ってかかることが多いため、火傷が点在しているのが普通である。ロープや紐などでできたと思われるような擦過傷があったり、縛られたあとのような圧迫痕があることもある。

部位と外傷の種類だけでなく、こうした外傷が比較的短い期間に何度もくり返されるというのも虐待を疑わせる大きな特徴の一つになる。また、怪我をした理由についての子ども自身の説明が曖昧だったり、ありえないと思われるような不自然な状況説明だったりすることもしばしば見られる。怪我に対する説明が親と子でひどく食い違うという場合もある。

ときには、外傷が子どもの自傷行動の結果であることもある。リストカットなどはその代表である。自傷行動そのものが、子どもが極めて不安定な精神状態に置かれていることの現れであるが、その要因の一つとして虐待は十分に考えられるものである。

最後に、怪我そのものは確かに事故によるものであったとしても、その事故が不可抗力ではなく、家庭内の安全管理の不備によるところが大きいと考えられる場合には、ネグレクトを疑う必要がある。

♻体　格

虐待は、心理的にも身体的にも子どもの健全な発育発達に悪影響を及ぼすため、身長・体重ともに劣っていることが多い。はなはだしい場合には、標準からマイナス2SD（標準偏差）ほどの劣りが認められる。また、前節でも述べたが、長期の休み明けに大きく体重が減少していることもある。

なお、体重については減少だけが問題ではない。急激な増加も養育になんらかの不適切さがあることを示している場合もある。

✿衛生状態

頭髪や耳垢、爪、首筋、耳の後ろなどを中心に、清潔を維持できていない状態が見られる。皮膚のただれなども見られることがある。頭髪などは指で梳こうとしてもスムースに通らないことが多い。

服装については、季節や気候に合わないものであったり、何日も同じ服装をしていたりすることが代表的な徴候である。もちろん、子ども自身がポリシーとして半ズボンしか履こうとしないという場合は別である。また、服が古いということと、ここでいう服装のおかしさとはまったく別のものである。古くても清潔であったり、きちんと考えられた組み合わせをされているのならば、経済的な面での不安はあるのかもしれないが、保護者の養育姿勢という点ではあまり心配はないと考えられる。

場合によっては、一つの学校にきょうだいが在籍することもある。そうした場合、特定の子どもだけが極端に異なった服装をさせられているという例もある。

2　子どもの思考と行動に現れる徴候

✿感情コントロールの不全

虐待を受けている子どもは、基本的には強い怒りの感情を抑圧していることがほとんどであり、そうした怒りが衝動的に表出されることも多い。いわゆる「すぐキレる」という特徴である。また、周囲の子どもや大人とのやりとりのなかで、突如として気分が変わり、言動が急変するということもある。攻撃性はどんな子どもでも持ち合わせているものであるが、学級会などで話し合いをする場面などで、意見が合わないと激しく興奮したり粗暴な言動を示したりする。運動会などでは足の遅い子や行動の鈍い子などに対して強すぎると思われるような批判や攻撃性を示すこともある。

こうした例は感情を抑制することができないという意味でのコントロール不全であるが、逆に、極端な反応性の低さという現れ方をすることもある。いじめ的な関わりに対してもまったくの無抵抗、無反応であったり、何かトラブルに直面すると凍てついたように身体が硬直したり、黙り込んでしまったりする。

また、感情コントロールを失ってパニック状態や大荒れの行動を示した後で、そのときのことを話し合おうとしても「覚えていない」という答えが返ってくることも多い。さらに、「今泣いたカラスがもう笑った」という特性が極端に示されることもある。叱責されてパニックを起こした後、あたかもマジックペイントの画面をリセットしたかのように、叱責した教員に話しかけてきたりするのである。

✪挑発的・残虐な言動

たとえば給食でおかわりを要求するとき「どうせ俺の分なんか残ってないんだ」という言い方をするなど、真意は汲み取ることができても聞く側の気持ちを逆撫でするような言動が目立つのも虐待を受けた子どもの大きな特徴の一つである。これは、虐待を受けることによって極度に傷つけられてしまった自己評価の現れとして受け取ることもできる。また、虐待的な環境に適応してしまった結果、相手から虐待的な言動を引き出すことで歪んだ安心感を得ようとする心性の現れとしても理解できる。

ある種の残虐性とでも呼ぶべき言動が見られることもある。捕まえた雀を便器でおぼれさせて遊んでいた例や、泣いている級友をニヤニヤしながら眺めていた例などもある。

✿自己評価の低下

虐待を受けることで、子どもが自己評価を下げることはなんとなく想像がつくのではないかと思われる。大切なのは、なぜそのようなことが起こるのかを理解しておくことである。

実は、虐待を受けてきた子どもは、基本的に自分が悪いという感じ方をしているのである。虐待の多くはまだ子どもが幼児期の前半段階にある時点で始まる。この時期の子どもにとって、親は絶対的な依存対象であり、親（またはそれに代わる養育者）のいない状態では生存すらおぼつかなくなる。そのような時期に虐待という極度に不快で恐怖に満ちた経験をしたとき、子どもは、この事態が親の責任なのか自分の責任なのかを問われることになる。親の責任であると考えてしまうことは、親への絶対的な依存状態にある子どもにとって不可能なことである。したがって、子どもは虐待が「自分の責任だ」と考えざるをえなくなってしまう。さらに、身体的虐待や心理的虐待では、虐待行為の後に親が「お前が悪いんだからな」という言語的な確認をしていることもしばしばである。

学校生活のなかで、子どもはときに根拠のない全能感のような態度を示す。自分以外はまったく価値のない人間だという態度をとったり、自分にはなんでもできる、教えてもらう必要などまったくない、という態度をとったりする。かと思えば、時間の経過や状況の変化によって、一転して「自分など誰からも愛されない」「自分は生きている価値がない」といった極度に低い自己評価を示すこともある。こうした自己卑下的な態度の根底にあるのが、虐待という理不尽極まる環境に適応する過程で、すべては自分が原因なのだと思い込み、言い聞かせてきた経験なのである。低い自己評価から生じる自信のなさを克服しようとして、反動的に生じてくるのが先の全能感であるといえる。

虐待を受けることで、子どもは非常に脆弱な自己評価のうえに行動を組み立てていかなければならなくなっているのだということを理解すれば、「なぜ逃げなかった」とか「どうしてイヤだとはっきり言わないのか」という指導がいかに子どもにとって酷な言い方になるか、理解することができると思われる。

♻対人関係の不安定さ

虐待とはきわめて不適切な親子関係であるから、子どもが対人関係の発達を歪めてしまうことは当然のことである。先に述べた感情コントロールの不全や自己評価の低さも対人関係の不安定さの基盤になりうるが、それ以外にも虐待によって生ずる特徴的なことがらがいくつかある。

一つめは、愛着関係の歪みである。信頼できる、一貫した対人関係のなかで育ってこなかった子どもは、「なつく」「甘える」「信頼する」といった人間関係を安定的に営むことが困難になる。その結果として、教員を独占しようとするような言動が見られる場合もあるし、逆に周囲の様子にまったく無関心であるかのようにひとりでいるという場合もある。また、対人的な態度が一貫せず、べたべたと密着するような態度をとっていたかと思うと一転して怒り出したり無関心な態度に変わったりする。この場合、密着してくるときにはなんとか自分の思いどおりに相手を動かそうとしていて、どうしても相手が自分の思いどおりにはならないとわかった瞬間に態度が急変するというパターンが多い。こうした行動傾向については、反応性愛着障害という概念があてはめられることになるが、これについては第6章で述べることにする。いずれにしても、虐待を受けた子どもの対人関係の不安定さは、そのときの対人交渉で生じた行き違いの要因だけではなく、そもそも根底的な不安定さの発露なのだと理解する必要がある。

二つめは攻撃的な感情の表出にまつわる混乱である。虐待という親子関係はいわばパワーゲームであり、「困難な事態は力で解決する」というパターンを特徴とする。このような対人関係にさらされてくれば、子どもも当然こうしたパターンを学習することになる。これが学校生活にもち込まれると、「強きに弱く、弱きに強く」といった行動パターンが示されてくることになる。体育会系の男性教師の指示には従うが、女性教師の指示にはまったく従わないといった傾向が強まるのである。パワーゲーム的な対人関係の特徴は、しばしばいじめの問題と結びつく。虐待を受けた子どもは、いじめる側にまわることもあるが、いじめられる側になってしまうことも多い。愛着障害と結びつくことで、いじめられていてもまったくの無抵抗な態度を示すこともある。

攻撃性の表出でもう一点、理解しておくべきことは、虐待という親子関係が、しばしば親愛の感情と攻撃的な表出パターンを混同した学習を成り立たせてしまうということである。親との関係は、子どもにとって通常ならば愛着を学び、肯定的な対人関係を学ぶ場である。虐待では、その関係性のなかに子どもの心身の安全を脅かす攻撃的な要素が入り込む。そのため、子どもはこの二つの感情状態を混同してしまうのである。「好きな子に意地悪をする」というのは幼い子どもであればしばしば見られることであるが、虐待を受けた子どもに見られる親愛と攻撃の混同は、これよりももっと根が深く、本人にとって「好きだけど意地悪しちゃった」という自覚は不明確である。

このことが学校現場での指導上どのような困難をもたらすのかということはここで理解しておく必要がある。集団のなかでは、必ずといっていいほど、「世話焼きの女の子」とか「多少無理な関わりをされても許容する優しい男の子」といったタイプの子どもがいるものである。虐待を受けた子どもが集団活動からの逸脱をくり返しているとき、しばしば教員は、ここに述べたようなタイプの子どもを結節点として、当該の子どもを集団活動に引き入れようとする。席を隣同士にしたり、活動班を一緒にしたり、といった工夫である。ところが、よりにもよって、その子どもが真っ先に虐待を受けた子どもの示す暴力的な言動の被害を被ることが多いのである。これこそ、まさに親愛と攻撃の混同した感情表現のなせるわざなのであるが、子どもが被害に遭ってからこうしたメカニズムを説明されると、教員はかなり落ち込むことになる。その子を当該の子どもの「担当」のように配置したのは自分だからである。ここに述べたようなメカニズムがあることをきちんと理解したうえで、子ども同士の相互交渉を注意深く観察する必要がある。

3　性的虐待発見の特殊性

性的虐待は、毎年報告される児童相談所の統計では、３～５％という比率が示されている。しかし、この数値は実際に虐待臨床に携わる人間の感覚からすると低すぎる。児童相談所の統計は、複数種の虐待が重複しているケースで「主たる虐待」を選択するため、実態からはやや外れた数値になることは避けられないとしても、この低い数値には性的虐待を発見することの困難さが示されているといえる。事実、他の種別の虐待を主訴として家庭から分離された子どもたちが、施設入所後にさまざまな性的逸脱行動を示し、その対処をしていくなかで実は性的虐待を受けていたという事実が判明してくるというケースも珍しくない。児童相談所の機能をもってしても、数か月という期間の関与のなかで、性的虐待が潜んでいることを見抜くことは難しいと考えられる。これを単に児童相談所の専門性の問題に押しつけることは妥当ではなく、むしろ性的虐待の密室性がそれほどに強いという理解をすべきであろう。

筆者は、日本子ども家庭総合研究所長の柳澤正義氏を班長とする「厚生労働科学研究費研究班：子どもへの性的虐待の予防・対応・ケアに関する研究」のなかで、全国の養護教諭を対象とした性的虐待の発見と対応に関する学校の実態調査を行った（２０１０年）。全国の小・中・高等学校・特別支援学校のなかから、文部科学省の学校基本調査台帳にもとづき、校数に比例した無作為抽出により３００校を決定し、「過去2年間」における性的虐待事例への遭遇状況を調査した。有効回答数は１３３で回収率は44・３％であった。

性的虐待や性的被害（防止法の性的虐待が加害者を保護者に限定しているため、この調査では保護者以外からの被害を受けている子どもについても実態を把握する目的でこのような用語を使用している）の事例に遭遇したことがあると回答したのは49名（36・８％）、ないと回答したのは82名（61・７％）。不明は2名（１・５％）であった。平成14年度および17年度の全虐待種別に関する全国調査結果のいずれと比較しても著しい高率で、性的虐待に関して一般教諭に比べ養護教諭の特殊な立場が明確になった。事例への遭遇体験と回答者の年齢層、および遭遇件数と回答者の年齢層のいずれにも有意差が認められず、必ずしも長く勤務しているから遭遇体験が増すということではないということもわかった。遭遇した事例数は1件のみが18名（36・7％）、2～5件が27名（55・１％）、6～10件が3名（6・１％）、不明が1名（2・０％）であった。総事例数は１０６件で、女児が１０１件、男児が5件であった。

問題はどのようにして性的虐待・性的被害の状況を養護教諭が把握するに至ったかという点であるが、その内訳を**表6**に示した。

この質問は複数回答であり、本人からの訴えがその他の疑いの契機と重複していることは十分に考えられるが、実に90％超がなんらかの形で本人の訴えを把握の契機としていることがわかる。性的虐待や性的

表6　被害把握の契機

カテゴリー名	n	%
被害を受けた児童生徒本人から養護教諭への直接的な訴え	33	67.3
被害を受けた児童生徒本人から担任等を経由した訴え	13	26.5
被害を受けた児童生徒の家族や親族からの直接・間接の訴え	10	20.4
被害を受けた児童生徒の友人から養護教諭への直接的な訴え	3	6.1
被害を受けた児童生徒の友人からの担任等を経由した訴え	2	4.1
被害を受けた児童生徒の友人の家族・親族からの直接・間接の訴え	1	2.0
被害を受けた児童生徒の過度の性的関心や言動	5	10.2
被害を受けた児童生徒の性的逸脱行動	2	4.1
被害を受けた児童生徒の性関連疾患ないし妊娠	3	6.1
被害を受けた児童生徒の示す攻撃的言動	1	2.0
被害を受けた児童生徒の示す抑うつ的な言動	6	12.2
被害を受けた児童生徒の作文や絵画などの作品	1	2.0
その他	5	10.2
不明	1	2.0
全体	49	100

出所:厚生労働科学研究費研究班「子どもへの性的虐待の予防・対応・ケアに関する研究」(2010年)

被害の結果として子どもに現れる症状（性化行動や抑うつ）によって疑われたという事案はそれぞれ1割程度しかない。小学校や特別支援学校では、被害に遭った児童生徒がそれを被害と認識できていなかったり、言語報告の能力に乏しかったりするため、防止法が規定する性的虐待の把握がしにくいことは考えられることである。この点について、被害者になんらかの発達的な問題があったケースの検討をしてみたところ、被害者に発達的な問題があったとされている事例は15例で、特別支援学校で報告されている事例は6例であるから、小中学校や高等学校においても、発達的な課題をもった児童生徒が性的虐待の被害に遭っている実状がうかがわれた。こうした被害者の障害名は知的障害が5例、高機能自閉症またはアスペルガー症候群が1例、その他が

9例となっていた。その他の内容がわからないため断定的なことはいえないが、被害者の言語性が低いことが性的虐待の被害を受けやすいのかもしれない。

いずれにしても、性的虐待の発見がきわめて困難であるということと、学校における疑いの契機のほとんどが被害を受けた本人からの告白を含んでいるという事実は、仮に子どもからこうした訴えがなされたときの教職員の初期対応の重要さを示唆している。この点は、後の章であらためてとりあげることにする。

虐待発見のためのチェックリスト

子どもが虐待を受けているのではないかということを適切に見きわめていくためのチェックリストは、さまざまなものが公開されている。それらは一見すると簡単にチェックできるように思われるが、実は、必ずしもそうではない。その項目に、目の前の親子の状態が該当するのかどうかという判断が難しい場合もあるからである。こうした判断には、やはり虐待という現象に対するある程度の理解が必要になる。チェックリストだけを眺めていれば判断ができるというものではないと考えておかなければならない。

ここでは、堺市が2002（平成14）年7月に作成した『子どもを虐待から守るための支援』（後述のブックリストを参考）[*4]というマニュアルからチェックリストを紹介する。堺市のマニュアルはきわめて完成度が高く、内容的にも詳細なものである。改めていうまでもないが、こうしたチェック項目にいくつ該当したら虐待なのか、といった機械的な判断は不可能である。あくまでも適切な疑いをもつための指標として理解しておくべきである。また、このような項目がどうして虐待のチェックポイントになるのかということも、本書の他の部分などと照らし合わせて理解を深めていただきたい。

幼稚園（保育所）教職員向けチェックリスト

1 幼児の場合のチェックポイント

- □ 雰囲気が暗く、喜怒哀楽の表情を示さない、表情が動かない、自分の世界のみになりがち。
- □ 親が迎えにきても無視して帰りたがらない。
- □ 給食で過食、お替わりを繰り返す。
- □ 家庭での怪我を保育者が聞くまで言わない。
- □ 不自然な怪我をして来る。
- □ 基本的な生活習慣が身についていない。
- □ 身体も衣服も清潔でない。
- □ 季節に合わない服装である。
- □ 保育所・幼稚園を休みがち、来ない。
- □ 友だちを求めない。遊び方を知らない。
- □ 友だちをたたいたり、引っ掻いたりする。
- □ 落ち着きがなく、激しい癇癪を起こす。
- □ 保育者との関係が深まらない。
- □ 親に関心をもってもらえていない。

2 乳児の場合のチェックポイント

- ☐ 語りかけに対して表情が乏しい、笑わない、視線が合わない。
- ☐ 身長の伸び、体重増加が不良。
- ☐ 母子健康手帳の記入が少ない。
- ☐ お尻がただれている。前日のままの服装で登園する（オムツが前日のままである）。
- ☐ 清潔感がなく、いつも酸っぱい匂いがする。
- ☐ おびえた泣き方、抱かれると異常に離れたがらず、不安定な状態が続く。
- ☐ 親の顔を見ても喜ばない。
- ☐ まだ歩けていないのに骨折している。
- ☐ 世話や身体接触を嫌がる。

3 親の場合のチェックポイント

- ☐ 近隣から孤立しているか、ほとんど交流がない。
- ☐ 対人関係が敵対的でよくトラブルを起こしている。
- ☐ よく転居する。
- ☐ 仕事が長続きせず、就労状態が不安定。
- ☐ 経済的な困窮や、金銭上のトラブルがある。
- ☐ 親自身に不幸な生育歴がある。
- ☐ 親自身に障害や疾病があり、それによる養育不安や困難がある。
- ☐ 行事への不参加等、保育所・幼稚園に対する非協力あるいは批判的態度。
- ☐ 決められた時間に迎えに来ないで、連絡がつかないことがよくある。
- ☐ 罵声や暴力行為がある。

- □ 兄弟姉妹の間に養育の差がある。
- □ 子どものことでよくイライラしており、感情を自制できない。
- □ 子育てのしにくさをよく訴えている。
- □ 子どもの怪我について聞いても曖昧で、不自然な答えが返ってくる。
- □ 子どもの怪我や病気の程度に比べて、医療的処置が遅い。受診させない。
- □ 子どもの現状に合わない不自然で非現実的な考え方をしている。
- □ 体罰の価値を信じている。
- □ 虐待の指摘を認めない。
- □ 保育者と子どもの話をしたがらない。

学校教職員向けチェックリスト

1 子どもについて

①体に現れるサイン

□ 不自然な外傷が見られる。
□ たばこの火を当てられたと見られる火傷、アイロンを当てられたと見られる火傷など、人から受けたと思われる火傷がある。
□ 指や紐の跡と見られる傷跡がある。
□ あざや骨折を発見して、その理由を子どもに尋ねたとき、口ごもったり、明らかに不合理な説明をする。
□ 短期間のうちに、不自然な箇所のあざ、骨折、火傷を繰り返している。
□ これまでなかったような自傷（自分で自分を傷つける）行為や自傷行為の跡が見られる。
□ 汚れた服をいつまでも着ていたり、また、身体がいつまでも汚れている。
□ 服装において、他の兄弟姉妹とに極端な差異が見られる。
□ 体重の極端な増減等、これまでなかったような身体の変化が見られる。
□ 長期の休暇明けの体重の急激な減少。
□ これまでなかったような、爪かみやチック症状などの行為や行動が見られる。

②行動に現れるサイン

□ 家出や徘徊等を繰り返す。
□ 万引き等の問題行動を繰り返す。
□ 不登校・理由のはっきりしない遅刻や欠席が目立つ。
□ 放課後にいつまでも学校に残りたがったり、「家に帰りたくない」と話す。
□ 反応に乏しく、どこを見ているのかよくわからない眼差しで、元気がない。

- □叱られているときに話がきちんと聞けなかったり、まるで他人事のような態度をとる。
- □おとなの神経を逆撫でするような言動をわざととることが多い。
- □指導時、過度に緊張し、まったく視線を合わせない。
- □教職員の顔色を極端に窺ったり、接触を避けようとする。
- □些細なことですぐに激怒したり、乱暴な行動を繰り返す。
- □以前に比べ、落ち着きがなく、すぐにわかるような嘘をついたりする。
- □動物をいじめたり、虐待したりする。
- □教職員との人間関係がちょっとしたきっかけで急変する。
- □友だちなどと意見が食い違ったとき、すぐに暴力・暴言に訴える。
- □極端に協調性がなく、周囲から孤立している。
- □最近、何事にも意欲が乏しく、集中できず、学力面での急激な低下が見られる。
- □給食をがつがつ食べるなど、食べ物への強い執着がある。

③性的虐待のサイン

- □性的なことに極端に興味をもったり、極端に嫌う。
- □他人の言動に過剰に反応したと思ったら、同じ人に過度に依存してみたりといった、「過剰な反抗と依存の両存」傾向が見られる。
- □絵画や作文などに性的関係・接触を暗示させるようなものが見られる。
- □急に性器への関心を見せるようになった。
- □年齢に不釣り合いな性器に関する知識をもっている。
- □自分の殻に閉じこもる。
- □自虐的行為を行う。

2 親について

- ❑ 殴るなど子どもに暴力を振るう。
- ❑ 大きな声でおこる等、威圧的である。
- ❑ 話に矛盾があったり、不自然な言い訳をする。
- ❑ 無関心、態度が冷たい。
- ❑ 放置して適切な世話をしない。
- ❑ 病気やケガの時、病院へ連れて行かない。
- ❑ 不安定、いらだっている。
- ❑ 病気やアルコール・薬物依存がある。
- ❑ 生活のリズムが乱れていたり、家のなかが乱雑、不衛生である。
- ❑ 親族、近隣との付き合いがなく、孤立している。
- ❑ 経済状態について不安がある。
- ❑ 家族関係について不安がある。

第5章 虐待を聴く

虐待の確証は得られるか

虐待を疑ったとき、教職員は確証を得たいと考える。これはきわめて自然な心の動きである。いうまでもなく虐待防止法が教職員に求めているのは「疑ったらその時点で通告する」ことであり、「確証を得ることは教職員の責任ではない」とされている。しかし、現実の状況が決してこのとおりになっていないことはすでに見てきたとおりである。これはどうしてなのだろうか。

学校は、さまざまな批判にさらされているとはいえ、それでもなお地域の中核的な資源である。公教育は基本的に校区をもち、それぞれの校区内で物理的にも心理的にもある種の求心力であり続けている。

こうした地域の中核的資源としての性格に加え、現状の公教育システムにおいては、学校は児童生徒やその背後にある家庭を選択することができないという事実がある。また、学校教育の実があがるためには、地域や家庭の教育力との連携が必要であることは論を俟たない。

そのため、学校は、どのような子どもに対しても、まず家庭との協力関係や相互理解を得ようと試みることになる。虐待を生じる家庭の多くが地域社会からなんらかの意味で孤立、遊離する傾向があることはすでに述べたが、多くの場合、学校はそれでもこうした家庭との間に細いながらも一定のパイプを構築することに成功していることが多い。たとえそれが特定の教員の人間的な資質によるパイプであったとしても、である。

学校現場が何よりも恐れるのは、通告によって家庭とのパイプや協力関係が壊れてしまうのではないかということである。これは、直接的に保護者から学校が責められるという事態を恐れるという場合もあるが、かろうじてつながっている家庭とのパイプが切れることで、子どもが登校してこなくなったり、家庭内における子どもの被害が増悪するのではないかということを恐れるのである。

たしかに、仮に通告を受けた児童相談所が保護者と接触したとしても、「学校の先生から聞きました」と伝えるわけではない。だが、現実の問題として、情報源をいくら秘匿したとしても、誰が伝えたかは一目瞭然である、というケースは非常に多いのである。先にも述べたとおり、学校が家庭との間になにがしかのパイプ形成をしていることが多いということは、学校にだけは伝えていた、という情報があることが多いということであり、それゆえに「通告したのは学校だ」というとらえ方をされてしまうことが十分にありうる。だからこそ、学校現場は虐待を疑ったときになんとか確証を得ようと努力することになる。確証さえあれば、家庭との関係悪化もやむをえないという心理的なアクセルがかかるのである。

しかし、学校には家庭に立ち入って調査する権限が与えられているわけでもなく、確証を得る努力はなかなか報われない。虐待をする親が、誰に対しても、どんな状況でも粗暴で攻撃的であるとは限らない。とりわけＤＶのケースなどでは、加害者であるとされている父親が、社会的な場面では如才ない社交性の持ち主で、職業的にもきちんと成功しているというケースもざらである。子どもから聞いている話と親から受ける印象とが食い違う場合、「万が一誤った通告をしてしまったら……」という不安はますます強まることになる。

「通告」をどう考えるか

学校現場が、法的には義務づけられていない「確証探し」に努力してしまうことや、その結果として通告が遅れてしまうことは、しばしば「抱え込み」という言い方で批判もされてきた。子どもの人権保障という観点からすれば、この批判は当然のことである。しかし、いたずらな学校批判や教職員批判が問題を解決するわけではない。地域資源としての学校の立場や組織的な性格が生み出す構造的な問題としてとらえ、機関間の連携にあたって配慮すべき点とするべきだろう。

ただし、虐待を疑った場合に通告するということは組織としての学校、また、個々の教職員にとって法律で課せられた義務である。したがって、これまでに述べてきたような事情はあるとしても、疑いながら通告しなかったことで子どもに深刻な被害が生じてしまえば、学校はいくら批判されても仕方がない。

「子どもの安全が最優先」という言い方は、虐待の通告を促すキャンペーンのなかでしばしば用いられる。この言葉の意図するところは、保護者の立場や学校との関係性の悪化などを危惧することで通告を躊躇する姿勢に陥ってしまうことを防ごうとするものである。だが、この言い方はどうしても「子どもの利益vs保護者の利益」といった二分法的な考え方につながってしまう。その結果、どうしても保護者に対する懲罰的な考え方が生じ、このことが通告することへのある種の罪障感や不安につながってしまう。実は、通告とは保護者にとっても救いにつながりうる行為なのであり、対応に苦慮している教職員にとっても同様なのである。通告とはすべての人を救う行為であるという信念をもつことが何よりも大切である。

この章では、虐待を疑った後、どのように子どもから話を聞くべきかについて述べる。いわば、学校における虐待への初期対応である。

「虐待を聴く」大原則

子どもから虐待に関する情報を得ようとするとき、教員として大前提にしておかなければならないのは、虐待の確証を得るためにすることではない、ということを理解することである。虐待はほとんどの場合、家庭という密室のなかで生じている現象であり、立ち入り調査などの権限をもたない学校には、そもそも確証を得ることは難しいし、法的にも求められていない。教員にとって「虐待を聴く」技術とは、適切に虐待を疑うための技術であるということができる。

もう一つ、重要な点がある。子どもが虐待を受けていることを教員に打ち明けてきたときにどのように対応するか、ということである。これもまた「虐待を聴く」うえで欠かすことのできない点である。

1　質問の種類

面接における質問には2種類ある。「開かれた質問」と「閉じられた質問」である。

「開かれた質問」とは、俗に５Ｗ１Ｈと呼ばれる質問である。これに対して、「閉じられた質問」とは「はい」か「いいえ」で答えることができるタイプの質問である。

一般的に、「開かれた質問」は広く情報を集めたいと思うときに用いられる。どのような回答をするかは質問された側に委ねられている。その分、回答する側にとっては答えにくいという性質ももつ。一方の「閉じられた質問」では、回答の選択肢が質問者によって規定されている。回答する側にすれば答えやすいが、選択肢以外の回答をすることは心理的にも大きなエネルギーを要するため、選択肢の与え方によっては質問者が想定している答えに相手を誘導してしまう危険性がある。

「虐待を聴く」場合、２種類の質問を適切に組み合わせていく必要がある。基本的な考え方としては、まず開かれた質問から入り、閉じられた質問で確認をしたら、再び開かれた質問に戻るという流れである。こうした質問の流れを図示したのが下図である（**図４**）。

図４　質問の流れ

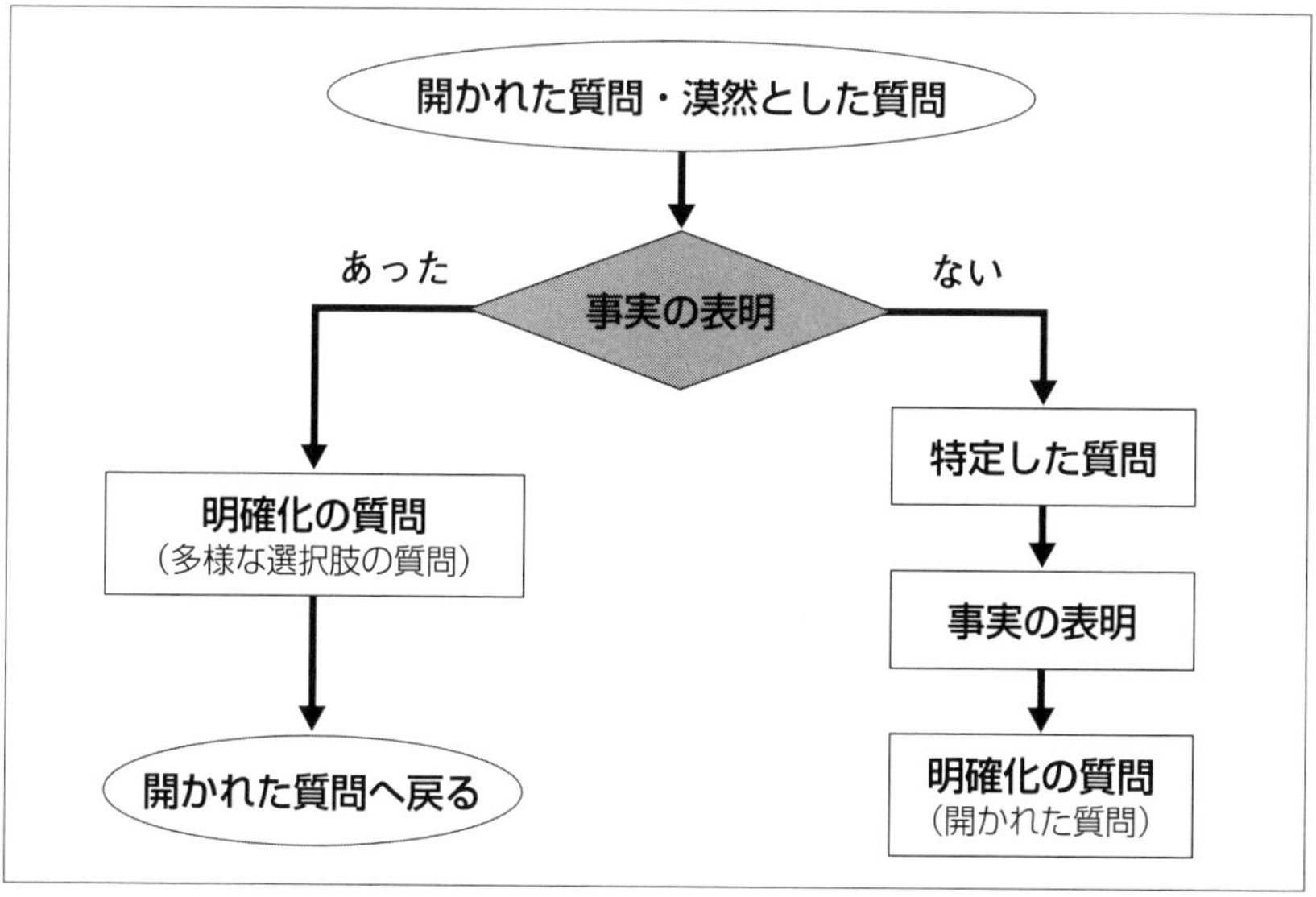

この図の説明をかねながら、実際の例を見ていくことにする。


幼稚園の登園時間。昨日の降園時にはなかった痣が園児の二の腕についていることを見つけた教員が、その子に痣について尋ねている。

「○○くん。ここに痣がついているけれど、これはどうしたのかな」

「……」

「痛そうだなぁ。どうしたんだろう」

「……」

「昨日、先生とバイバイしたときには、○○くんのここには痣はついていなかったよ。先生、ちゃんと見てたからわかるんだ。今日は、今、幼稚園に来たばかりだもんね。この痣は、きのう幼稚園から出たあとでついたんだと思うよ。どうしたのかなぁ」


ここで用いられているのは一貫して開かれた質問である。なかなか答えようとしない子どもに対して、教員は怪我の痛みに共感したり、痣が生じた可能性のある時間帯を限定することで答えやすさを増そうと努力している。細かいことだが、最後の質問で「おうちに帰ったあとで」と言っていないことに注目してほしい。子どもが怪我をしたのは、降園途中の車内などであった可能性もある。降園時の教員とのやりとりや、その日の園生活についての教員の報告を聞いたことで親が怒りを感じた場合には、車という密室に

入った途端に子どもに攻撃が向けられる場合もある。「おうちに帰ったあとで」という言葉を選んでしまうと、こうした可能性を排除してしまうことにもなりかねない。


「……」

「昨日のバイバイのときにはなかった痣が、今はついているものね。だから、この痣は○○くんが昨日幼稚園から帰ったあとでできたんだと思うよ。おうちに帰る途中でできたのかな。それともおうちに帰ったあとでできたのかな。もしかしたら、今日の朝幼稚園に来るまでの間にできたのかな」

「……おうちで……」

「そうか。おうちでできた痣なんだ。昨日かな、今日かな」

「……昨日……」

「昨日かぁ。言ってくれてありがとうね。昨日、おうちに帰ってからできたんだね。痛かったろうね。どうしたんだろう」


子どもは一般的にいって開かれた質問には答えにくい。そこで、教員は質問の意図をより明確にしていくために、答えの選択肢を提示する閉じられた質問に移っていく。この場合も、単純なイエス－ノーの質問ではなく、可能な限り選択の幅をもたせている。そして、ある程度受傷の時間帯が限定されたら、再び開かれた質問に戻っている。

「……ぶたれた」
「ぶたれたのかぁ。誰にぶたれたのかな」
「……」
「おうちでぶたれたんだよね。おうちにいるのはお父さんとお母さんだよね。お父さんにぶたれたのかな。お母さんにぶたれたのかな。お父さんとお母さんの両方なのかな。それとも他の人かな」

子どもに対して選択肢を提供する場合、一つだけ選択肢を与えてイエスかノーかを問うような形は避けるべきである。できる限り質問する大人側の誘導になることを防ぐ配慮が求められるのである。

開かれた質問で子どもが答えを続けられる場合にはそれでいいが、どうしても特定の選択肢を用いて質問しなければならなくなることも多い。その場合、事実を特定するための質問をして答えが得られたら、できるだけ開かれた質問でその答えをさらに明確化していくことが望ましい。先述の例でいえば、「ぶたれた」という子どもの答えに対して「誰に」と尋ねているのがそれにあたる。残念ながらこの質問では子どもは誰にぶたれたのかを明確に答えることができない。そこで、再び選択肢を伴う質問が用いられているのである。

虐待を受けるという体験は、子どもにとっては屈辱でもある。また、すでに述べてきたように、虐待を受ける子どもはそれが自分の責任であるという思い込みに陥っていることが多い。「虐待を聴く」場合、それが「取り調べ」になってしまわないようにすることは何よりも重要である。まして、誘導尋問になってしまうのは論外であるといえる。

一般に、イエスかノーかで答えられる質問が連続して用いられた場合には、質問されている側にとって会話は極めて誘導的なものに感じられるようになる。以下の例を読んでいただければ理解できるだろう。


「この怪我は昨日学校にいたときにはなかったよね」

「……うん」

「ということは家に帰ってから怪我したんだよね」

「……うん」

「自分で手の届く場所じゃないよね、この怪我は」

「……」

「誰かにやられたということだよね」

「……」

「お父さんにやられたの」

「……」

「いつもお父さんに叩かれているよね。今度の怪我もお父さんにやられたの」

子どもとの会話は、開かれた質問と閉じられた質問を交互に織り交ぜながら、あくまでも子どもの感情に対して共感的な態度で進めていかなければならない。「言うまでは教室に戻れないよ」とか「正直に言わなくちゃお前自身が損をすることになるんだぞ」といった強要や威嚇に近い言い方は慎むべきである。

2　子どもに「虐待を聴く」場合のその他の留意事項

くり返しになるが、学校において子どもから虐待の事実関係を聴き出す目的は、その子が虐待を受けているのかもしれないという疑いをもつためである。裁判所に提出するための証拠を集めているわけでもなければ、親を説得するための有無を言わせないような言質を引き出そうとしているわけでもない。したがって、疑うに十分であると判断した時点で、子どもの感情を考慮した教育的な対応に移る必要がある。必要以上の聴き取りはかえって子どもに罪悪感を抱かせたり、自分の体験が興味本位に扱われていると感じさせることにもなりかねない。さらには、児童相談所などの専門機関が本当に法的な措置も含めて対応しなければならなくなった時点で、学校で執拗に問いただされていたことがかえって子どもの気持ちを閉ざしてしまい、関わりの妨げになってしまうことも避けなければならない。

子どもの年齢にもよるが、子どもは必ずしも虐待の事実関係を正確に報告できるだけの言語性をもち合わせていないことも多い。特に幼児の場合には、事実関係を把握するうえで欠かせない時間的な要素や回数・程度といった数量的な概念、さらにはどうしてそれが起きたのかという因果関係の概念などがそもそも未熟である。ここでも、学校のすべきことは疑いであって確証ではないということが重要である。情報の正確さを求め過ぎるあまり、何度も何度も子どもに確認を求め、少しでも子どもの記憶に曖昧さがあるとそれを問いただすといった対応は、子どもに話をする意欲を失わせる。そのことは、やがて他の専門機関が介入してきたときに子どもの心理的な治療の妨げになってしまうこともある。

「わからない」という回答についても検討しておく必要がある。まず、その子どもが「わからない」と言えるのかどうかは大切である。「わからない」と言うことができない子どもは、容易に質問者の誘導に乗ってしまうことになる。また、「わからない」という回答にはさまざまな理由が考えられる。親からのさらなる虐待行為への恐れかもしれないし、教員への不信感かもしれない。自身の恥辱感（性的虐待の場合などは特にそうである）なのかもしれない。「わからないっていうのは、今は言いたくないってことなのかな」といった言い換えを用いることで、「わからない」という子どもの回答を尊重しながら会話を進めることができる。「わからないはずないだろ。昨日のことだぞ」といった言い方はしてはならない。

「わからない」という回答がしにくいような教員と子どもの関係のなかで質問がなされたり、前述のように閉ざされた質問が立て続けに用いられたりすることで、子どもはどうしても特定の答えに向けて誘導されてしまう。その答えとは、教員が「きっとこうであったに違いない」と想定している事態を子どもが認めるという形になる。それは、ときとして「虐待なんて嘘だろう。お前が悪さをしたからだ」という虐待の否定につながってしまうこともあるだろうし、逆に、「虐待に間違いない」という断定につながってしまうこともある。後者の場合、子どもの答えのなかに一つでも「嘘」が混ざっていた場合、保護者との面接になったときにその一点からすべてを覆されてしまうような事態も生じる。「子どもは、この日にも叩かれたと言っています」という発言に対して「その日は叩いていない。あの子の言うことはいつもでたらめだ。この一件を見てもわかるでしょう？」などと反論されてしまう場合も出てくるのである。

ることができる。しかし、性的虐待の場合には特別に留意しなければならないことがある。

3　性的虐待について

　4種の虐待のなかで、性的虐待に対する一般的なタブー感や嫌悪感はとりわけ強い。性的虐待を受けているという報告に接すると、「信じたくないという思い」と「どうしていいか、どう考えていいか見当もつかない」という思いが交錯する。その結果、「嘘でしょ？」といった反応を思わずしてしまうことも多い。

　性的虐待の場合には、子どもの心的な体験を5段階に分けてする「子どもの性的虐待順応症候群」と呼ばれる概念が提唱されている。第1段階は、子どもが加害者との性的な関係に巻き込まれる段階である。第2段階では、子どもはそうした性的関係から自力だけで脱出することはできないのだと思うようになる。第3段階では、加害者が子どもに対して性的虐待の事実を秘密にしておくように強要を始める。「誰かに喋ったらひどい目に遭わせるぞ」といった子どもへの直接的な脅しの場合もあるが、「お前が喋ったらお母さんは生きていられないかもしれない」「こんなことを先生や友だちに言ってもお前が信用をなくして孤立するだけだ」といった間接的な脅しの場合も多い。いわばこの段階で、子どもは「虐待的な環境への適応」を成し遂げるのである。第4段階は、こうした心理的な呪縛を超えて、子どもが性的虐待の事実を訴える段階である。教員は、この段階に立ち会うことになる。ここで不適切な対応をすることは、子どもを第5段階に追いやることになる。すなわち、性的虐待を受けているという告白をしたことで加害者以外

図５　子どもの性的虐待順応症候群

- **第1段階**　子どもが性的関係に巻き込まれていく段階
- **第2段階**　子どもが自分の力では性的な関係から逃れることができないと感じる段階
- **第3段階**　虐待者が子どもに対して、性的虐待の事実を秘密にするように強要する段階（子どもは虐待環境に適応してしまう）
- **第4段階**　子どもが性的虐待の事実を告白する段階
- **第5段階**　子どもが自分の告白に対する親や周囲の大人の予想もしなかった反応に驚いて、自分の告白を取り消してしまう段階

Summit, R.(1983) “The Child Sexual Abuse Accommodation Syndrome,” *Child Abuse and Neglect : International J.* 7: 177-93より筆者が作成

の周囲の大人がする反応があまりにも激しく、しかもそうした反応の多くが自分の予想外のものであるために、子どもが自分の告白を取り消してしまうという段階である。

現在の日本で把握される性的虐待のほとんどは女児が被害者になるが、性的虐待の事実が明らかにされるとき、その家庭内で母親（つまり、妻）の置かれている立場は非常に微妙なものにならざるをえない。その結果、母親が必ずしも子どもの全面的な味方になれず、かえって子どもの口を封じるような態度をとってしまうことさえある。その意味でも、学校において子どもが性的虐待の事実を匂わせたときには敏感で慎重な対応が要求されることになる。なお、性的虐待の被害が女児に限定されるというのは間違いであって、加害者が男性に限定されるというのも間違いである。同性による性的虐待という事態も十分にあり得る。むしろ、不自然な家庭訪問が保護者に不審を抱かせてしまい、子どもに対する虐待隠蔽の圧力が強まるというリスクの方がはるかに大

きいと考えるべきである。性的虐待の疑いに対して学校は家庭訪問をしない、ということを原則とするべきであろう。

ただし、性的虐待に関しては、なかなか「物証」を得ることが難しい。身体的虐待ならば外傷が生じることもあるし、ネグレクトの場合には日常的な服装や提出物、さらには家庭訪問での観察などによってある程度の裏打ちを得ることもできる。しかし、性的虐待の証拠を家庭訪問で確認するということはほとんど不可能なことである。

保健室では、学級不適応と呼ばれるような状況に陥った子どもが複数出入りしていたり、ときには授業時間帯にも保健室で同席して過ごすという事態も珍しくない。第4章でも記した通り、性的虐待の被害状況把握は本人からの告白というパターンでなされることが非常に多い。複数の「不適応」を抱えた子どもたちのなかの誰かがこうした告白をしたことで、「実は私も……」といった連鎖反応的な告白が始まるということもある。そのような場合、被害体験を共有する子どもの存在が、お互いに心情や事実関係の吐露を助け合うという構造もあるのだが、同時に本人も意識しないうちに誇張や歪曲といった「情報汚染」と呼ばれる事実経過の不正確さが生じてしまう危険性もある。かといって、こうした事態で子どもたちを個別に分け、それぞれの子どもと時間をかけて聴き取りを行うというのは、人員的にも時間的にも、そしてまた場の状況の自然さという点でもかなり困難なことであると考えられる。先の家庭訪問に関する留意点と同様、性的虐待の事実把握が非常に困難で、かつ専門的な技量を必要とする作業であるということを考えれば、学校としては疑いを把握したらすぐに機関間連携の枠組みに入るという動きが不可欠であると考えられる。

学校にできることは、おそらく、性的虐待を匂わせる言動のあった子どもに対して、「性的虐待がありえたかもしれない」という態度で接することと、すみやかに関係する専門機関と連絡を取り合って対応を協議することである。不自然な家庭訪問や親の呼び出しはかえって警戒心を抱かせ、子どもに対する威圧を強める可能性があるので避けなければならない。もちろん、どんなに子どもの気持ちを楽にさせようという思いがあったにせよ、「そうか。お前も魅力的になったからなぁ」といった興味本位の発言は許されない。また、性的虐待を受けている子どもに対しては、教員がごく普通に行うスキンシップ行動も、ある種の外傷的な体験につながってしまうこともあることを考えておかなければならない。

4　子どもからの訴えに対して

さて、ここまで基本的には教員が子どもの言動から虐待を疑った場合にどのような聴き方をしていくべきか、という観点で論じてきた。だが、実際の学校現場では、「親に殴られる」「性的ないたずらをされる」といった訴えを子どもの方からしてくるというケースも多い。このこと自体は教員がその子どもから一定の信頼を寄せられている証拠であるから結構なことなのだが、ここでの対応にも考えておくべき点がある。

もっとも重要なのは、「誰にも言わないでね」と子どもから言われたときにどう対応すべきか、という点である。

臨床心理学的にいうならば、相談者と子どもとの秘密厳守は、心理治療の基礎になるラポール（信頼関係）そのものともいうべき大切な約束である。したがって、「誰にも言わないよ」という約束をした内容については外に漏らすことができない。本来、学校は個人情報についての集団守秘義務の考え方を採用しているはずだが、現状としてスクールカウンセラーが子どもとの相談内容をまったく担任にも生徒指導担当にも伝えないという事態が起こったりするのは、こうした臨床心理学的な観点に立つからである。

しかし、一方で虐待防止法は組織としての学校に対して、虐待の早期発見と通告の義務を課している。「誰にも言わない」と約束することは、この通告の義務に反する約束をすることになる。くどいようだが、「虐待かどうかはっきりしないのだから今は約束しておこう、虐待だということがはっきりわかったら別だ」という考え方は成り立たない。確証を得ることが学校の仕事ではなく、疑いを適切に関係機関と共有することが学校の仕事なのである。

結論からいえば、「誰にも言わないでね」といった類の念押しをしてきた子どもに対しては、「言わないという約束はできない」ということをきちんと説得しなければならないということになる。子どもと親とを守るためには、教員が自分ひとりの力や判断では対応できないということをきちんと説明し、誰かに相談するかもしれないことを伝え、「それでもいいと思うことだけを話してほしい」と頼むのである。子どもは自分の経験を自分ひとりで抱えていることに耐えきれなくなるからこそ訴えてくる。教員が真摯に対応し、誰よりも子どものために考えるという姿勢を伝えることができれば、子どもは話をし始めるだろう。

この約束についてクリアできれば、質問の組み立てそのものはこれまでに述べてきたことと違いはない。万一、子どもからの告白に対して初期対応した教職員が、「誰にも言わないから」という約束をしてしまっていた場合には、できるだけ早い段階で、その約束が履行できないことを子どもに伝えなくてはならない。その際、学校が対応上の助力をさまざまな人に求めるのは、あくまでも子どもと家族を支援するためであることを説明することになる。他の場所でも述べることになるが、決して保護者に対する懲罰的な態度や、「そんな親のところにあなたを置いておけない」といった「裁定」を下す態度で接してはならない。子どもが告白してくれたことに対する感謝をあらためて伝えることも大切である。こうした説明は、約束をしてしまった教職員だけではなく、より責任のある立場の教職員が同席して行う方が望ましい。

くり返しになるが、教職員ではない、たとえばスクールカウンセラーやスクールソーシャルワーカーが最初に子どもからの訴えを聴く立場になった場合、個々の心理士やワーカーによって若干の考え方の差はあるかもしれないが、現在の学校は虐待に対する組織としての対応を課せられている以上、その学校に関与する専門職として当然教職員と同様の対応をするべきであろう。

5　聴き取りの場所と時間について

子どもから虐待を訴えてきた場合には、できるだけその場で話を聴いてあげることが大切である。多くの場合、そうした状況を見計らって子どもは話しかけてくるものである。しかし、必ずしもその場では落ち着いて対応できない場合もある。その場合には、いつならば話が聴けるのかを確実に約束する必要がある。原則として日をまたぐことは好ましくない。訴えてきたそのときが最高の好機であると考え、それが無理ならばできる限りそれに近い時期を設定すべきである。

担任が話を聴く場合と、担任以外が聴く場合でも事情は異なってくる。特に小学校の場合、担任はどうしても学級運営に時間を割かれ、個別的な対応の時間は課外になってしまうことも多い。学級を誰か他の人間に任せて個別的な対応をすることも可能だが、その場合には担任とその子が学級から離れることに対して不審を抱かれないような配慮をする必要がある。

課外の時間帯はいちばん利用しやすいが、ケースによっては子どもが帰宅すべき時間に遅れたことで、帰宅後に保護者から執拗な詮索を受ける場合がある。こうした場合には正課の時間内で話をする機会を確保しなければならない。

聴き取りの場所については特にここがいいという特定の場所はない。そもそも、落ち着いて個別に話ができる空間というのは学校ではなかなか見出しにくいのが現実である。人目にさらされず、途中で他人の出入りがないような場所であればどこでも利用可能だろう。もちろん、子どもが安心して話ができることが何よりも前提となることであり、窮屈な密室状況で、子どもが心理的な威圧感を覚えてしまうような場所では話にならない。

記録は、基本的には話をしながらとらない方がいいと思われる。話の流れを止めることにもなるし、子どもに取り調べのような印象を与えることもあるからである。ただし、子どもの年齢によっては、自分の受けている行為が虐待であり、助けを求めたいという気持ちがはっきりと自覚できている場合もある。その場合には正確に事実を記録する作業を子どもと共有することも十分に可能である。また、あまりに記録をとらずにいると、かえって「ちゃんと聴いてくれているのかしら」という不安を抱く子もいるかもしれない。その場合には、適宜ポイントを簡略に記録する必要がある。

6　話を終えるとき

次に、子どもとの話を終えるときの留意点について述べる。先に、「誰にも言わない」という約束をしない、という原則を述べたが、話の終わりでは、「不確定な見通しを約束しない」ということが原則である。「必ず家から助け出してあげるよ」とか「お父さんにはきちんと止めるよう話してあげるから」といった約束のことである。とにかく、自らの虐待体験を訴える子どもは、それだけで相当の心理的な苦痛を感じているのである。不用意な言動や無責任な約束は、子どもをさらに傷つけることにつながる。

話を終えるときには、何よりも話をしてくれたことに対する感謝と評価を伝えることが望ましい。中学生の後半以降の学年であれば、場合によっては通告やその後の調査などの手続きについての説明があってもいいかもしれない。もちろん、その場合にはそうした手順について熟知している必要がある。

記録について

最後に、記録について検討しておくことにする。

虐待事例への対応では、記録は決定的に重要である。関係機関とのチーム対応においても、各機関が記録を示し合うことによって対策を練っていくことになる。

学校は、しばしば「学級王国」と揶揄されるように、さまざまな決定に際して学級担任の判断が非常に大きな位置を占める。特に幼稚園や小学校ではこの傾向が強くなることは説明の必要がないだろう。しかし、そのような学級担任も、1年ないし2年でたいていの場合交代する。校内で交代するだけではなく、異動してしまうことも珍しくない。だからこそ、記録は重大なのである。

よく、「客観的でありのままの記録をとるべき」という言い方がなされる。しかし、これは不可能なことをいっているのである。そもそも「完全に客観的な記録」など存在しないからである。ビデオや録音によって記録を残せば、「客観的な記録」がとれると思うかもしれない。しかし、どの場面を撮影や録音するのかを決めているのは記録者の主観なのである。記録者＝観察者が「意味がない」と判断した事象は記録されない。そして、記録されなかった事象は存在しないことになる。ある観察者が残した記録を、後日他の人間が読んだとしても、そこから読みとれるのは記録者が意味を見出していたことがらだけだということになるのである。

主観を排除するということが基本的には不可能なことなのだとすると、記録に際して何を心がければいいのだろうか。まず重要なのが、自分がどのような主観をもっているのかに自覚的でいられるように努力することである。自分にはどのような子ども観、家族観、教育観があるのか、その話し合いに際してどのような目標意識をもっていたのか、その発言に接して自分のなかにどのような感情が生じていたのか……そうした「主観的状態」に自覚的であるほど、記録は正確になっていくし、自分の後に続く関わり手にとっても活用可能な余地を残すことになっていく。

さらに、事実と推論を峻別することも非常に重要である。現実に見聞きしたことと、そこから推測されたことが、しばしば記録のなかで混同されてしまう。「昨夜も母親から叩かれていた」という記録があったとしよう。しかし、実際に見聞きされたことは「深夜まで母親の大きな罵声が聞こえていて、子どもが謝る声が聞こえていた。叩かないで、という声も聞こえていた」ということだったとしたらどうなるだろうか。「叩かれていた」というのは限りなく妥当性は高いかもしれないが、それでも推論なのである。後に、「親への対応」の章でも述べるが、学校における親への対応では、親子関係における「例外的な事態」に焦点をあてていくことが大切になる。可能性はどんなに低くとも、もしかすると昨夜の親子関係では、「叩かずになんとか言葉だけで自制する」という「例外」が生じていたのかもしれない。しかし、「叩かれていた」という推論が事実として記録されてしまった時点で、こうした可能性を探る道は閉ざされるのである。

たいへん面倒かもしれないが、記録用紙を縦に半分に分けて、左側に事実、右側にそこから記録者が推論した内容を書き分けるという試みをすると、こうした推論と事実の峻別には有効な方法になる。

第6章　子どもへの対応

　虐待を受けた子どもに対する学校での対応を考えるときには、大きく二つの柱に分けておく必要がある。一つは、その子が虐待を受けているのかどうか確実ではないなかで、適切な疑いを感じ取るための対応である。二つめは、その子が虐待を受けていることは確実になっているなかで、引き続き在宅での対応を求められる場合である。後者には、子どもが家庭から分離されて児童養護施設などに入所し、そこから通学してくる場合も含まれる。なかには、学校での集団生活を根底から脅かすような激しい逸脱行動を示す子どももいる。

　前者のケースでは、これまでに述べてきたような子どもへの聴き取りなどを含めた対応が重要になる。後者のケースでは、より具体的で日常的な子どもと親への対応に軸足が移ることになる。本章ではこうした日常的な対応について述べることを目的としている。ただ、後に述べるように、子どもの行動像が反抗挑戦性障害や行為障害といった水準まで到達してしまうと、学校での対応だけでは困難をきわめる場面も多々出てくる。より専門的な治療機関との連携などが適切に模索される必要があるが、その場合でも学校の責任はなくなることがない。くり返しになるが、学齢期にある限り、よほど例外的なケースを除いて、必ず学校は子どもへの対応をしなければならない機関なのである。

子どもへの対応の基本――トラウマ障害の理解

もともと虐待事例への対応は単一の個人や機関がそのすべてをできるわけではない。そのなかで虐待を受けた子どもへの学校における対応を考えていく際には、まず学校が子どもの心理的回復や健全な発達のために何ができるのか、ということを押さえておかなければならない。そこには、虐待によって子どもが受ける心理的な影響について、これまでに見てきたこと以上に踏み込んだ理解が必要になる。もちろん、学校は専門的な治療機関ではないから、子どもへの対応にも一定の限界はある。それでも、子どもの心理的回復がどのような経過をたどるのかを理解しておくことは、今自分たちがしていることが子どもの将来にとってどのような種を蒔くことになるのかを知ることにつながる。

虐待を含めて、その後の人生に大きな痛手となり、心の傷となって悪影響を及ぼすことになるような経験をトラウマ体験と呼ぶ。トラウマ体験による後遺障害はＰＴＳＤ（心的外傷後ストレス障害）と総称されていて、この言葉は地下鉄サリン事件や阪神・淡路大震災などによって広く知られるようになったと思われる。ただ、ＰＴＳＤという概念そのものは、それこそ地下鉄サリン事件に代表されるような、「一回性の、日常をはるかに超越するような衝撃的体験」の後遺障害として想定されているもので、虐待のように、くり返しくり返し苦痛に満ちた経験をした結果起こってくる問題とは、若干異なる面ももっている。本書は精神医学の専門書ではないので、ＰＴＳＤに関する詳細な診断基準などを述べることはしないが、後でスクールトラウマというくくり方で簡単に触れることにする。

✪トラウマ記憶

虐待を受けることによって、子どもが虐待的な環境に適応するという考え方はすでに述べた。このことが虐待の影響を理解していくうえで最も重要な観点なのだが、これをもう少し詳しく見ていくことにする。

虐待を含め、子どもにとってそのままでは受け入れがたいような苦痛に満ちた経験、あるいは理不尽で到底納得しきれないような、それでいて避けることができない経験は、総称してトラウマ記憶と呼ばれるものになる。このトラウマ記憶は、子どもの心のなかで処理をしたくてもできないような体験として残る。西澤（巻末ブックガイド参照）[*5]はこれを「瞬間冷凍された異物として心に残る」と表現している。イメージとしてはその他にも「熱湯のなかに片栗粉を入れて攪拌したときにできてしまうダマ」や、「なかを開けて整理することのないまま、引っ越しのたびに押し入れから押し入れに移動していく封印された段ボール」といったものを想定してもらうことがわかりやすいだろう。

こうした「異物」としてのトラウマ記憶は、いわば他の心の部分とは有機的な連関をつけられないまま、しかし確実に心のなかに留まり続けることになる。そのままでいけば、子どもの心は分裂した状態になってしまうが、子どもは心理的な成長の過程で、この「異物」としてのトラウマ記憶を、他の心の部分とは切り離した状態で、なんとか心の統一性を保とうとする。心の統一性とは人格の統一性といってもいい。まさに封印した段ボールとして押し入れの奥にしまい込み、収納スペースはもともとその段ボール以外の部分であったかのように振る舞おうとするのである。

✪解離という現象

このように、心、あるいは人格の一部を切り離して、他の部分だけであたかも一貫した人格であるかのような仕組みをつくりあげていく過程を解離と呼んでいる。これは、虐待を受けた子どもの心や行動を理解するうえで欠かすことのできない概念である。英語ではDissociationと表記される。Associationという単語は「連合」とか「結合」を意味するが、As-は付加や完成などを意味する接頭語である。逆に、Dis-は分離や反対や「無～」「不～」を表す接頭語であることを考えれば、Dissociationという言葉が、本来あるべきつながりを失ってしまった状態であることがイメージしやすいだろう。

さて、大切なのは、解離によってトラウマ記憶が子どもの表面的な人格からは切り離されてしまったとしても、それは子どもの心のなかから消え失せたということではないということである。それどころか、収まりの悪い異物ほど気に障るように、トラウマ記憶は常に子どもの表面的な人格を脅かし、自らの存在を子どもの自覚のレベルに浮きあがらせようとする。しかし、それを受け入れて、しかも適応的な言動がとれるようであれば、子どもはそもそもその記憶を解離させる必要などないわけであるから、もしもトラウマ記憶が触発されて子どもの自覚レベルに浮上した場合には、子どもの行動は大きく崩れ、適応度を低下させることになる。こうした状態がいわゆる「キレる」状態であり、暴発的な感情の表出が終わってしまうと、その間のことを「覚えていない」といった反応が子どもから返ってくるのは、子どもが再びそうした感情爆発につながったさまざまな記憶や印象を解離させてしまうからなのである。

先に、解離を「本来あるべきつながりを失ってしまった状態」と述べた。では、本来まとまりをもっていなければならないものとは何であろうか。できる限り学校現場における実践的な視点において説明するとしたなら、それはことば（思考）と気持ち（感情）とからだ（感覚）の3つであるといえる。

思考と感情と感覚は、密接なつながりを保つことで人間の適応を支えている。若い女性などがよく試みるダイエットを例にして考えてみることにする。

「毎日1キロ落とす」「1か月で服のサイズを1つ落とす」といった、過激にも感じられる目標設定はことば（思考）の領分である。こうした極端なダイエット思考はたいていの場合「食べない」という方法を選ぶことになる。しかし、食べなければ当然空腹を感じる。これはからだ（感覚）の問題である。からだ（感覚）は気持ち（感情）を動かす。「食べたい」と思うのである。こうした感情は、思考や感覚に影響を与え返すことになる。感覚が鋭敏になって好みの香りに気づくようになったり、記憶から今日の曜日が割引になっているスイーツ店の情報が抽出されたりするのである。その結果、感情はさらに強まることになり、ことば（思考）の領域では妥協が始まる。「半分くらいなら」とか「今日はたくさん歩いたから」といった理由をつけることで、自分の食欲を充たすことを正当化しようとするのである（もっとも、それは確かに正当な欲求なのだが）。さて、こうした葛藤の結果、好みの食品を口にすれば、そこには当然「おいしい」という感覚と「嬉しい」という感情が伴うだろう。結果、思考はさらなる「正当化」を図ることになる。こうして、極端で誤った方法によるダイエットは「健康的に失敗」することになる。

もし、空腹だという感覚が思考や感情から切り離されてしまったとしたらどうなるだろうか。こうした状態がまさに生じているのが摂食障害の症状を示す人たちである。彼（女）らは、下手すれば死の寸前に近いような飢餓状態に陥っても、その感覚が「食べなければいけない」という思考や「食べたい」という感情を喚起することがないのである。

感覚とは、人間が環境との相互作用を起こす際の入り口である。虐待行為は、受ける子どもにとって不合理、かつ痛切な感覚であろう。だから、いわば最終的な防衛手段として、子どもは自らの感覚を切り離し、「感じない」状態を創り出す。

✿感情爆発の考え方

上述のように解離を起こした子どもでは、まず思考と感覚、感情と感覚のつながりが極端に弱くなる。その結果として、思考と感情とのつながりも脆弱化することになる。なぜなら、感情の統制は思考と感覚の両者によって行われているからである。私たちが感情を統制することができるのは、「感情がせりあがってくる」という状態をなんらかの感覚をメーターのように活用することで把握しているからなのである。

学校現場では、しばしば子どもたちに対して「感情を思考で統制する」ことを求める。「理由を言ってごらん」とか「誰かを叩きたくなったら叩いてしまう前に言葉で言いなさい」といった指導である。ところが、「誰かを叩きたくなった」ということが理解できるためには、怒りとか悔しさといった感情が、身体的な感覚としてせりあがってくるのを探知できなくてはならないのである。くり返しになるが感情は感覚をメーターとしているのである。この感覚を切り離してしまった子どもには、「叩きたくなったら」という状態を自覚することは非常に困難な課題になる。だとすれば、感覚を解離させてしまった子どもが、自らの感情を統制できず、しばしば感情爆発と呼ばれる状態像を示すことは当然と言わなければならない。

こうした感情爆発を起こす子どもは、そうすることで「気が晴れて」いるのだろうか。ともすれば周囲の人は「勝手に暴れるだけ暴れて、あとは何事もなかったかのように振る舞って、都合の悪いことはすべて知らないふりをして……。あれだけ自分勝手にしていればさぞや気分がいいだろう」などと考えてしまいがちである。しかし、これは大きな誤解である。感情爆発の間、子どもは自分でも統制することのできない感情に振り回されているのであり、しかもそうした感情は虐待を受けるというしばしば恐怖に色づけられた体験に伴って経験され続けてきた感情なのであるから、決して快いものではない。子どもの逸脱した言動に積極的で自覚的な悪意を感じ取ってしまうことは対応の原点を踏み外してしまうことになる。

♻解離と侵入性思考

解離を克服していく道筋はどうなっているのだろうか。「忘れてしまいなさい」という言い方は、しばしば用いられるものだが、解離の克服には決して有効には働かない。とりわけ、性的虐待を含めて子どもが性的な被害に遭ったりした場合、「事故だと思って忘れてしまえ」という言い方がよくされるが、ここには対応する側の性的虐待に対するタブー視や戸惑いが示されていることがほとんどである。

虐待事例の多くは子どもが乳幼児の時代から始まっている。子どもは幼ければ幼いほど、身の回りで起こるできごとが自分に起因していると考える傾向がある。これは幼児期の自己中心性と呼ばれる心理で、決して異常なものではなく、定型的な心理発達のなかで必ず見出される傾向である。虐待的な環境に適応をしていく過程で、こうした子どもの自己中心性は、「虐待されるのは自分が悪いからだ」という自罰の感情に結びついていく。虐待と判断される親子関係の多くで、親は虐待行為の後に「お前が悪いからだ」という言語的な確認を子どもに対してしていることも多いため、こうした自罰感情はますます強くなっていく。もともと発達段階の初期であるほど子どもは環境との相互作用に際して自立の度合いが低く、周囲の大人からの適切な手助けや仲介を必要としている。その段階で強い自罰感情にさらされることは、子どもにとってきわめて苦痛に満ちた体験であろうと思われる。解離という防衛機制は、そのまま受け入れれば激しい自己憎悪や自己破壊にすらつながりかねないほどの自罰感情を、「でも自分は大丈夫だ」という認識にすり替えるためのものだといってもいい。解離を克服していくためには、心や人格から切り離されてしまった記憶や感情を直視する局面がどうしても必要になる。「寝た子を起こすな」という姿勢は虐待を受けた子どもへの対応においては通用しない。というよりも、そもそも解離によって切り離された感情や記憶は決して「寝て」はいないのである。

トラウマ記憶は、それを引き起こしてしまう外界のさまざまな手がかり刺激とつながっている。例をあげれば、「男性から大きな声で怒鳴られる」とか「大人が自分の言うことに関心を示していない」といった認知が生ずると、それが親以外の、決して自分を虐待しようとは考えていない大人の言動であっても、子どもは虐待体験を想起してしまう。それが感情の爆発につながり、その結果としてますます現実への適応度が低下していく経験をするなかで、やがて子どもはこうした手がかり刺激をできる限り回避しようとし始める。このことが、回避しようとする刺激を徐々に般化させてしまうという現象を引き起こす。学校生活の当初は特定の男性教員が自分を強く叱るという状況に対してのみ反応していた子どもが、やがてどの教員の大声に対しても反応するようになり、ついには授業中に教員のジョークなどに皆が笑う、といった状況でもパニックを起こすようになるといった事態になるのである。当然のことだが、こうした刺激の般化が起こっていけば、子どもの学校生活の適応度は低下していくことになる。子どもは自分のパニックについてメカニズムを正確に理解しているわけではない。だが、その引き金になりそうな刺激を常に警戒し、結果として行動決定の幅を狭めていく。解離によって切り離された感情や記憶が「寝て」いるわけではないことが理解できると思う。

切り離された感情や記憶が、やはり子どもの心や人格の一部分であることは間違いない。そのため、こうした記憶は隙あらば子どもの自覚レベルにまで浮上しようとする。子どもにしてみれば、思い出そうとはしていないのに頭のなかに恐怖心や不安が入り込んでくるような経験になる。こうした状態を侵入性の思考と呼んでいる。こうした思考特性をもつ子どもは、恐怖や不安といった感情にふいにとらわれて逸脱した言動を示しても、理由を説明できない。また、くり返し悪い夢を見たり、夜驚といって、突然夜中に騒ぎ出したりする症状を示すこともある。学校生活のなかでも、授業中の居眠りなどによって意識水準が低下したりしたときに、自分では思い出そうともしないし、考えたくもないと思っている考えやイメージが、現実と区別のつかないような悪夢として蘇り、突然騒ぎ始めるといったこともある。

第2章で述べたような感情の不連続性や、気分の易変性、パニックの後でその間の記憶がないといった症状は、いずれもこうした解離の機制を根底に据えて理解することができる。

✿フラッシュバックという現象

侵入性の思考と並んで、解離によって切り離されていたかに見えた記憶や感情が、本人の意思を超えて蘇ってしまう現象にフラッシュバックと呼ばれるものがある。一つ例をあげよう。

高校2年生の女生徒。修学旅行の夜、宿泊したホテルの部屋で、友だち同士のお喋りが続いた。話はやがて、その年齢にありがちな「ちょっとHな内容」に進んでいった。話に興じていたとき、彼女は突然として差し込まれるような胸の痛みを感じ、呼吸ができなくなるという恐怖感からパニック状態に陥った。友だちの通報であわてでかけつけた養護教諭に相手をしてもらっているうちに、彼女は幼児期に同居していた叔父から、再三にわたる性器へのいたずらや、叔父の自慰行為を手伝わされていた体験

――を思い出したのである。

フラッシュバックとは、何かのきっかけで、封印していたトラウマ体験や記憶が解凍されて蘇ることである。当然のことだが、フラッシュバックが起こることを子ども自身は予想もしていない。だから、その現れは本人にとっても周囲にとってもまさに唐突である。そのため、フラッシュバックが生じると、それはたいていの場合パニックの発作が起きたかのような印象を与える。

先にも述べたとおり、侵入性思考やフラッシュバックによる行動の混乱は、子ども自身にとっても決して心地よい体験ではない。さらに、こうした現象が起きれば、それはたいていの場合、周囲の人からは学校生活での「失敗」と意味づけられることになる。子どもはこのような体験を避けたいと考え、自らのトラウマ記憶を呼び起こしてしまうような刺激をなんとか回避しようとする。このような心的な構えで生活しているうちに、トラウマ記憶につながってしまう刺激が徐々に般化を起こしていくこともある。たとえば、当初は男性教諭が大きな声で叱責する刺激で父親からの身体的虐待や心理的虐待の記憶を蘇らせ、パニックに陥っていた子どもが、やがてその男性教師の通常の言葉がけにも同様の反応を起こすようになり、ついには授業中に学級の子どもたちが一斉に笑うような音刺激に対してもパニックを示すようになったりするのである。

✪愛着障害

解離と並んで、虐待を受けたことによる子どもの言動を理解するうえで重要な概念が愛着障害である。

愛着という概念は、ボウルビィらによって確立されてきたものだが、人間の社会的な発達にとって欠かすことのできない概念になっている。愛着に関する専門的な議論をするつもりはないが、愛着とはおおむね生後3～4年の間にその基盤が形成されると考えられている。健康的な愛着が形成されることは、おおげさにいうと「自分は価値のある存在であり、世界は交渉に足る環境である」という感覚を子どもに与えることになる。特定の養育者との間に確固たる愛着の絆を形成できた子どもは、長じて、健康的な自尊感情を発達させ、友人との友好的な関係を結び、ものごとを肯定的にとらえていく認知を獲得することができる。

愛着障害とは、この裏返しであると理解することができる。リヴィーとオーランズは子どもの愛着障害のサインとして以下の諸点を挙げている*6（巻末ブックガイド参照）。

❶愛情の表現

・温かく情愛に満ちた相互関係の欠如
・見知らぬ大人との無差別的な愛情表現

❷心地よさの追求

・打ちのめされたり、傷ついたり、病気のときに、心地よさを追求することの欠如
・奇妙で両価的な方法での心地よさの追求

❸援助への信頼

・極度な依存
・必要なときにサポートのために愛着の対象を求めたり利用したりしない

❹協働
・養育者の要求に対する素直さの欠如
・過剰な要求
・強迫的な従順

❺探索行動
・見知らぬ状況で養育者をかえりみることの失敗
・養育者を離したくないことからくる探索の制限

❻コントロール行動（支配行動）
・養育者を過剰にしきりたがり、懲罰的に（攻撃的威圧的に）コントロールしようとする
・養育者に向けての過剰な気遣いや不適切な世話をする行動

❼再会場面での反応
・分離の後、相互作用をもう一度確立することの失敗
・無視や避けること、過剰な怒り、愛情の欠如などを含む

ここに記されている「養育者」という用語を「担任」あるいは「親しい（と思われる）友人」などに読み替えていただくと、愛着障害が学校場面でどのような現れをしてくるのかイメージしやすくなると思われる。それはつまり、「非常に不安定な対人関係のとり方」であり、「予測のしにくい気分や態度の変動」なのである。

♻反応性愛着障害

虐待を受けてきた子どもが示す愛着障害は、精神医学的なカテゴリーとして反応性愛着障害というくくり方をされることが多い。ここでいう反応性という言葉は、自閉症などの発達障害や知的な遅れなどに起因するものではなく、養育の過程で形成されてきたものであるという意味になる。反応性愛着障害は、抑制型と脱抑制型に分類されている。抑制型とは、愛着障害による対人関係の不安定さが「要求できない」「依存できない」といった、内にこもる方向に発揮されている状態と考えることができる。いじめを受けていてもまったく無抵抗であったり、休み時間になっても何をするでもなくぽつんと教室にとどまり、教員が声をかけたり何か活動に誘ったりしても「別に……」と答えて動く様子がない子どもなどが特徴的である。これに対して脱抑制型とは、「誰に対しても無差別に愛着を示すかと思えば、一転して無関心になる」とか「一度興奮し出すととめどなくなり、最後には一喝されないと収まらない」といった状態である。

愛着障害という概念を理解することで、虐待を受けた子どもたちが、学校生活でさまざまな学習をしていく際に、そもそものチャンネルそのものが不安定なのだという前提を確認することができる。すぐにチューニングのずれてしまうラジオのようなイメージである。明瞭に気持ちの伝達ができたかと思えば、すぐにノイズが入って通じなくなったり、昨日うまくいっていた関係が翌日には機能しなくなったりする。こうした変動に一喜一憂するのではなく、トータルでながめてその不安定さの「幅」がどのように変化してきているかを評価していく視点が求められるのである。

虐待を受けた子どもへの具体的な関わり

さて、解離と愛着障害という概念の理解を通じて、虐待を受けた子どもが示す逸脱した言動に対する理論的な枠組みはできたのではないかと思う。続いて、具体的にどのような対応をしていくべきなのかという点について検討していくことにする。

1　子どもへの対応の基本的な姿勢と視点

学校は専門的な治療機関ではない。解離や愛着障害という状態が理解できたとしても、それに対する治療的な対応ができるわけではない。虐待に関する専門書は多数出版されているが、そこに書かれているような心理治療的介入を試みようとしても、人的にも物理的にも無理であるということがほとんどである。そのような学校現場が、虐待を受けている子どもに対応していくとき、基本的にもち合わせていなければならない姿勢とはどのようなものだろうか。

第1に、「できることを真摯にする」ということである。あたり前のようでいて、これは決して容易ではない。状況が困難になればなるほど、ともすると「できないこと」にばかり目を奪われてしまい、「学校には何もできない」という認識をもってしまいがちになる。

第2に、「常に変動するリスクを扱っている」ということの理解である。後にも述べるが、虐待事例への対応では、子どもが心理的・行動的に回復していくことが必ずしもリスクの低減につながるとは限らない。変動するリスクに対応するためには、どうしても機関間の連携による不断のケース評価が必要になる。

第3に、「校内および校種間の連携が不可欠である」ということである。虐待事例への対応はきわめて長期間にわたる。誰かひとりが取り組めばいいというものではない。校内での役割や責任の分担が明確でなければ、結局は担任や生徒指導担当者など、最前線に立っている人間の消耗を招くだけである。

このような姿勢を基本として、それでは子どもへの対応にあたってどのような視点が必要になるのだろうか。

最初に、学校は安全な場所であり、教職員は筋の通った交渉が可能な相手であるということを伝えることである。最低でも、学校にいる限りは虐待行為にはさらされないのだということを子どもに理解させるということである。このことが、対応の基盤になる。ただし、これは子どもが何をしても叱らない、という対応ではない。学校が社会的な場である以上、最低限のルールは不可欠であり、「叱らない」などという対応は遠からず破綻することになる。ルールを明確化することと、そのルールに従えなくなっている子どもに対して、懲罰としてではなく、それ以上集団生活での失敗をエスカレートさせないように制止するということが大切になる。

次に、子どものなかで渦巻いている怒りや恐怖といった否定的な感情を含めて、周囲から許容されるようなやり方で気持ちを表現することを教えていくことである。虐待を受けている子どもは、心の底に強度の怒りを抱いている。極言すれば、学校における虐待を受けた子どもへの対応とは、「許されるようなやり方で怒れるように育てる」ということなのである。

感情の表出が可能になってくれれば、次には、対人的なやりとりのなかでどのようなやり方が望ましいのかといった、さまざまなソーシャルスキルの獲得が課題となる。困ったとき、わからないと感じたとき、どのような対人行動をとることが結局は自分の利益になるのかということを学習させていくことになる。この段階では、セルフコントロールを獲得あるいは回復させていくための指導が重要になる。

こうした関わりの結果として、子どもの自己イメージと他者イメージを回復させていくことが可能になる。理想をいえば、学校教育から巣立つ段階で、虐待を受けた子どもが「こんな大人になりたい」と感じるモデルを教職員のなかに見出すことができればいちばんである。

幼稚園から高等学校までの長い教育期間を通して、子どもが、自分は変わることができたのだという感覚をもつことができるようにすることが最終的な目標になる。自分は生きていていい存在であり、世界は適切な態度で接すればコントロールできる場なのだと考えることができれば、虐待の世代間伝達には強力な抑止が効いたことになるのである。

2　安全であることを伝える

学校が子どもにとって安全な場所であることを伝えるには、ただ「安全だよ」と言うだけではだめである。安全とは、理解するものではなく感じ取るものである。まず何よりも、威圧や強権的な統制ではなく、失敗や自己表出に対する安心感や安全感を子どもが感じることができる雰囲気が教室のなかにあることが必要になる。ユーモアも大切だが、虐待を受けた子どもの自己評価はきわめて低められていることを考えなければならない。「馬鹿にする」「笑いものにする」といったパターンがユーモアとして受け止められるには、相当の自己信頼が必要である。虐待を受けた子どもにはこうしたパターンの関わりは決してユーモアにならない。

こうした雰囲気づくりは、子どもへの個別的な対応というよりも学級運営の基本的な視点であろう。安心感や安全感は、子どもがこれから起こることに対して見通しをもつことができることによっても支えられる。これは、活動の順序や内容の予告ということでもあるが、それ以上に、子どもへの対応方針が教職員集団で統一されていることが肝要になる。

虐待を受けた子どもは、しばしば集団生活のなかでトラブルを起こす。こうしたトラブルは「行動化」と呼ばれていて、子どもが自分の感情をもてあましたときに、行動にして表すことを意味している。こうした「行動化」が起こったときこそ、学校が安全であることを伝えるチャンスであると考えることが大切である。学校教育が子どもに求めているのは、自分の言動に対して責任をもてるようになることである。「行動化」の多くは、他者の迷惑になったり、集団活動の妨げになったりする。その際、「責任をとる」というのは懲罰を受けることではなく、どうすればよかったのかを考えることなのだということを伝えることが、学校が虐待的な環境ではないということを伝えることにつながるのである。

虐待を受けた子どもでは、言葉と感情がなかなかつながらないことはすでに述べた。爆発的な怒りが生じたときでも、子ども自身、自分がどうして怒っているのか、その本当の理由がわかっていな・いということも少なくない。教員は子どもと一緒になって、怒りの『真の理由』を探しあてるといった心構えが必要となるのである。

個々の「問題行動」に対しては、「どうして」と問い詰めるよりも、「こんなふうに感じているように見えた」「誰々のこの言葉にカッときたように見えた」と指摘する方が有効である。この点は、159ページのセルフコントロールの回復に向けた対応で改めて述べることにする。また、子どもが落ち着いている状況では、機会を見て「あなたはたくさんの人が集まる場面では落ち着かなくなるみたいだね」「数学の授業になるとトラブルが多いようだけれど」といった、子どもの全般的な行動傾向についてコメントすることも有効である。いずれの言葉がけも、子どもの行動化の背景にある気持ちの動きを、教員が察していることを伝えるという効果がある。そのことが「わかってもらえている」という感覚につながり、安心感や安全感の獲得にもつながっていくと考えられるのである。

3　感覚的な定点を創り出す

これまでにも何度か記したが、虐待を受けた子どもは自らの感情統制に感覚を上手に利用することができないという特徴を強く示す。そのため、彼らは感情を「オン」と「オフ」のような状態で扱わざるを得なくなる。瞬時に爆発的な感情表出が起こり、それが過ぎ去ってしまうと今度は振り返ることができない、という状態になりやすいのである。

こうした心理状態の子どもにとって、言葉だけで自らの感情を統制することは極めて困難である。まずは、自分の感情がどのような感覚として自覚されるのかということを学習し、そのうえで言葉にして表現するという過程が必要になる。

このことをごく一般的な幼児期の養育を例として考えてみよう。

幼児期には、まだ言葉と感覚と感情がうまく結びつかないという状態は自然なことである。さんざんはしゃぎ回っていた子どもが突然静かになったので見に行くと、床の上に遊び姿のまま寝ていたりする。「疲れた」という感覚を上手にメーターとして利用できないために、布団まで行くための体力を温存できないのである。また、あきらかに上体が船を漕いでいるような場合でも、「寝なさい」と指示しても「眠くない」と強弁するというのも珍しくない。そんなとき、多くの親は子どもの手を握り、その手が温かくなっていることを伝えたり、子どもの瞼が閉じかけていることを指摘したりして「あなた（の身体）はもう眠いんだよ」と伝える。いずれも、子どもが上手に自覚できない感覚を指摘することで、感覚と感情、感覚と言葉のつながりを学習させているのである。食事の場面などで「おかわりしても大丈夫？　食べられるかどうかお腹にきいてごらん」などと言葉をかけるのは代表的な関わりである。

虐待を受けることで生じた解離によって、子どもたちにはこのような感情と感覚の結びつきがうまくいかない状態が生じている。その場合、まず自己統制のための感覚的な手がかりを提示していくことが必要になる。

たとえば、授業中に子どもが落ち着かなくなり、足を揺すり机をガタガタと動かし始めたとする。「騒がしいよ。今は授業中。他のみんなの迷惑になるから机を揺するのをやめなさい」という「言葉」のアプローチも必要である。「飽きてきたかな。あと10分だから頑張ろう」という「感情」へのアプローチも必要だろう。そして、同等に重要なのが「足が動き出したよ。気がついているかな？　その足はどうしたいの？　足は教室から出て行きたがっていますか？　足にきいてごらん」という「感覚」へのアプローチも重要なのである。子どもの足が動き始めると、大人はその子が「イライラし始めた」と考える。しかし、当の子どもが、足の動きとイライラという感情を適格に結びつけることができているかはわからないのである。

こうした感覚的な手がかりを子どもが自力で発見していくことはしばしば困難である。そこで、大人の方から子どもに手がかりを提案していくことになる。子どもは、しばしば「何も理由がないのに怒り出した」と評価されるが、実際にはわずかながらでもなんらかの徴候が見られるはずである。目が据わってくる、表情がなくなる、左右の肩に不均衡な力の入り方をしてくる、手先が小刻みに震え出す、脚がせわしなく動き出す、などである。また、こうした身体的反応の他にも、その子が崩れやすい状況というものが何度か感情爆発を重ねるうちに見出せることは多い。大人の方から、「どんな状況が感情の乱れにつながりやすいか」「その感情の乱れは、まずその子のどこ（身体的な意味で）に現れてくるのか」を指摘していくのである。

自己統制のために感覚の手がかりを使うことが困難という状態は、いわばオンとオフで感情をとらえざるをえない状態ということができる。大人はしばしばこうした子どもたちに言語による感情の統制を求める。「叩きたくなったら叩く前に言ってきなさい」というような指導である。しかし、この指導が成り立つためには、そもそも「叩きたくなった」が「まだ叩いていない」という状態がなければならない。「叩きたくなった」と感じたときには「もう叩いていた」という状態では、統制のしようがないということになる。これが、感情がオンとオフで作動している状態と考えられる。「あなたが叩きたいという気持ちになるときには、（身体的な意味で）ここが、こういう感じになってくるのだ」という定点観測的な気づきを提供していくことで、オンとオフの中間の状態への自覚を促すことが、感情統制につながる手がかりづくりになるのである。

4　安心感と安全感をもたせていくための手だて

子どもが安心感や安全感を獲得していくことができるようにするための具体的な手だてをいくつか考え

てみよう。

✪注目を与えること

まず、「周囲を困らせてしまう言動にばかり注目するのではなく、困らせていない場面やあたり前のことをあたり前にできている場面を探して、それを褒めてみる」という点がある。最近、発達障害をもつ子どもへの子育て支援の方法としてペアレントトレーニングと呼ばれる技法が注目を浴びているが、この技法は、子どもの行動への注目と無視の方法を練習することで子どもの行動を望ましい方向に誘導しようという狙いがある。その基本的な考え方は、虐待を受けた子どもに対する対応でも十分に有益である。

ともすると、「問題行動」の多い子どもに対しては、その「問題行動」にばかり大人が注目してしまいがちになる。「この子は問題を起こす子だ」という認知が教員のなかにできあがってしまうと、この傾向はさらに強まることになる。結果として、教員のその子どもに対する関わりのほとんどが「叱る」「制止する」「注意する」といった行為になってしまうことになる。当然、「褒める」「認める」「肯定的な注目を与える」という関わりは希薄になることになる。「褒める」というと、「あの子は褒められるようなことを何もしない」という反論が出ることもある。何も、傑出した行為を褒めるようにというのではない。あたり前のことをあたり前にできているときに、そのことをきちんと認めるということをいっているのである。日常的な学校生活においては、きめ細かな観察は欠かせないものの、態度としては適度に距離感を保っていくことも大切になる。あまりに「心配だ」「また何かしでかすのではないか」という姿勢が強まれば、子どもはそうした教員の気持ちを感じ取り、かえって失敗への不安を強めてしまうことにもなりかねない。

大きなトラブルの場面などでは、他の子どもと分離した特別な対応を必要とすることももちろんあるが、それ以外の場面で「自分は他の子と違う存在として扱われている」と感じさせてしまうことは避けなければならない。一方では登下校の場面や休み時間などに何気なく声をかけたりすることで、自分が受け入れられているし気にかけてもらえているという感覚をもたせることも大切であり、同時に、それが「特別扱い」には感じられないような自然さも求められることになる。

♻感情を汲み取った言語化

子どもが示す言動の背後にあると考えられる感情について、汲み取った内容を言語化して伝えることは、子どもが理解してもらえているという感覚を獲得していくうえで重要である。たとえば、遊んでほしいという気持ちを、教員に背後から体あたりするという行動で示してきた子どもに対して「もしかしたら遊びたいのかな。だったら、遊びたいと言ってくれた方が先生も遊びたい気持ちになるんだけどな」と答えたりすることである。すでに述べたように、虐待を受けた子どもはしばしば挑発的な言動を示す。こうした言動に対しても「わざと怒らせようとしているみたいに見えるから怒らないよ」と言葉で伝える必要がある。

♻行動化に先回りした言語指示

前述の、感情を汲み取った言語化がいわばミクロ的な関わり方だとすれば、次に述べる行動化に先回りした言語指示はマクロ的な関わりといえるかもしれない。

子どもがなんらかの行動化を起こしそうな場面や活動に先立って、子どもにあらかじめ、これから起こりうるかもしれない事態に対する予測のための手がかりを与えることが、先回りした言語指示ということである。たとえば、「今度の時間は体育だけど、この前も途中でイライラしてトラブルになったよね？今日、授業中にイライラしてきたらどうする？」といった言葉がけをするなどが考えられる。それまで「イライラしたら暴れる」という行動をとっていた子どもが、こうした予測の言葉がけをされていくことで「イライラしたら職員室に来る」という行動をとることができれば、それは大きな前進になる。

セルフコントロールの回復の節（159ページ）でも述べるが、虐待を受けた子どもでは、自分の内的な状態を上手にキャッチすることができないことが多い。どこで自分の「スイッチ」が入ってしまうのかが予測も理解もできないということがしばしば生ずる。教員が、「今のあなたはこういう感情状態のように見える」「あなたの言い方を聴いていると、～の気持ちのように聞こえる」といった言葉を重ねていくことで、内省への手がかりを提示することができるのである。

✿肯定形の目標設定

先に、子どもが学校生活のなかでトラブルを起こしたときこそ、学校が安全な場所であることを伝えるチャンスになる、ということを述べた。このとき、次に同様の状況に置かれた場合、どうしたらいいのかを考えることが、子どもに自分の言動に対する責任を教えていくうえで大切なポイントになる。その際、「もう～しないように」という目標の設定は残念ながら効果が薄いと考えるべきである。「今度～になったら、～してみたらどうだろうか」と、具体的な行動の選択肢を提示してみることが望ましいのである。

「～しない」という目標設定は、結果として同じような失敗をしてしまったときに、結局「次はするなよ」という目標設定をくり返さざるをえなくなる。そのまま失敗体験を重ねていけば、子どもの自己評価をさらに下げてしまうことにもつながる。これに対して「今度～になったら～してみよう」という肯定形の目標設定は、たとえそれが次の機会に失敗に終わったとしても、「その方法ではダメだったから次を考える」という「前進感」をもたせることができるのである。そのことが、成功の可能性を信じてもらえているという思いにつながり、学校生活に対する安心感や安全感に結びついていくと考えられる。

✪リミットテスティングの理解

学校生活に対する安心感や安全感を獲得するということは、子どもが教員との間に一定の信頼関係を築き始めたことを意味している。そこに至るまでには、リミットテスティングと呼ばれる行動が示されることもしばしばある。リミットテスティングとは、子どもが、学校生活のなかで、「どこまでやったら『慣れ親しんだ』虐待的な関係が出てくるのか」を確かめようとする行動傾向のことである。具体的には、ひどく挑発的で、叱責されることを求めているかのように感じられる言動である。

中学3年生の女子生徒。友人関係での孤立傾向や、相手の気持ちをまったく斟酌できないのではないかと思われるような毒舌的な言辞によってトラブルが相次ぎ、担任が放課後に呼び出して話を聞こうとした。話し合いの最初から態度は著しくふてくされたもので、「話って何？　どうせ叱るんだから早く叱れば？」と言い切った。

転入にあたって被虐待児であることを申し送られた小学3年生の男児。受け入れ側の小学校は、教員集団内で「絶対に叱らないようにしよう」という申し合わせをした（後述するが、この方針は実は誤りで

ある）。転入直後から、男児は、授業から抜け出すなどの逸脱行動を頻発させた。ある日、やはり授業中に職員室に入ってきた男児は、教員の机上に置いてあった成績関連の書類を覗こうとした。思わず「それはダメ！」と女性教諭が声をあげたところ、男児はびくっとした反応を示した。「叱らない」という担任の対応方針を知っていた女性教諭は、この反応を見てあわてて「大きな声を出してごめんね。でも、先生の机の上のあるものは勝手に触ってはいけないの」と説明した。この説明を聞いた男児は「怒らないの？」と尋ねてきた。女性教諭は「先生たちはあなたのことを怒らないよ」と答えた。「ふーん」と言った男児は、突如、窓辺の花瓶から花を抜き捨てて、なかの水を先生たちの机上にあったパソコンのキーボードにこぼして回り始めた。

これらの言動は典型的なリミットテスティングである。その対応については次で述べたい。

5　自己表出を促す

安心感や安全感の獲得に続いて、子どもに自己表出を促す手だてが必要になる。その場合、まず子どもの言動のメカニズムを理解することが重要になる。

虐待を受けた子どもの場合、他の子どもにとってはなんでもないようなことを脅威に感じてしまい、安全感を奪われてさまざまな不適応行動が現れることも十分に考えられる。「こんなことくらいでどうして」と考えてしまうのではなく、「こういう刺激にこんな反応をするのか」と理解していくことが大切になる。

学校は社会的な場面であるから、無制限の自由など、誰にも与えられていない。どうしても許容できない言動というものは厳然と存在する。管理やルールがまったくない社会場面などありえない。虐待を受けてきた子どもへの対応でも、最低限の行動制約は必要である。

カウンセリング講座などでは、しばしば「受容的態度」ということがいわれるが、受容とは放任のことではない。一定の社会的な約束があって、その範囲であれば許されるということが受容である。教室で刃物を振り回す行為を「受容」する愚かな教員はいない。その行為に至るまでの子どもの感情は認めるべきである。しかし、行為の不適切さにはリアリティをもって臨まなければならない。

その子どもに求める最低限の社会規範とは何か、ということは、子どもの能力や心理的・行動的回復の度合いによっても異なる。しかし、基本線として「自己への危害」「他者への危害」「器物の意図的な破損」は、原則として制止されるべきである。これは、たとえ個別対応ができる空間においても同様である。現実感と合理性のあるルールを提示し、それを毅然として守ってみせる態度は重要になる。リミットテスティングのところで例として述べた「絶対に叱らない」などという対応は不可能なのである。ただし、「叱る」とは懲罰を与えることではない。どうしても許容されない言動は制止しなければならない、ということなのである。虐待を受けた子どもに学校が対応する場合、制約や禁止をすることがいけないと考えてはならない。むしろ、ルールを明確に提示することの方が子どもの行動の安定は図られると考えるべきである。ということは、「教員によって原則が違う」事態を避けなければならないということになる。もちろん、子どもの能力や情緒的な状態から見て、到底不可能なほどに高い目標を押しつけることは論外ということにもなる。

制止する場合にも、教員が子どもの言動の背後にある心性を十分に理解していることが極めて重要になる。そのことによって、表面的な言動ではなく、子どもの心の動きを汲み取った言葉がけをしていくことができるようになる。社会的な基準から見て許されないのは行為であって、その行為に結びついてしまった感情は認めることが必要である。その感情を、社会的に許される形で表出させることにつなげていくのが教育の仕事なのである。

「やめなさい。それはしてはいけないことです。あなたは先生を怒らせたいみたいに見えるね。でも、先生は、それがわかるから怒らないよ。怒らないけれど、してはいけないことはしてはいけない。だから、先生はそれをさせないよ」

「そうやって、うんと叱られたらいつものことだ、って安心できるのかな。でも、別のやり方もあるよ」

リミットテスティングに対しても、このような言葉がけによって、対応していくことになる。

✿感情爆発への対応

子どもに適切な感情表出を獲得させていくためには、子どもが起こす感情爆発を受け止めなければならない。そのうえで、その子のなかで生じていたであろう感情を言葉にして返していくことが必要になる。もちろん、受け止めるというのは子どもの意のままにさせるということではない。子どもの行動が爆発的だった場合には、ともかくその行動をある程度抑えなければならない状況になる。そのためには特別な場や人の工夫が必要になるが、この点については後述する。

受け止めた後は、その行動の背後にあると考えられる子どもの感情を言葉に置き換えていくためのモデルを示す必要がある。このとき、問題性と人間性を分離して考えるという発想が欠かせない。

虐待を受けることによって、子どもには「問題行動を起こさせてしまう心理機制」が形成される。さまざまな逸脱行動に対処するとき、教員はこうした「問題性」＝「問題行動につながる心理機制」を扱うことになるが、ともすると子どもの人間性そのものを否定してしまうことになりかねない。「悪い行為をした」という指摘が「お前は悪い人間だ」という指摘になってしまうのである。問題性と人間性を分離する視点とは、「子どもがなんらかの感情や欲求をもった」という点をまず認めることから始まる。そうした感情や欲求そのものが悪いのではない。その表出の仕方が悪いのである。だから、子どもと教師が力を合わせて、「悪い表出の仕方」を生み出してしまう心理機制に対処する、という図式をつくることが、問題性と人間性を分離するということである。

感情の爆発や暴発的な行動が生じた後では、子どもはなかなかそのときの感情や欲求を適確に言語で表現することができない。しかし、だからこそ、「○○に～と言われたことで急に腹を立てたように見えた」といったような言葉をかけることが大切になるのである。

6　セルフコントロールの回復に向けて

先に、感覚的な手がかりを通じて自身の感情状態に気づかせていくことの重要性を述べたが、こうした手がかりを得たら、それを可能な限り言語的な統制と合わせていくことが必要になる。最終的には、言語化できない感情は統制できないのである。このことは、自分の苛立ちの理由を理解できていれば統制できるが、そうでない苛立ちは、八つあたりとわかっていても表出されてしまうということでも理解できるだろう。

感情や行動の暴発のあとであっても、教師が子どもの内的状態について言語化することが大切であると述べたのは、こうした関わりが、セルフコントロールをつけていくための土台になるからなのである。自分の内的な状態に対して言葉のラベルが与えられることは、内的な状態への自覚を促すことになる。「キレてしまう」というのは、行動の爆発につながるような内的状態のキャッチがうまくいかず、そこで思考が途切れてしまう状態であると考えられる。適切な言葉のラベルが与えられたことで、セルフコントロールを回復していった具体例を示す。

小学校4年生の男児。いわゆる「キレる」行動が頻発していた子で、隣や後ろの席の子どもに鉛筆や定規を突き立てようとするなど、担任が行動の統制に苦慮してきた。担任は、再三にわたり「キレてしまうときはどんな気持ちなのか、どんなきっかけがあるのか」ということをこの子と話し合った。また、この子が「キレる」状況について担任なりに観察を重ね、授業開始からの経過時間や、教科の内容、与える指示のパターン（担任の説明を聞くことが求められているのか、自分で問題に取り組むことが求められているのか、子ども同士で話し合うことが求められているのか、など）などについて検討し、「そろそろ危ないんじゃないか」とそれとなく授業中でもこの子にサインを送るような関わりを続けた。その結果、あるときこの子は「発狂光線が飛んでくるんだ」という言語化をした。

この「発狂光線が飛んでくる」という言葉のラベルが子どもと担任との間で共有できたことで、「どんなときに発狂光線は飛んでくるのか」ということを検討していく素地ができた。さらには、「発狂光線はいつ頃から飛んでくるようになったのか」「発狂光線が飛んできそうになったらどうすればいいのか」といった、生育歴や行動の置換に関する話し合いもできるようになった。約1年近い関わりの末、この子は苦手とする（つまり、「しばしば発狂光線を感じる」）状況である全校集会や特定教科の授業などでは、「飛んできたら困るから手をつないでいてほしい」「飛んできそうになったら立つからすぐに来てほしい」といった要求が出せるようになった。こうした要求発信が可能になるに伴い、この子の爆発的な行動は見られなくなった。

感情、すなわち自分の内的な状態と言葉に結びつきが生じてくれば、どんな環境だとそのような感情状態になりやすいのかといった予測が、子どもにとっても教員にとっても立てやすくなる。もし、子どもが事前に自分の感情の変化に気づいて訴えてきたり、これまでならば簡単に爆発を起こしたと思われる場面でもその場から立ち去る努力をしたりしたら、どんなに小さな改善でもそれを認めることが大切になる。「努力はしたかもしれないが、結局は爆発したじゃないか」という評価では、子どもの行動はなかなか改善していかない。

子どもの年齢が幼かったり、言語発達の問題があったりして、言葉にするということに困難が伴うという事例も当然ある。その場合には絵を描いたり、からだを動かしたり、とにかく爆発的な行動を起こすよりも社会的に許容されうるような行動に置き換えていく指導が必要になる。実際、特殊学級などで、泣き顔と笑顔を両面に描いたウチワを用いて、言葉を獲得できていない子どもに対する内的状態への気づきを指導しているような実践も見られる。

7　場の工夫をすること

学校生活では、教員がいくら子どもに配慮しても、子ども同士の関係のなかで虐待を受けた子どものトラウマが刺激されてしまう事態はいくらでも起こりうる。その意味では、「感情や行動の爆発を起こさないようにする」ことは当初は困難を極める。したがって、「起こしても最善の対応ができるようにする」工夫が必要になる。

工夫の一つは場所の問題である。パニックを起こした子どもには、できる限り「周囲への二次的な被害を出さずにすむ場所」を提供する必要がある。この手続きはタイムアウトと呼ばれる。タイムアウトの狙いは大きく二つある。一つは、何であるか明確にはわからないまでも、少なくとも子どものパニックを引き起こした要因から引き離すことができる、ということである。二つめは、これが成功すると、子どもはあくまでも自分のパニックとのみ対応すればよく、二次的・三次的な「誰に怪我をさせた」「何を壊した」という問題で指導されることがなくなるということである。

しかし、子どもの体格や体力次第では、その場から離すという対応は困難になることも多々ある。その場合、周囲が本人から離れてあげることでもタイムアウトの効果が出ることがある。

タイムアウトという方法は、パニックを起こすきっかけになった刺激から遠ざけて、子ども自身と周囲への危害を防ぎながら、落ち着きを待つという考え方に立っている。罰として隔離するということではなく、自分の力でコントロールを回復すること、そして、その事実を認めて褒めてあげることを待つという姿勢が大切になる。だから、タイムアウトすることそのものが目的なのであり、タイムアウトしている間に説教をすることが目的なのではないと理解するべきである。

タイムアウトの方法がうまくいくようであれば、一歩進んで安全基地をつくることも考えられる。その場所に行って、コントロールを失いそうになる自分を沈静化することを認めることで、集団のなかでの大きな失敗を未然に防ごうとする方法である。安全基地という方法は、前節に述べた内的状態への気づきを前提にした行動の置換という部分に相当する。

学校で、安全基地としてしばしば活用されるのは、保健室、校長室、相談室、特別支援学級などである。ただし、これらの空間にはいずれも本来の機能があり、虐待を受けた子どもの安全基地として使うことで本来の機能が麻痺してしまうこともある。こうした点については、各学校現場がそれぞれの実情に応じて工夫すべき問題となる。

もちろん、安全基地として用いる空間には、必要以上の壊れやすい備品などは配置すべきでない。子どもは、最初は自分のコントロールができない状態にあり、そのコントロールを獲得していくための過渡的な段階として、空間の分離という外的な枠組みを利用しているのである。その場で再び「失敗」体験を重ねてしまうのでは、意味がなくなる。失敗させてから対応するのではなく、失敗しないですむ環境を構築していく必要があるのである。

8　人を工夫すること

対応の場を確保したとしても、子どもをそこに放っておくことはできない。子どもの感情爆発やパニックに対して実際に対応できる人を配置することも重要である。気前よく加配の教員が得られるならそれがいちばんなのだが、ほとんどの場合そんなことは望めないという条件で学校現場は動いている。とすれば、校内での連携によって、「遊軍」を生み出す工夫が必要になる。授業の組み方、事務仕事の役割分担などによって、「フリーに動くことができる教員」を確保する努力が求められてくる。

担任以外の人間が個別的な対応をする場合、情報の共有や対応方針の一致といった担任との協力関係が重要になる。特に、学級内のやりとりから感情爆発が起こったりした場合には、子どもが落ち着いてから担任に対する不満や批判をすることも十分に考えられる。こうした子どもの訴えをしっかりと伝えられるような関係がなければ、子どもは担任と個別対応する人間との間を巧みにすり抜けて生活していくようになることも考えられる。

特別支援教育体制の実施に伴って、学校現場には支援員という形で人員が配置される事態も見られてきている。学級集団の動きから逸脱してしまった子どもに対して支援員が個別に対応するということはいかにもありそうなことだが、その場合、支援員と教員が対応についての打ち合わせをする時間を確保できるかどうかが大きな課題になる。

9　感情への気づきと表出を促すその他の手だて

感情というものは、時々刻々と変化し、過ぎ去っていく。また、すでに述べたように、虐待を受けた子どもでは解離というメカニズムによって、嵐のような感情が過ぎ去った後はそのときのことをはっきりと記憶していないということもしばしばある。そうした困難さを踏まえ、子どもに自分の感情に対する気づきを深めていかせるための手だてをいくつか検討しておく。

一つは、荒れているときではなく、普段どおりに生活しているなかで、さまざまな感情について探索させることを常に心がけておくという点である。学校のなかでいちばんイヤなことは何か、いちばん楽しいことは何か、といった探索は、子どもが自分の感情と外的な生活条件を結びつけていく思考方法の鋳型にもなるし、ひいては適切な表出や統制の手助けにもなると考えられる。

子どもによっては、好き嫌いを明確に表現できない子もいる。この場合には、まず自分が何が好きで何が嫌いなのかをはっきりと自覚する練習から始めることも有効である。幼い子どもの場合や、言語発達につまずきのある子どもであれば、絵のなかの登場人物やパペットなどを使って、感情の察しや表出の仕方について学ぶこともできる。また感情を色分けして、塗り分けさせるといった方法も、自分のなかに異なった感情状態があることを自覚させていく一つの方法になる。

自分自身の感情に気づくことができるようになっている場合には、日記のような活動で、自分の感情を振り返ることを日々の活動に組み込んでいくことも考えられる。

自分が現在とらわれている感情を自覚できていない子どもに対しては、その子の声の調子や大きさ、姿勢、表情、言葉遣いなどを具体的に指摘し、そのような現れ方をしている感情とはこれこれの感情なのだ、と説明することも必要になる。しばしば、「怒っていない！」と言いながら怒りをあらわにしている子どももいるが、それをなだめすかすよりも「怒っていないならもう少し小さな声で話してもいい」「怒っていないなら椅子に座って話をしよう」という働きかけで、子どもの感情統制を手助けすることもできる。

✪新たなソーシャルスキルの学習

子どもが学校生活で示す逸脱した言動は、家庭のなかで学習されてしまった「虐待行為を引き起こす言動」である。このことを理解したうえで、先に述べたような理解と子どもの心の動きを汲み取った言動を教員が示すことで、子どもは徐々に「新しい人間関係」を学習していく機会を得ることになる。

子どもの行為について、それがどのような結果をもたらしたのか、何が望ましい結果で、何が望ましくない結果だったのかということを整理することは大切な課題である。学校における生活指導は、しばしばこうした行為と結果の因果関係が子どもに理解されていることを当然の前提としているが、虐待を受けた子どもの場合、この因果関係を理解できなかったり認められないことも多く、結果として周囲に責任を転嫁してしまうこともある。あくまでもある感情をもったことについては肯定し、それがどんな行為に結びついた結果として望ましくないという評価を受けることになってしまったのかを理解させていく指導が必要になる。

感情爆発やパニックには必ずきっかけになった引き金刺激があるが、子どもがこの刺激を自覚しているとは限らない。教員の方から、「この刺激に対して弱いみたいだね」といった指摘をしていくことも子どもの自己理解につながる。特に、子どもにとって否定的に感じ取れる刺激については、その刺激に出会ったときにどんな対処行動が考えられるのかを一緒に検討していくことが大切である。同じ感情でも、その表し方には多様な方法があることを子どもに伝えていかなければならない。

社会生活上の技能は、その技能を必要とする実際の場面でいきなり練習するよりも、よりストレスが少なく、失敗してもダメージの少ない場面で練習する方が効果的な場合もある。子どもが学校生活でしばしば示す失敗の場面を書き出して、ゲーム感覚で教員と子どもが相互にその場面での適切な対処行動を示し合う「ソーシャルスキルすごろく」といった指導方法もある。これは、教員と子どもが交互にすごろくのコマを進め、止まったところに書かれているストレス状況での望ましい対応の仕方を具体的な行動で示し合うというゲームである。

どのようなソーシャルスキルが望まれているのかということについてある程度の理解が進んできた状況であれば、週の初めや終わりに、個別的な時間をとって、一週間単位で「いちばんうまくいった状況」「いちばんまずいと思った状況」などを想起したり見通したりすることも効果を発揮することがある。これもまた、よりストレスの少ない状況を設定していることになるのである。

子どもが中学生段階になってくると、ある程度まで言語性も発達してくる。内省力が獲得されてくることで、自分が著しく不適切な養育を受けてきたことが理解できるようになった場合には、むしろ大人が積極的にその子の生育歴のなかで与えられてきたダメージについて説明し、その子の行動や思考の傾向について指摘する方がいいこともある。

たとえば次のような例である。

中学3年生の女子生徒。幼児期から両親の著しい不和と、両親間の激しい立ち回りを伴う喧嘩を見続けてきただけではなく、両親から身体的・心理的虐待を受けてきた。中学校での担任教師をはじめとする関係者の努力もあり、幾多の逸脱行動はあったものの、中学卒業後には家庭から離れて専門学校に通うことが決まった。進路が決まってからしばらくした頃、女子生徒はスクールカウンセラーのもとを訪れて、自分は結婚できないと思う、という訴えを始めた。どこからそのような考え方が出てきたのかしら、と尋ねたカウンセラーに、女子生徒は答えた。

「だって、私って、虐待されてきたんでしょ?」

「そう思うの？」

「思う。友だちとは全然違う。あれは虐待だと思う」

「それで？」

「だから、私は結婚しない方がいいと思う。だってもしも子どもが生まれたら虐待しちゃうんでしょ？」


この女子生徒は、自分が受けてきた虐待的な養育が、自分の対人関係の取り方に致命的なダメージを与えているのではないかということを自覚し、将来に対しても肯定的なイメージをもてずにいたのである。こうした場合、いたずらに伝統的なカウンセリング技法によって洞察を促していくことよりも、むしろ女子生徒の生育歴を一緒に点検し、それがどのような考え方につながっているのかを説明するアプローチの方が、本人にとっても苦痛の少ない道のりになる。

✿自己イメージ・他者イメージの再構築

「自分は価値のない悪い子だ」という自己イメージ、「大人は僕をいじめるものだ」という他者イメージ、これらはいずれも間違いであり、子どもの社会生活や対人関係を大きく歪ませる原因になっている。それを修正し、間違いであることを理解させていくためには、子どもを認め、励ます根気強い関わりが必要になる。

まず、子どもは自分の虐待体験を振り返ることができるようになる必要がある。自分が何をされてきたのかということが理解できて初めて、それを乗り越えていく考え方を身につける土台ができるのである。

「もう忘れてしまえ」という言い方は、子どもがトラウマ体験を含めた統合的な人格形成をしていく支えには決してならない。

虐待を受けてきた子どもは、しばしば自分が悪いという自罰的な感情に強くしばられている。これは、表面的には全能感のような尊大で傍若無人の態度を示す場合であってもそうである。その奥には、一個の独立した人格の持ち主として尊重されてこなかったという屈辱感が根深く横たわっている。虐待された体験を振り返らせるということは、こうした感情に子どもを直面させていく過程でもある。そこには当然ながら、強い苦痛が伴うし、子どもからの意識的・無意識的な抵抗が示される。この過程では、虐待されてきたという体験においては、大人と子どもという圧倒的な力関係のなかで、子どもにはどうしようもなかったのだという理解を促していく必要がある。逆らえなかったことも逃げられなかったことも、子どもの責任ではなかったのだということを伝えなければならないのである。

しかし、それは、現在の学校生活で子どもが示している逸脱行動に免罪符を与えることではない。虐待という不適切な環境に置かれてきたことで、子どもがどのような発達的ダメージを被ってしまったのかを理解するというのは、それが子どもの責任ではなかったとしても、事実として子ども自身が不利益を被る事態につながっているのであり、どこを修正していくことが自分にとって社会生活上の利益になるのかを見出していくことなのである。

こうした関わりは、子どもがある程度の言語性を獲得し、保護者の絶対的な引力から離れ始める思春期前後に準備されることが望ましい。もちろん、それ以前でも子どもの状態や言語能力が許すのであれば試みたい指導であることはいうまでもない。ここには、非常に難しい判断が要求される。虐待を受けている子どもは、たいていの場合親の圧倒的な支配力にとらわれている。ある程度まで親に対する批判的な言動が見られてきたとしても、教員がその言動に乗って一気にこれまでの養育についての批判や子どもの擁護に回ると、「先生はこんなふうに言っていた」という報告を子どもが家庭でしてしまうことも多く、学校側はその後の親との関わりにさらに苦慮することになることもある。単なる親への批判の有無ではなく、子ども自身がどのような大人になりたいのかという意識が出てきたかどうかが一つの判断の目安かもしれない。

中学校卒業の時点などで、自分の生育歴をある程度整理できている子どもには、傷ついた自分に対する手紙を書くという方法もある。こうすることで、子どもは傷ついた自分以外に、その自分を評価し、認めることができる自分の存在に気づいていくことができるし、自分が変わることができたという自覚を強化することにもつながる。

虐待を受けた子どもにとって、上手に思春期を乗り越えることはたいへん難しい課題である。ということは、同時にとても重要な課題でもある。中学や高校の進路指導では、単に進路選択をするだけではなく、その方向でどんな自分になっていきたいのかという話ができることが望ましい。多忙な学校現場では、これはなかなか難しい課題かもしれないが、担任以外の教員や、スクールカウンセラーなどの力も借りて、子どもが自分が変わることができたかもしれないと感じられ、どのような大人になりたいのかのモデルを見出すことができるように支援していくことが大切になる。教員は、もちろん専門職であると同時に、「あんな大人になりたい」と子どもが感じるような存在であることが求められる。完璧な大人であれ、といっているのではなく、間違いを認めることができ、どうすればいいのかを考えて実行するという形で責任をとることができる大人のモデルであるべきなのである。

10　その他の留意点

節の最後に、子どもへの対応に関するその他の留意点をいくつか述べておく。

虐待を受けた子どもの一人ひとりに見合った生活ルールや対応をしていくことは、ある意味で周囲の子どもたちとは異なった要求水準を提示することになる。そのことは学級に二重基準をもち込むことにもなりかねない。

周囲の子どもたちにも、安全で楽しい学校生活を送る権利がある。我慢しなさい、だけで対応するわけにはいかない。かといって、「この子は虐待を受けているから」と説明して納得を得ることもできない。ここでは、何よりも、教員自身が虐待を受けた子どもに対して努力している姿を見せることが大切になる。「あいつはもうどうでもいい子どもだ」あるいは「あの子だけは何があっても特別だ」という態度を示せば、周囲の子どもたちはその教員から離れていく。その子にはその子への対応ルールをもって、それをきちんと守ろうとしているという姿勢が教員の求心力になると考えられる。

教員集団が力を合わせて対処しようとしていることも示す方がいい。ときには、外部の専門機関との協力をしていることも含め、多くの人が知恵を出し合っている姿を伝えていく必要がある。このことが、学級や学年の子どもたちからも知恵と協力を得ていく説得力になっていくのである。

また、どの子どもにもそれぞれ個別の課題があることを伝えることも大切である。その個別的な課題の違いとして、虐待を受けた子どもへの教員の要求水準を理解してもらうことができれば、地に足がついた対応が可能になる。

学級運営では当然のことだが、最後の決め手になるのは担任教員が子どもたちに対して有している求心力なのである。

教員は、ともすると「自分が担任の間に」とか「卒業までに」といった学校的な時間区分にこだわるあまり、自分が何とかしなければという意識にとらわれがちになる。しかし、それが焦りや強引な指導になってしまっては逆効果である。これは、学級担任制が敷かれている小学校などで特に重要な観点である。もちろん、自分も何かしたいという気持ちで努力することは必要だが、自分だけで解決しようと気負ってはならない。虐待事例への対応は、そのときの役割分担においても、時間的な見通しにおいてもチームプレーである。今できることをチームのなかで見極めて、真摯に取り組み、次へバトンを渡すという感覚でいる必要がある。

学校が日々対応することになる虐待事例の大半は、子どもが家庭から通学している、現在進行形の虐待事例ということになる。この場合、学校での関わりが功を奏して、子どもが心理的・行動的に回復してくることが、親にとっては「子どもが生意気になった」と受け止められ、さらなる虐待行為の増悪を招いてしまうことも懸念される。父親を怖れて萎縮するばかりだった子どもが「お父さんは殴るから嫌いだ」と言えるようになった場合などを考えてみればこのことは容易に想像できるだろう。こうしたリスクは、子どもが幼くて可塑性に富んでいる幼稚園などではしばしば生じる。だからこそ、チームによるリスク評価を定期的に実施していくことが重要になるのである。

一方、在宅の事例がほとんどであるということは、親と子の虐待的な関係もそれだけ軽度であることが多いという考え方もできる。その場合、学校で教員がする関わりがうまくいくことが、子どもとの上手なつき合い方を親に示していくモデルになることも十分にありうる。逆に、学校での関わりが保護者の虐待行為を増悪させてしまったのなら、次の手だてを考えなくてはならない。こうした点については次章で検討することになる。

最後に、「あたり前」を疑うという点について述べる。

たとえば、性的虐待を受けている子どもに「肩を抱く」といった通常のスキンシップをとったらどうなるだろうか?

あるいは、ネグレクトを受けている子どもに伝統的な生活指導を強化して、保護者に子どもの面倒をみるよう強制したとしたらどうなるだろうか?

虐待とは、子どもが、「あたり前に発達していく環境を奪われている状態」である。しかし、学校とは、「あたり前に育ってきた」ことを前提にしたシステムである。そのことの理解と、社会集団としての学校が守らなくてはならないリアリティとを両立させる工夫が、現場に求められている。自分たちの学校にできること、できないことを見極める姿勢を忘れてはならないのである。

第7章　保護者への対応

この章では、保護者への対応について検討する。学校はまず何よりも子どもに対応する機関であり、保護者への対応はなかなか踏み込みにくい面もある。そうした実状を踏まえたうえで、学校としてどんな工夫と取り組みが可能なのかを検討する。もちろん、保護者への対応は、子どもへの対応以上に関係機関との連携が必要な課題になるが、その点については章を改めて述べたい。

保護者への対応の基本的な視点

教員は、虐待事例の家庭に対応しようとするときに、ためらう。このためらいはどこから生じてくるのだろうか。

ためらいの理由は二つに大別される。一つは「教員が家庭の内部の問題に関わることで、よけいに子どもに被害が出るのではないか」という懸念である。もう一つは「虐待という確証もないのに家庭内の問題に立ち入ることで、家庭との信頼関係を損なってしまわないか」という懸念である。これらはいずれも、虐待を通告しようとするときに教員が感じるためらいと同じ構造をもっている。

また、学校、あるいは教員にはある種の特性がある。その一つは「学校でできる限界までとにかく頑張る」という態度を示しがちなことである。もちろん、学校が果たすべき責任を果たすというのは当然のことであり、日本社会においては子どもの問題すべてについて学校が責任を負うべきだという社会的認知が強いことも確かであろう。しかし、この態度は、ともすると学校には構造的にも機能的にも無理だと考えられることまでもやろうとしてしまうことにつながりがちである。その結果、本来学校では到底なしえないような目標水準をたててしまい、「とてもできない」と考えてしまうことにもなりかねない。

また、１章でも述べたとおり、学校は伝統的に家庭との協調によって子どもの問題に対応するという構えを強くもっている。虐待を保護者と子どもの利害対立の図式でのみ理解してしまうと、こうした伝統的な対処の方策が使えないと感じることになり、そのこともまた虐待事例を前にしたときの教員の無力感につながってしまう。

このような理解のもとに、学校に可能な保護者対応の視点について述べていくことにする。

虐待を疑い、子どもに事実確認をしようとした場合、保護者から激しい抗議を受けることもある。あるいは、通告をした場合、「先生を信じていたのに裏切られた」と攻撃されることもある。さらには、子どもの逸脱行動について保護者に伝え、その背後にある保護者の養育態度について話し合いをしようとすると「そんなに迷惑をかけているならもう登校させません」と言われてしまうこともある。

これらはみな、虐待事例の家庭に関わろうとするとき、教員を襲う現実的な困難であり、不安を感じても当然の状況ということになる。

何度もくり返し述べてきたように、学校は心理治療の専門機関ではなく、ましてや、保護者の養育に対してなんらかの判定を下す機関でもない。しかし、同時に、治療的視点や保護者の養育態度への一定の判断なくして日々の対応などありえない。

こうしたジレンマに近い構造のなかで、まず学校に求められる考え方は、学校が子どもの発達支援の場であると同時に地域の中核資源であるという役割の認識である。子どもの発達支援の場であるという認識から派生するのは、前章で述べたような子ども対応のあり方である。そして、地域の中核資源という認識から派生するのは、保護者についてもケアという観点が大切だということなのである。

すでに述べたとおり、虐待を生じさせてしまう家庭はたいていの場合、地域社会においてもトラブルメーカー的な振る舞いをしていることが多く、周囲の保護者たちも問題意識を感じている。そうした意識は、それぞれの家庭の子どもを通じて学校現場に返されてくる。仮に、虐待を受けている子どもがその家庭から分離され、学校を去ったとしても、家庭は地域社会に残り、その影響は学校に及び続けると考えた方がいい。また、すでに述べてきたように、ある家族が虐待に陥っていく過程では、近隣や親族からの孤立という要因が大きく作用していることがほとんどである。地域の中核資源である学校は、こうした地域社会からの家庭の孤立を打破しうる立場にあることを考えれば、そこには保護者に対してもケアをするという観点が導き出されるのである。

学校にとって、「保護者との信頼関係」は大切である。しかし、それは通告をしない理由にはまったくならない。そのように考えてしまう根底には、通告が保護者に対する懲罰的な行為であるという発想があるものと思われる。通告することがその親の養育について否定的な裁定を下す行為であると感じてしまうのである。通告とは決してそのような行為ではなく、親子という関係を救うための行為であると考えなくてはならない。子どもを救うことは当然であるが、同時に親を果てしない悪循環に陥った養育から脱却させるためでもあり、関わる自分たちにも救いをもたらすための行為であると考えるべきなのである。

保護者への対応のゴール

保護者への対応にあたっては、以下の点がゴールになると考えられる。そのすべてが学校にできるとは限らないが、何がゴールなのかを知っておくことは、自分たちがしていることの意味を常に確認するうえで大切なことである。

1　家庭が地域社会で陥っている孤立の解消
2　虐待につながる家庭内の病理性の改善
3　保護者の怒りの処理のための適切な方法
4　保護者自身の実家や親族との人間関係や夫婦関係の改善
5　子どもに対する不正確な認知の改善
6　子どもを個として認知し関わること
7　子どもの「悪い行動」への耐性をつけること
8　子どもが保護者以外の大人とよい関係をもつことを受け入れること
9　子どもとの関係を楽しめること

10　子どもに関する肯定的感情を直接表現できること

それぞれについて検討していくことにする。

1　家庭が地域社会で陥っている孤立の解消

虐待が生じてしまう大きな要因の一つが、家庭外のネットワークから家庭が孤立することであるということはすでに述べた。これを裏返せば、孤立を打破するということは虐待に陥っている保護者－子ども関係への治療的介入にとっても、また虐待の防止にとっても重要な課題であるということになる。学校が地域の中核資源であるということを考えれば、このゴールは学校にとって非常に責任あるものであるともいえる。教員が、子育てのことやその他の家族関係のことなどについて保護者の悩みを聞いてくれる相手として認知されることは、それだけでも大きな前進だといえるのである。

学校には、ＰＴＡ活動やさまざまな行事を通じて、保護者の参加を求める機会がある。こうした機会を活用することで、保護者に対して、家庭でも職場でもない「居場所」を提供することが虐待の抑止につながることもある。

母親が東南アジア系の外国人であり、身体的虐待を懸念されていた小学生のケース。母親が子どもに対して体罰をふるう背景には、日本語が上手に使えないという事情と、異国の地で友人も相談相手もなく、精神的に孤立している状況とが考えられた。
学校側は、PTAの研修部に提案して、この母親に祖国の料理教室の講師を依頼することにした。必要な材料は手配を手伝います、という家庭科教員の手助けもあり、母親は講師を引き受けた。当日、数こそ少ないながらも参加した他の親たちから、料理に関する高評価をもらい、母親は嬉しそうな反応を示した。その後も、「自宅でもつくってみた」「子どもから喜ばれた」という声が届いたり、担任のはからいで母親が指南した料理を自宅でつくってもらった子どもたちの感想を母親に届けたりすることで、何人か、母親が日本での生活を相談したり、育児や家事になかなか協力を得られない夫に対する気持ちを表現できる相手がつくられていった。それに伴って、母親の子どもに対する体罰は減少していった。

2　虐待につながる家庭内の病理性の改善

虐待を生じさせてしまう家庭には、保護者の人格的な要因以外にも、家庭内の病理性が存在することも多い。こうした病理性を改善していくこともゴールの一つである。しかし、これは学校にはなかなか直接的なアプローチが難しいことでもある。学校にできるのは、相談に乗りつつ、直接的な解決につながりそうな福祉サービスなどを紹介したりすることが中心になることも多い。

――特別支援学級に在籍する自閉症スペクトラムの確定診断がおりている男児のケース。安定した生活態度が続いていたが、ある時期から突如として情緒的に不安定になった。些細なことから頻繁にパニックを起こすようになり、自分の腕を血が出るまで噛んでしまうことも見られ始めた。また、廊下などで、行き違った女児の髪の毛をつかんでいきなり引きずり倒すといった行動も見られ始めた。

こうした異変に対し、担任はすぐに家庭と連絡をとった。その結果、数か月前に父親がリストラに遭っていたこと、その後再就職も試みたものの、適応できずに離職を二度ほどくり返したこと、そうこうしている間に、一度は断っていた飲酒が再び始まり、現在では酒乱に近い状態で父親が在宅になっていることなどがわかった。母親は終日パートに出るようになっており、「異変」が見られ始めた時期には、男児は毎日泥酔状態の父が待つ家に帰宅し、急性とでもいえるような虐待をされていることがわかった。

このケースでは、子どもの行動が不安定になった理由が家庭内の病理性にあることはほぼ明白である。しかし、だからといって、父親の飲酒をコントロールしたり、就職につなげたりといった作業が学級担任に可能かといわれれば、これもまた明らかに不可能である。とはいえ、誰かがその面に対するアプローチを試みない限り、「問題」は学校現場にもち込まれ続けることになる。関係機関との連携による対応が必須の状況といえるだろう。

3　保護者の怒りの処理のための適切な方法

虐待が、家庭内におけるストレスや怒りの処理の歪んだ形であると考えれば、保護者の怒りを処理するための適切な方法を提供することも大切である。教員がよき聞き手になることはこの点でも大きなポイントとなる。「聴く」というのは簡単そうだが、実は難しい技術である。たいへん残念だが、教員という職種では、「答える人」になる姿勢は強くもっているが「聴く人」に徹する姿勢は弱いことが多い。この問題は、節を改めて後述することにする。

4　保護者自身の実家や親族との人間関係や夫婦関係の改善

これも、２の項目と同様に大切なゴールではあるが、学校にはなかなか介入しにくい点でもある。ただ、教員の多くも「家庭」をもち、「子育て」をしている人間であり、話し合うことは十分に可能なことも多い。虐待の背後にＤＶがあると考えられるようなケースでは、それが母親の努力だけで解決できる問題ではないという認識をきちんと伝えて、専門機関への相談を動機づけていくことも大切な役割になる。また、実家などの親族ネットワークから孤立していることが大きな問題となる場合には、行事などに親族の参加を促したり、それがしやすいような環境設定を試みるなどしてみることも方法の一つである。

5　子どもに対する不正確な認知の改善

子どもに対する不正確な認知の改善というゴールは、その後の「６　子どもを個として認知し関わること」「７　子どもの『悪い行動』への耐性をつけること」「８　子どもが保護者以外の大人とよい関係をもつことを受け入れること」「９　子どもとの関係を楽しめること」「10　子どもに関する肯定的感情を直接表現できること」のすべてにつながっていくものである。この点で、教員は日々子どもと接する立場にあるため、教員自身が子どもとの関わり方を改善してみせることで、親子の相互交渉のモデルを提示することも可能になる。

子どもを個として認知するとは、「子どもには子どもの感じ方と考え方がある」という前提を理解することである。そのように理解はあまりにも当然のことで、それが理解できないということの方が理解に苦しむことと考えられるかもしれないが、虐待に陥っている保護者にはしばしばこの基本的な認識が足りないか、欠落していることはすでに述べてきた。自らの養育の不適切さに対する自覚度が高かったり、問題意識が強い場合には、子どもが学校生活を送るなかで示す変化を見て、「子どもとは環境次第で変わるものなのですね」という認識が示される場合も多い。ここには、自分の関わり方だけが子どもにとってすべてではないということと、自分に見えていた子どもの姿だけがすべてではないという思いが込められている。つまり、相手によって変わる、子ども自身の個としての存在に対する気づきがあるのである。

子どもに個としての存在を認めることは、子どもの発達過程に対する理解も促すことになる。そうした理解のなかに、大人にとって「悪い」とされる行動が、子どもにとっては発達的に必要な行動なのだという理解が含まれることで、そうした行動への耐性が準備されることになる。

子どもに個としての存在を認めることは、同時に、子どもが保護者以外の大人とでもよい関係、親しい関係を築く可能性のある存在であると認めることでもある。虐待をする保護者のなかにはこのことがなかなか認められない場合も多い。子どもが入院している病院まで出向いて、「看護師に対してへらへらするんじゃない」と子どもに体罰を加えたという事例もあるのである。別の章でも述べたが、虐待をする保護者には子どもに対する歪んだ依存があり、子どもが自分以外の大人とよい関係を結ぶことが、自分を見捨ていくことなのだと受け止めてしまうこともしばしばである。「ずいぶん先生になついているみたいですね。じゃあ私はもうこの子は要りません！」といった極端な言動が見られることもある。教員が子どもとの間に信頼関係を築いていくことは、対応の大前提であるが、その教員の性別や年齢によっては、こうした保護者との「競合」の起こりやすさが異なってくることも視野に入れておかなくてはならないのである。

子どもとの関係を楽しめることと、子どもに対する肯定的な感情を直接的に表現できることは、いずれも親子の関係の究極的なゴールであるが、なかなか到達できないゴールであることも確かである。子どもへの対応が、単に行動の修正にとどまらず、自分がなりたいと思う大人モデルの発見までゴールとして含まれている理由の一つは、子どもにとって保護者がそうした理想のモデルとして選択されるというところまで回復を達成できるとは限らないという事情もあるのである。

不適切な対応の例

こうしたゴールはすべてが学校の対応によって実現できるものとは限らないし、子どもが学校に在籍している期間に達成できるとも限らない。ケースごとに、どの目標に対してどこまでのことができるのか、吟味されなくてはならない。

いくつか、学校の対応が不適切であった例をあげてみる。

ネグレクト事例。提出物の遅れや子どもの不衛生について再三にわたる生活指導をしたところ、「あなたがきちんとしていないからだ」と子どもが保護者から責められる結果になり、身体的虐待を引き起こしてしまった。

こうした事例は、家庭の状況や親子の関係性についての情報が十分に把握されていない場合にもよく生ずるが、たとえそうした情報を把握していたとしても、学校側が保護者に対して子どもとつきあう「コツ」を一緒に探していこうという姿勢を欠いている場合には生じてしまうことがある。

長期化した不登校事例に対し、「家では元気にしています」という保護者の言葉を鵜呑みにしていたところ、後日、深刻なネグレクトと心理的虐待だったことが判明した。

こうした事例では、子どもの安全を現認できない期間が続いているということは明らかに異常事態であり、家庭への立ち入りを必要としているという認識を欠いていたということになる。どんなに家庭内にひきこもっている状態であれ、子どもの様子には毎日なんらかの変化はあるはずである。こうした変化に気づく様子や、事態を打開しようとする様子が保護者からまったくうかがえないという場合には、そこに虐待の可能性があることを念頭に置かなければならない。

子どもが父親からの身体的接触を嫌がる訴えが頻発していたため、母親に状況を確認したところ、「主人は子ども好きなんです。確かに子どもは嫌かもしれませんが、主人もかわいそうなので。それに、子どもは先生がおっしゃるほど嫌がっているように見えません」と言われ、そのままにしておいた。後日、性的虐待が生じていたことが判明した。

こうした事例では、「子どもが嫌がっている」という事実についてどうとらえるべきかを突っ込んで話し合う姿勢と、父から娘への性的虐待が母親に与える心理的苦痛による現実否認という可能性を見逃してしまったと考えられる。

いずれの事例も、学校としては極めて微妙な判断を求められることが理解できると思う。疑問が生じたとしても、はたして追及すべきなのかどうか、あるいは追及するとしても誰がすべきなのかという点について、担任だけでは判断しかねる場合も多い。まず校内において、こうした疑問を協議できる場が欠かせないことになる。場合によっては、事実関係の確認についても専門機関の支援や助言を受ける必要があるだろう。とりわけ性的虐待の場合には、事実関係の確認そのものに高度な専門性を要求されることもあり、性的虐待を疑った場合には直接的な行動に出る前にまず関係機関との協議を図る、という姿勢が必要であると思われる。

教育ネグレクトと不登校

性的虐待と並んで、学校現場が判断に非常に苦慮するのが、教育ネグレクトと不登校の問題である。保護者の意向で子どもを登校させないという事態は、明らかに保護者としての義務違反にあたる。だが、仮にそうした教育ネグレクトによって子どもの登校が中断したのだとしても、二か月程度の時間が経過すれば、子どもは登校するという生活リズムを崩してしまうことになる。その時点で子どもとの接触が図れたとしても、すでに子ども自身が「行きたくない」「登校は面倒くさい」といった訴えをすることは十分に想定できる。

そうなると、現状が教育ネグレクトなのか不登校なのかという判断は非常に困難になる。そもそも、不登校という現象自体が、かつて学校恐怖症と呼ばれた頃のような、強い神経症的葛藤によるものだけではなくなっているという実態がある。保護者と子のそれぞれが情緒的にきわめて未成熟であり、子どもは年齢水準の社会的要求になかなか応じられず、保護者もまたそのような子どもを支えるだけの説得力や包容力をもっていない、という事例も多い。こうした情緒的未成熟を基調とする不登校では、子どもが学校に行かないということを前提にした家族生活のパターンが、不登校の開始から早い段階で確立されてしまっていることが多く、登校を動機づけようとする関わりがことごとく拒絶されてしまう場合もある。

大切なのは、どのような見立てと方策が有効なのかを見極めることであって、目の前の事象が不登校なのか虐待なのかを分類することではない。ここでも、しかるべき専門機関との話し合いによって、学校のとるべき方策を探る必要があるのである。

保護者面接の進め方

1　基本的視点

学校が主として対応するような在宅の虐待事例では、多くの場合、保護者が自分が世間一般的には「不適切な保護者」であることを感じていたり、周囲からもそうした目で見られることに慣れてしまっていたりする。ときには、子どもに対する対応が進むことで、子どもから保護者に対する批判的な言動も生じるようになり、そのことがますます保護者をかたくなにさせていくという事態も生ずる。基本的には、保護者に対して「一方的な指導」「上からの説教」をしても効果は薄いと考えるべきである。ただし、保護者との関係づくりの方略として、こうした「説教」的な対応を意図的に用いることもある。万引きなどの逸脱行動が頻繁で、何度呼び出しても保護者に真剣な態度が見られなかった場合などに、学校長から一般論的な強い説諭を加え、そのことに対する保護者の反発を担任や生徒指導担当者が受け止めることで具体的な話し合いにもってゆく、というような場合である。もちろん、こうした戦略が校内の分担としてではなく、関係機関同士の役割分担として行われる場合もある。ただ、いずれにしても家庭とのパイプが断絶してしまう危険性をはらんだ方法であり、成算についての十分な吟味をしてから実施しなければならないことはいうまでもない。

保護者と話し合うときには、いわゆる臨床心理学でいうところの「洞察」を求め過ぎない方がよいと思われる。養育態度や親子の関係性というものは、それほど簡単に変わるものではない。なかには、「面接慣れ」していて、こちらの言うことに巧みに話を合わせてくるケースもある。うまく「洞察」が進んでいるような印象を受けて、気持ちよく学校側が喋ってみたはいいが、実のところ何も変化は起こらなかった、というような事態もまま見られるのである。保護者との面接では、相手が、自分の言動にどの程度責任をとることができるのかということを評価することを何よりの目的にすると考えた方がいい。この評価は、ケース全体のリスクを評価するうえでも重要な指標になるのである。

保護者と学校の間では、意見や子育ての価値観が違っていることは当然のことだ、と考えておくべきである。そうすることで、知らず知らず押しつけがましい態度の話し合いになってしまうことを回避できるし、ひいては保護者との関係構築も成功する可能性が高まることになる。

子どもの怪我とか、登校状況などについての確認をする場合、まず相手に状況についての説明を求める姿勢が必要である。「ネタはあがっている」と言わんばかりの取り調べ調では話し合いは進まない。仮説をもっていることは大切だし必要でもあるが、それが先入観として相手に感知されてしまえば、多くの保護者は話し合いの意欲をなくしてしまう。

話し合いをもつにあたっては、その話し合いが相手にとってどのような意義をもっているのか、をいつも考えていなければならない。「用もないのに呼び出され、知りもしないのに説教され、最後は子どもを分離すると脅された」という事態は最悪である。保護者との話し合いは、学校側が言いたいことを伝えるという場ではない。これほどわかりきったことをあえて基本的な視点として書くのは、虐待事例に対応していると、「ひとこと言っておかないと気が済まない」といった気持ちに教員側が追い詰められていくことが珍しくないからなのである。

保護者との関わりでも、教員のチームは不可欠である。保護者は、担任、養護教諭、学校長、学年主任、進路指導担当者など、それぞれに対して異なる態度を示す。場合によっては、保護者が、ある教員に対して、別の教員への批判を激しく訴えることもある。その場合、批判に必死に抗弁したり、批判されている教員を無条件で弁護しないことも大切である。保護者の批判は身勝手で現実的ではないかもしれない。しかし、怒っていること、その怒りを訴えようとしていることは確かであり、それを受け止めてくれる相手であると教員を認知しているのである。だからこそ、チームが互いの役割と保護者に対する関係の差をいつも理解していることが重要になる。

2　子どもの状況の伝達

保護者との関係でしばしば学校現場が悩むのは、子どもの学校生活の様子について何をどの程度まで伝えればいいのかという点である。最初から困ったことや心配な面ばかりを伝えてしまうと、たとえそれが忠実な実態報告であったとしても、「何もかも子どものせいにしている」「教師の対応が悪いからだ」という反発が返ってくることが多い。特に、身体的虐待が生じていて、家庭内では子どもを力で封じ込めているような家庭ではこの傾向が強まる。また、たとえそうした反発が見られなかったとしても、子どもの悪い面を報告することによって家庭での虐待がエスカレートする可能性もある。その意味では、子どものよい面や中立的な面をできるだけ報告するところから始める工夫が必要になる。ただし、これはこれで必ずしもスムーズにいくとは限らない。よいことばかりを伝えて築かれる保護者との関係とは、脆弱で表層的なものであり、いざ困った面の伝達に移ったところでやはり反発は免れない。場合によっては、「今までそんな話は聞いていなかった。だから、関わり方の問題ではないのか」と切り返されたりする。実はこれまでにも同様の言動があったのだ、と理解を求めても、「ではこれまで学校は嘘をついていたのか」という反応が返ってくることにもなりかねない。なかには、子どもが学校でどんな「悪さ」をしているかすべて知らせてほしい、といってくる保護者もいて、よい面だけを報告していても、何かの拍子に学校での実態がわかると、やはり「学校は嘘をついていた」と攻撃してきたりする。

こう考えれば、「よい面だけを伝える」という対応は、保護者との関係が始まる初期段階では一定の意味があるが、徐々に正確な伝達に近づけていかなければならないと考えられる。何か、どうにも処理が困難な事態が生じてしまってから初めて「困っている」と伝えるという事態は避けなければならない。

子どもの「問題行動」について報告していく場合、留意すべき点が二つある。一つは、学校でなんらかのトラブルが生じたとしても、「学校で起こったことは学校で処理が終わっている」という姿勢を伝えることである。子どもに「帰ったらお家の人に自分から言いなさい」と指示したり、保護者に「お家でもよく話し合ってみてください」と依頼するのは学校がよく用いる方法だが、虐待ケースでは実効性は乏しいと考えるべきであろう。むしろ、学校でどのように対処したかを伝え、保護者と子どもの間で、あるいは保護者の責務として取り組んでもらいたいことがあれば、具体的に依頼する方が望ましい。

もう一つは、伝える際の言葉遣いである。「Yes-but」と呼ばれる話法と「No-but」と呼ばれる話法がある。前者は、まず肯定的なメッセージを伝えてから、否定的なメッセージを添えるもので、後者はこの逆である。例外はあるが、おしなべて「No-but」の方が相手の感じるあたりは和らぐ。「ちゃんと謝りはしたけれど、突然友だちを殴りました」と伝えるのと「突然友だちを殴ってしまったけれど、あとでちゃんと謝ることができました」と伝えるのとの違いを考えていただければわかりやすい。

連絡帳を介した伝達も、幼稚園や小学校では頻繁であると思われる。昔から「書は言を尽くさず」といわれるように、文章での伝達はニュアンスを欠きがちである。また、文章は残り、しかも読み手には誤読の自由が存在するため、誤解も招きやすい。こうした弊害を低減させるには、まずこまめに書くことが求められる。「常に何か書かれている」ことで、１回ごとの記述のインパクトは減ると考えられる。また、短い文章でわかりやすく、誤解されやすい言い回しは避けるべきであろう。

3　傾　聴

実際に面接となった場合、常に意識されていなければならない姿勢が傾聴である。キリスト教には「傾聴愛（Listening Love）」という言葉があるそうだが、まさに、相手の言葉に真摯に耳を傾けることそのものが相手に対する尊重の意を伝えることであり、保護者が自らの養育や親子関係への悩みや不安に自覚的であれば、傾聴そのものが治療的な効果を発揮することも十分にある。

残念だが、多くの場合、人は相手の話を聞きながら、「どう答えるか」を考えている。そして、「今の相手の言葉が反論に使える」とか「今出された考え方が結論に誘導するのに有効だ」と考えてしまうと、次は自分の発言の機会をうかがいながら会話に臨むことになり、結果として傾聴ではなくなるのである。教員ではとりわけこの傾向が強い。教員は「教える人」「答えを知っている人」として振る舞うように動機づけられていることが多く、ひたすらに相手の言葉を聴く、という行為に強い不安すら訴える人もいる。

相手の語る言葉を頭のなかでメモするつもりで聴いてみるといい。文脈からずれているように感じられる言葉、何度もくり返し登場する言葉、などが必ずといっていいほど気づかれる。その言葉について簡明に問いただしてみると、そこから会話が進むことが多い。もし、育児のことや家庭関係のことなど、具体的な対処方法の提案を急がず、基本としては「たいへんなのですね」と労うことが中心という会話からスタートする方がいいのである。

なかには、きわめて気分変動の激しい保護者や、非常識な時間帯に連絡をしてくる保護者もいる。その場合には、巻き込まれないように注意する必要がある。連絡可能な時間帯などは、厳密に制限したうえではっきりと伝え、保護者の気分次第で四六時中対応することはできないことを示す必要もある。これは、当の教員から言えればそれに越したことはないだろうが、場合によっては管理者などから伝えてもらう方が効果的なこともある。

もし、保護者から「虐待している」という告白があったときは、責めるのではなく、「よく話してくれた」と受け止め、これからどうしたらよいかを一緒に考えていこうと伝えることが大切である。

「聴く人」に徹することは、ときに教員として無力感を感じるかもしれない。「聴く人」になることは「答える人」になることよりもずっと難しいものなのである。しかし、本当に相手の話を聴くことができると、自然に相手の言葉のなかにこちらの質問の糸口が見つかるものだし、それが対話を続けていく土台になる。

教員はカウンセラーではないし、伝えなければならない情報もある。それでも、虐待が地域社会や周囲の対人関係から孤立した家庭で生じやすいことを考えれば、傾聴は学校がもちうる虐待への抑止力として有効なものと考えられる。

4　他の専門職への攻撃にどう対処するか

ある程度保護者との間に安定した関係ができてくると、しばしば保護者は他の教員や専門職の悪口を言い始める。このとき、罵られている専門職をかばってしまうと、保護者との関係は進展しなくなることもある。しかし、尻馬に乗って罵りに同調してしまうことは絶対に避けなければならない。このような態度をとれば、必ずどこかで保護者は自分の行為を正当化するために「あの先生だってそう言っていた」と主張することになる。それによって校内体制や機関間のチーム対応が分断されてしまうこともある。

同調も反対もせず、保護者がそのような悪い感情を抱いていたことに理解を示す対応が必要になる。それでも同意を求めてくる場合には、「私に同意してほしいというあなたの気持ちはとてもよく伝わってくる気がします」と応じることも考えられる。

5　話の焦点を定めること

実際の親子の関係について話題を焦点化していくときには、まず保護者が置かれている状況、子どもに対応する大変さ、などについて理解を示すことが効果的であることが多い。そして、その苦しい状況のなかでも、どこかに「うまく機能している保護者の部分」を探して指摘することが大切である。もちろん、このことは、虐待行為を正当化することではない。しかし、多くの虐待ケースでは、子どもが学齢期に到達するまでの間に保護者は周囲から「ダメな親」というメッセージを受け続けてきているということを考えれば、うまくいっている部分に焦点をあててもらうことが新鮮に感じられることも多いのである。「どんなふうにして、もっとひどい状態になってしまうのを防いでいるのでしょうか」……こう問いかけることで、不適切な関係のなかでも「うまくいっている」面を自覚させることができるかもしれない。「叩きたくなっても叩かずに済ませることができたことはありませんでしたか？」……こうして、虐待的な関係の取り方に「例外」を探すように問いかけることで、保護者から協同して問題と取り組む姿勢を見出すことができることもある。

6　内的な状態を把握することの手助け

「お母さんの言われる『いい子』が10だとすると、お子さんはいくつくらいでしょう？」「叩かずにいられる、子どものすることが気にならないでいられるお母さんを10だとすると、夕べのお母さんはいくつくらいでしたか？」「いらいらが１００までくると叩いてしまう……今、こんなふうに子どもさんのことを話していて、いらいらはどのくらいでしょうか？」――こう問いかけることで、主観的な言葉にごまかされず、自分の状態を判断するものさしを見つけていく手助けをすることにつながることも多い。これは、子どもへの対応で、感情や行動の爆発直前の内的状態に言葉のラベルを与えるという方法と同様の狙いをもっている。

このような方法が奏功してくると、休みに入る前などに、「いらいらが80になったら先生に電話するから」というような回避策を自ら提案してくることもある。

小学校6年生の女児の母親。父親とはすでに数年間にわたる別居状態だが、離婚の意志はない。子どもと接しているなかで、思いどおりに子どもが動かないという状況に接すると「父親からの遺伝だ」という思いにとらわれ、激しい叱責が生じて、たいていの場合子どもを蹴りつけるなどの身体的虐待が伴う。

面接を進めていくなかで、「私はひとこと出してしまうとその後は止められなくなる」という自覚が生まれ、そこから「いらいらしてきたら子どもに『ひとこと』を言う前に買い物に出てみようと思う」という提案がなされた。カウンセラーは、「いくつくらいのいらいらで?」と返した。すると「80まで来たら」という答えが返ってきた。カウンセラーはそれに応じてこう答えた。「携帯電話の充電マークはわかりますよね? あれは、三つの時間は長いけれど、一度二つになると、すぐに一つになり、赤くなるでしょう? お母さんのいらいらも同じような気がします。80まで我慢すると、90や100になるのはあっという間。せめて、65くらいで買い物に行くようにしませんか?」

7　相手が求める援助のイメージを探ること

保護者との間にある程度安定した関係が築けてきたら、相手の精神状態が落ち着いているときを見計らって、「私は、お父さん（お母さん）にどんなふうに関係をもっていったらいいでしょうね」といった問いかけをしてみることも有効である。こう問いかけることで、実は、相手が周りから自分がどう思われていると感じているのか、あるいは周囲の人をどう評価しているのかを知ることができることもある。「別に、私が言いたいことを聞いてもらえればいいです。何かしてもらえると思ってなんかいないし、してもらったところで私には迷惑なだけだと思いますから」という答えが返ってきたとしたら、その後の会話には幾多の手がかりが得られたことになる。相手が穏やかに話ができるときに、「これまで出会ってきた教員のなかでいちばんだと思った教員はどんな人でしたか」と尋ねてみるのも有効である。そこに、相手が求めている教員のイメージがあるのであり、それを把握しておくことは、こちらからの関わり方を模索していくうえで重要な指標になる。ときには、逆に「これまで出会ってきた教員や専門職のなかで許せないと思う人は誰ですか。どんなことをされましたか」と尋ねることもある。こちらの質問は、こちらが回避しなければならない関わり方の把握につながるのである。

家庭訪問の留意点

家庭訪問は、虐待事例への対応でたいへん重要な作業になる。ただし、虐待の確証を得たいと思って家庭訪問しても、必ずしも発見できるとは限らない。むしろ、不自然な家庭訪問の実施によって、保護者に警戒心を起こさせることにつながってしまうことも多い。少なくとも性的虐待を疑った場合には家庭訪問はしてはならない。さまざまな虐待のなかでもひときわ密室性が高く、社会的なタブー視が強い性的虐待について、日中の家庭訪問で確証が得られる可能性はほとんどないといってもよく、保護者を警戒させるだけでかえって子どもが教員に喋りにくくなってしまう結果につながることが考えられるからである。

家庭訪問の実施は、子どもの安全確認がとれなくなった不登校状態のときや、学校で大きなトラブルがあり、家庭に戻ってからの保護者の対応に不安が強い場合などに実施されることが多い。相手の生活領域に踏み込んでいくことになる以上、原則としては事前に時間を伝えて実施することになるが、何度連絡しても不在が続くようなネグレクト事例などでは抜き打ち的な訪問もありうる。

家庭訪問をする場合の留意点を以下にいくつか検討することにする。

訪問したときに保護者が酒を飲んでいるなど、明らかに落ち着いて話ができる状態にないと判断した場合には、無理強いせずに出直すことを考えるべきである。その際、できれば、次にいつ訪問するかを約束しておくといいかもしれない。

もしも、前担任など、当該の保護者と上手につき合うことができていた人がいる場合には、あらかじめ保護者と話をする糸口やコツなどを聞いておくとよい。

訪問して室内に入ることができた場合には、玄関や部屋の飾りつけや掃除の程度など、さりげなく状況を観察することも忘れずにいるべきである。訪問によって保護者の考え方を変容できるなどということはほとんど望めないが、毎日の生活状況を把握することはケース全体の評価のうえでも非常に貴重な情報になる。極端に殺風景な部屋とか、非常に乱雑で汚れた部屋などは比較的すぐに異常さを感じるものだが、逆に、子どもの年齢から考えると異様なまでに綺麗で整った室内という事態にも不自然さを感じ取らなければならない。年齢相応の子どもの自発的活動が保障されているならば、それほどの綺麗さは維持できないと考えられるからである。こうした観察は、複数回にわたって訪問をする場合、前回の訪問からの変化についても留意すべきである。

保護者に対して訪問の目的をどのように伝えているかにもよるが、保護者との会話が始められたとしたら、子どものことにばかりあまり話題を集めないようにすることも大切である。訪問の理由にした要件についてある程度話し合ったら、話題をそこからそらしてみることも大切な観察のポイントになる。そうした話題の展開に対して明らかに迷惑そうで、「用が済んだら早く帰ってくれ」という態度を示すのか、子ども以外の話題であれば意外によく喋るような態度なのか、その後の保護者との対応に貴重な情報となる。

保護者が積極的に話をしてくれているのであればいいが、こちらからの質問に相手が答えるというパターンが続く場合、子どものことばかり聞き続けることは保護者を知らず知らずのうちに責めるメッセージになってしまうこともある。

もしも、連続して面会を拒絶されるような状態になった場合には、より上位の教員や前担任などと一緒に訪問してみることも一つの方法である。ただし、何度もくり返すが、学校には事実確認や確証探しの責務もないし機能もない。あくまでも保護者との関係構築の一方策として家庭訪問があるのだと理解しておくことが大切である。

また、家庭訪問の記録は、できるだけ正確に会話や行動の流れを留めておいた方がいい。家庭訪問は、学校に保護者を呼び出したという状況よりも密室性が高い。訪問した教員にとって意味がないと判断された情報は、記録されないことで永久に存在しない情報になってしまう。できる限り訪問の過程を忠実に記録することで、他者の視点で家庭訪問時の保護者の反応を評価する可能性を残しておくべきなのである。

なお、性的虐待の疑いに関しては家庭訪問をすべきではないということはすでに第4章で述べた。

周囲の保護者への対応

ときには、周囲の保護者から、虐待を受けている子どもが学校で示す逸脱行動についてのクレームが寄せられることもある。この場合、まずは子どもをまもる、という姿勢を明確に示す必要がある。しかし、もちろん、虐待が疑われている子どもだ、ということを示唆したり説明したりすることはできない。できる限り状況をオープンに示し、学校全体で取り組んでいること、必要に応じてしかるべき専門機関との連携もとっていること、不安を抱かせてしまうことには心から謝罪をするが、あくまでもどの子どもにとっても最善であると思われる方法を模索して努力しているから力を貸してほしい、というメッセージを伝えることが重要である。学校で問題が起きていることは隠さず、しかし、問題とはどの子どもたちにとっても成長にとって大切な課題になりうるということを伝え、よりよい学級づくりに協力してほしいと訴えていくことになる。

ときには管理職がきちんと前面に出て説明することも必要である。もちろん、このときに担任の説明と齟齬をきたすような話はしてはならない。

そうしたクレームではなく、「あの子は虐待されているのではないか」という懸念が周囲の保護者から起きてきて、学校の対応を問いただすような場合にはどうすべきだろうか。この場合でも、まずは子どもを護るという姿勢を明確に示すことになる。情報を伝えてくれたことには感謝しながら、安易な風評を立てたり、噂になるような態度は、何よりも子どもを傷つけることになるということを説明しなければならない。そのうえで、学校はチームを組んで取り組んでいること、必要に応じて外部の専門機関にも助言を求める姿勢でいることを伝えていく。場合によっては、「子どもを家庭から離すべきではないか」という「助言」をしてくる保護者もいるかもしれない。その判断は学校にできるものではないということと、「分離されることで余計に子どもが傷つくということもある」ということを話して、ここでもしかるべき機関連携は図っていると伝えてもらいたい。

最後に、できれば当事者になっている保護者の心情にも配慮してほしいことを伝えることができればより望ましい対応になる。その人なりによかれと思っている育児のあり方を責められれば、誰でもかたくなな態度になるものである。そのことを伝えたうえで、改めて情報を提供してくれたことに感謝し、今後も学校に協力してほしいと依頼してみることである。

人格障害という概念

人格障害という概念が、最近になって学校現場にも知られるようになってきた。人格とは何か、という議論を始めるとそれだけでも一書を必要としてしまいそうだが、ごく概略的にいえば、その人が物事を受け止め、理解するやり方や、他の人との関係の取り方、他の人の意図を感知したり、物事の筋道を考えていく癖など、「その人らしさ」の総称だということができるだろう。「知覚・関係・思考の持続的様式」と呼ばれるものである。では、その人格が「障害」であるとはどういうことなのか。

ある社会には、その社会それぞれの文化的な期待とでもいうべき暗黙の「お約束ごと」が存在する。これは単に行動の規範というだけではなく、感じ方や考え方といった内的な体験にも影響を与えている。人格障害という概念がいうところの「障害」とは、こうした、文化的に期待されている行動や内的体験から甚だしく逸脱した状態が、「その人らしさ」として持続的に認められている、ということを表している。

精神医学的には、人格障害という診断が下されていくまでにはいくつもの基準が設定されている。第一に、そうした行動や内的体験の傾向が、二つ以上の生活領域で認められているということである。

「常識的ではない」と思われるような言動が、職場においてのみ認められているということであれば、もしかすると職場そのものが「常識的ではない」対人関係や行動基準を要求しているのかもしれないということになる。その人の人格の問題だという判断をするためには、二つ以上の生活領域で逸脱が同様に認められることが条件になるのである。

第二は、こうした行動・内的体験の傾向に柔軟性が乏しく、幅広い状況に拡がって示されているということである。２、３か月程度の期間で、突飛な言動が収束するようであれば、それはそのときに置かれていた環境に対する反応であって、人格そのものの異常性によるものではなかったと考えられるのである。

第三に、こうした行動・内的体験の傾向によって、その人に激しい苦痛が感じられていたり、社会的あるいは職業的な領域での機能不全が生じている、ということである。周囲から見れば「その人の方が変だ」と感じられても、当人にとっては「どうして周囲は自分のことを理解しないのか、評価しないのか」という苦悩として認知されていることも多い。また、さまざまな対人関係上のトラブルを引き起こすことで、結果として仕事のうえでも社会生活のうえでも幾多の失敗をくり返していることになる。

第四に、妙な言い方だが、逸脱の仕方が安定していて、少なくとも青年期頃から成人期にいたるまで逸脱の傾向が一貫して続いているということである。人格障害は「精神病」ではない。「病気」ならば「発病」の時期がある。そして「発病」を境にして適応状態が悪化してくるという経過をたどる。以前まで職場できちんとした人間関係がとれていた人が、次第にとれなくなってくる、という経過を示すのである。これに対して人格障害はあくまでも人格形成の途上で、さまざまな社会的・対人的軋轢の原因になってしまうような認知や行動の様式を獲得してしまうという考え方であり、当然、人格の完成期にあたる青年期以降、一貫した傾向が見られることになる。人格障害の示す逸脱した言動は、「病気」ではなく、「そういう人なのだ」と理解する以外にないのである。

こうした傾向が、他の精神疾患や、身体疾患の影響（たとえば脳腫瘍など）では説明がつかないと判断されたとき、人格障害というカテゴリに入ってくることになるのである。

✪人格障害ケースに対して

人格障害は10のタイプに分類されている。ここでそれぞれについて詳細に論じるつもりはない。興味のある方は、それぞれ専門書にあたっていただきたい。

虐待との絡みで学校現場が人格障害の問題に直面するのは、一つは子どもの将来的な状態としてである。反社会性人格障害と呼ばれるようなタイプ（大阪教育大学附属池田小学校事件を起こした犯人がこう診断された）では、幼児期からの虐待を受けていたケースがきわめて多いという考え方もあり、適切なケアがなければ子どもが歪んだ人格のまま成人してしまう、という意味で問題になるのである。これはもちろん重大な問題であり、義務教育段階を含めた長期間にわたる教育段階で、将来的な人格障害のリスクをどう回避するかという視点を関係者が共有することは大切である。

ただ、現実の問題として、学校現場が人格障害の問題に直面し、困惑を極めるのは、保護者に人格障害が認められるケースであろう。最近、モンスターペアレントなどと呼ばれることもある、常識では考えられないような要求や抗議をもち込んでくる保護者のなかには、こうした人格障害に該当するケースが確実に含まれていると考えられるのである。

人格障害は、その概念の成り立ちからも推測できるとおり、「治癒」という状況はなかなか望めない。その行動傾向が年齢とともに「枯れて」いって、結果として周囲との軋轢が低下していくことを期待するしかない。もちろん、人格障害の「治療」をめぐっては専門的な議論は数多くあるが、それは本書の範囲外であると思われる。学校現場にとって、保護者に人格障害が認められるようなケースでは、子どもへの影響を見極めることと、その保護者が学校や学級にもち込んでくるさまざまな「トラブル」をどのように回避、あるいは悪影響を軽減するか、という観点で対応せざるをえないというのが実状ではないだろうか。

人格障害は、もちろんタイプによって症状も異なり、学校が直面する課題も違ってくる。なかでも、現場に混乱が引き起こされやすいタイプは、反社会性人格障害、境界性人格障害、演技性人格障害などであると考えられる。これらのタイプでは、教員や他の保護者に対する激烈な攻撃や、およそ相手の感情など斟酌しない挑発、自分の言動やその影響に対する極端な無責任さ、他者に対する激しい好き嫌いやそうした好悪評価の激変、気分の変動、強い被害念慮の訴えなどがしばしば示される。何気なく連絡帳に書いたひとことから激しい批判が展開され、やがてそれは教員の人間性に対する激烈な攻撃に変わったりする。あるいは、「クラスの子ども全員を連れてきて土下座をさせろ」「給食に魚を出した栄養士を解雇しろ」といった常識外れな要求を突きつけてくる。なかでも教員が苦慮するのが、「絶対に勝ち目がないゲーム」に取り込まれる事態である。一例をあげよう。

中学校2年生の女子生徒。登校状態は断続的で、教員の目からは、何か学校生活でイヤなことを感じているというよりも、気ままな状態のように見えていた。

ある日、「試験前だから」という理由で、2週間ぶりくらいの登校をしてきた彼女に対して、担任の男性教員は肩を叩きながら「よく来たな。来るのを待ってたんだよ。プリントとか溜まってしまっているから、頑張ろうな」と声をかけた。すると、その翌日、「担任からセクハラを受けた」と母親から抗議が来た。また、「勉強が遅れるのは子どものせいだと脅迫された」という抗議もあった。驚いた担任が家庭に連絡を入れたが、電話には誰も出ない。そこで、母親の携帯電話に連絡したところ「どうして学校は仕事の邪魔をするのか」と抗議された。携帯に連絡したことを謝罪して、夜に自宅に連絡することを伝えた担任は、約束どおり夜に電話をした。すると翌日、「学校は家庭の団欒の時間を破壊する権利があるのか」という抗議を受けた。困惑した担任は、連絡帳を通じて「誤解を解きたい」と伝えた。それに対して「誤解とはどういうことか。教師は親よりも子どものことを理解しているという傲慢さを捨てない限り子どもを登校させることはできない」という文章が返ってきた。「傲慢ということではなく、教師という立場からの評価として、子どもさんには勉強すれば十分に点数をとる力があると思うので、なるべく頑張ってほしいという気持ちを伝えただけだ」という趣旨の説明を返したところ、「勉強だけが大事と考えているような人間に教育ができるのか。退職すべきだ」という返事が来た。ついに担任は親との接触をあきらめ、静観することにした。１週間ほどすると母親から「あれだけの問題を起こしていながら何も誠意ある対応をしないのはどういうことか。やはり何も反省していないという判断をせざるをえない。責任の所在を明らかにしろ」という抗議が来たのである。

何をしても批判され、何もしなければ批判される——「勝ち目のないゲーム」の典型である。なんとか家庭と協力的な関係を結ぼうとする教員のごく自然な発想が、問題をさらに深めてしまうという事態になっているのである。

人格障害と思われるケースに対応するうえでは、非常に消極的に聞こえるかもしれないが、「子どもと教員、学校を防衛する」という視点に立たざるをえないこともしばしばである。具体的には以下のような対応が必要になる。

❶早急に教育委員会およびしかるべき専門機関の協力を得て、今起きているトラブルや現象のメカニズムを管理者と現場がともに共通理解すること

日々子どもと接する教員にとって、「メカニズムは理解できるが度を超している」というタイプの問題はなんとか対応の方策も思いつく。しかし、自分の仕事に何が起こっているのかが理解できない状況で現場に立つことは著しい精神的消耗につながる。逆にいえば、人格障害の理解や、どのようなメカニズムでトラブルが起きてきたのかが理解できるだけでも、ずいぶん対応に余裕は出るのである。

❷学校にできる範囲は明確に管理者から伝えること

「学校がするべきことは精一杯しています。要求されたことは、学校にはできないことです。いかようなご批判も受けますが、できないことはできません」という明確なメッセージは必要である。多くの場合、人格障害の絡んだ困難ケースでは、なんとか相手の要求に応じようとして学校側の方からリアリティを崩した対応をしてしまい、身動きがとれなくなる、という事態が生じている。ここまでが学校のできる範囲である、ということを明確にすることと同時に、「その範囲内では最善の努力もしている」ということを伝えることで、相手の言動に枠付けが生じて事態が沈静化することもある。こうした対応にあたっては、教育委員会をはじめとする関係機関に事態の理解を得ておくことが不可欠である。また、可能ならば、他の機関に、保護者が学校や教員に対する批判や攻撃をはき出せるような場があることが望ましい。

❸教員の個人的資質の問題ではないということを確認すること

人格障害が絡んだ困難ケースで生じる事態は、教員の個人的な力量、資質だけで克服できるものではない。誰が担任しても、出方は異なったとはいえ、いずれ生じた問題なのだという認識を教職員集団が共有できなければ、担任は精神的に極度に追い詰められる。もちろん、「難しい保護者」に対応するやり方の巧拙は論じられていい。しかし、それはあくまでも技術論であって、資質論にならないようにするべきである。

以上のような大原則を踏まえて、関係機関とのチーム対応が続けられていくことになるのである。

学校ならではの陥穽

2010（平成22）年の1月に、東京都江戸川区で小学校1年生の男児が継父からの度重なる暴行によって死亡するという事件が起きた。事件後、少年が描いた絵が公表されるなどして、この事件は大きな世間的関心を呼んだ。それに伴い、学校を含めた関係機関の対応についても批判が集まることとなり、区および区教委は2か月後に検証報告書をまとめた。また、文部科学省は厚生労働省との合議のうえで事件発生の3日後に大臣が「強い憤りを感じ、学校現場での虐待対応の周知徹底を図る」という声明を出した。さらに、厚生労働省は「学校及び保育所から市町村又は児童相談所への定期的な情報提供に関する指針」

を策定し、虐待を疑われる児童生徒については保育所や学校は毎月①出欠状況②欠席時の連絡の有無③欠席理由を市町村と児童相談所に定期報告するよう求めることとなった。

この事件は、それまでにもくり返されてきた同種の事件と同様、「関係機関の連携の失敗」と総括されたが、そうしたお題目的なまとめ方では済まない問題を感じさせた。この事例に対し、学校側は何度も家庭訪問をして、直接の加害者となった継父との面談もしていたのである。もともとこの事例では、母親が15歳という若年で男児を出産し、その後は祖父母に託して自分では養育していなかったという経緯があった。再婚と同時に男児を引き取り、しかもその時期は男児の就学と重なっていたのである。外形的にもきわめてリスクの高い事例だったというべきであり、そのうえ男児の外傷や欠席が連続していたなかで、「もう叩かない」という継父の言葉を信用したという点に、端から見れば奇異にすら映る学校側の判断があった。

批判は容易だが、実はここにこそ学校という機関が虐待の加害者である保護者に対応するときの大きな陥穽があるように思われる。くどいようだが、学校は地域資源の中核として保護者と子どもの双方とできる限り良好な関係を築こうと努力するものであり、そこに「できれば保護者の言うことを信じたい」という気持ちが働いてもおかしくはないのである。学校が熱心に関われば関わるほど、その家庭が置かれている状況が見えてくるし、保護者自身の生育歴などもわかってくる。そして何よりも恐いのは、経過が長くなるにつれて、虐待行為に対する「当たり前」の感覚が狂ってくるのである。「この前の怪我に比べれば」「以前に比べれば保護者も正直に言ってくれるようになった」「あの保護者にも苦しいことや辛いことがたくさんあって、そのなかで彼らなりの努力をしているのだ」といった判断が、前述の「信じたい」という無意識の構えと重なると、学校は事態のリスク評価を誤ってしまうことになる。

むやみに疑い、裁断するという姿勢に立たず、できるならば保護者に対しても支持的な支援を提供する。しかし同時に子どもが置かれているリスクは常に適切に判断する。これを両立させていくには、自分たちの関わりを不断にチェックする目が必要になってくる。多様な分掌を組み合わせて事態を複眼的に評価できる校内体制と、それを外からチェックしてもらうための機関間連携との結びつきが不可欠なのである。「学校のすることに口を挟まれる」のではなく「学校のすることを守ってもらう」ために連携するのだということを忘れてはならない。

第8章 校内連携

二つの「連携」

虐待対応に限らず、ヒューマンサービス領域では関係する各機関の連携が重要であるという指摘がくり返されてきている。このことにはもちろん異論はない。しかし、実は「連携」とは2種類ある。機関間連携と機関内連携である。機関間連携については次章で論じることにし、この章では機関内連携、つまり、校内体制について検討することにする。

実は、機関間連携の成否を握っているのは、各機関内の連携の巧拙であるといってもいいのである。どんなに機関間での情報共有や対策の共有が図られても、それが各機関内できちんと消化され、「機関として取り組む」という姿勢が確立していなければ、機関間連携など砂上の楼閣でしかない。

学校で考えてみよう。生徒指導の担当者や養護教諭、特別支援教育コーディネーターなどが機関間連携の会議の場に参加したとする。そこではケースについての評価が共有され、学校の果たすべき役割と責任分担が決められる。だが、参加した教員が学校に戻ると、誰もその教員に協力しようとしない。仕方なく、その教員は孤軍奮闘することになる。それでなにがしかの成果があがったとしても、その教員が異動した時点で、機関間連携は途切れる。そんな状況が生じたとしたら、それは連携などというものからほど遠い状態だということが理解できるだろう。

機関間連携の場とは、それぞれの機関の特性に応じて、できることとできないことを相互に理解し、各機関の「できること」をつなぎ合わせていこうとする協議の場である。そこで「できる」とされた役割については、各機関が最善の努力をすることが求められる。その「最善」を支える最重要課題が校内体制の確立なのである。

1　校内のそれぞれの役割

✿学校長

学校長にとって最も重要なのは、虐待を受けた子どもが在籍しているということが、学校にとって危機管理の課題であると認識しておくことである。外部の専門機関への通告、助言の依頼、現有の教職員の役割分担による工夫を含めた必要な人員の確保など、適切で強力なリーダーシップを要求される場面は多い。また、年度替わりの担任交代などでも、新しく担任になる教員へのさまざまな面での指導や支援が求められることになる。

✿教　頭

学校長のリーダーシップと、子どもに常時対峙する教員との結節点となって、志気を維持するのが教頭の役割である。ときには子どもへの個別対応の先頭に立つ必要も出てくることがある。また、対応に苦慮するような親のケースでは、教頭と学校長が役割を分担して、教頭から親に対して強めの規範的な指示を出し、校長がそこに融和的に介入することで学校と家庭の関係性を築いていったというような例もある。

✪教務主任

学校内の限られた人的・物理的資源を有効に活用して、できる限り子どもの特性に応じた指導内容を組み立てていくうえで、教務主任は全体的なバランスに配慮した助言や提言をしていく必要がある。

✪生徒指導担当者

生徒指導は、もともと学校組織内で渉外的な機能を色濃く有する分掌である。担当者は、子どもが何か問題を起こしたときにも、担任と並んで直接子どもや家庭に関与する機会も多い。第1部で触れた2002（平成14）年度の全国調査でも、生徒指導担当者は、ケースに関する多様な情報を統合していく中心にいることが示唆されている。明確な虐待ケースに限らず、非行や不登校、いじめ、自傷などのさまざまな現象に際して、その背景にあるかもしれない虐待の可能性を常に念頭に置き、判断に必要な情報が何なのかを察していくことが期待される。

✪学級担任

学級担任は、いうまでもなく最も子どもに密着し、その言動を詳細に観察している人間であり、気づきの段階でも対応の段階でも中心に位置する。その分、精神的な負担感も激しいことになる。現在の学級運営で自分が目指していること、当該の子どもへの指導の眼目や「コツ」などを積極的に周囲の教員に伝えていく姿勢が必要になる。

♻養護教諭

保健室は学校のなかでも異質な空間であり、養護教諭は独特の位置を占めている。教室での人間関係や家庭での悩み、教員への不満などを、保健室で訴えていく子どもも多い。また、保健室は実際的なタイムアウトの場としても利用されることがある。

こうした特性が、「授業を担当する立場の人間にはなかなか把握できない情報を知っている人間」という肯定的な評価をされて、校内体制に有機的に組み込まれている場合には、養護教諭は子どもに対しても家庭に対してもかなりの役割を果たすことができるようになる。ところが、「宿題も出さないしうるさいことも言わない人だから子どもがなつくのはあたり前で、あまり保健室で甘やかされても困る」という否定的なとらえられ方をしてしまうと、状況は一変する。その学校の校内連携がうまく機能しているかどうかを見ていくときに、とりあえず養護教諭がどのレベルの会議に参加していて、どの程度の発言力を認められているのかということを見る場合もあるほどである。

養護教諭は子どもの心身の健康状態や発育状態に責任をもつ立場にあり、怪我や体調の変動に気づきやすい。虐待の発見においても、非常に重要な役割を有していると考えるべきである。

ある中学生の事例では、長期間にわたる保健室登校が続いていた。高度の肥満に加え、徐々に学習意欲も低下し、日中からの居眠りも頻繁になっていった。体調管理を心配した養護教諭は、家庭に対して再三の医療機関受診を勧めたが、親はなかなか応じなかった。保健室での細々とした会話のなかから、この中学生が家庭ではきわめて不規則な食生活を送っており、ネグレクトといってもいいような状態にあるのではないかという危惧の念を抱いた養護教諭は、ついに学校長と相談のうえ、「学校にも子どもの健康管理の責任があるので、学校として受診させたい。同意のうえで保険証を貸していただけないか」という申し出を家庭に対して行った。この強い関わりでようやく親は受診を承諾した。その結果、危機的ともいえる段階に進行した小児糖尿病であることがわかり、子どもは即日入院となった。この例などは、養護教諭の職責を巧みに活用して、専門機関の協力を獲得したといえるだろう。

♻特別支援学級担任、特別支援教育コーディネーター

支援学級や、特別支援教室での指導担当者は、子どもに対してある程度まで個別的な指導の場を提供できる。教科的な補償ではなく、ソーシャルスキルのトレーニングや、気持ちの解放といった狙いで関わるうえでは有効な手だてを提供することもできる。その場合、「親学級」あるいは「協力学級」と呼ばれるような学年の学級と、指導の狙いをよくすり合わせておく必要がある。個別の場での指導の成果を、集団の場でどのように発揮させるのかという点や、逆に、集団の場で見出された「問題」について、個別の場を利用して適切な評価をしていくといった役割分担などを明確にしておくことが大切である。

♻司書教諭

図書室を担当する司書教諭は、ある意味で養護教諭と似た「学校内での特異的な大人」である。虐待を受けた子どもが内省を深めたり、自分の置かれている状況を客観視しようと考えているときなどは、読書

という行為が一定の治療的な意義をもつこともある。読書感想を喋り合うなかで、その子の思考の癖などにも気づいたり指摘したりすることまで可能かもしれない。

✿スクールカウンセラー

スクールカウンセラーの配置は全国的に進み、中学校ではほとんどの学校になんらかの形でカウンセラーが関与しているようになった。いうまでもなくカウンセラーは子どもの心理について専門的見地から関わることが可能であり、教員とは異なった視点での問題提起もすることができる。親に対しても、教員とは異なったスタンスで関わることができるため、好適な調整役として機能することも可能である。

ただし、すべてのスクールカウンセラーが虐待の問題に詳しいわけではないし、家庭訪問や他機関との会議などに積極的に参加するとも限らない。また、カウンセラーという専門性は、子どものもっているリアリティの水準までおりていって関係を模索するという方法をとることが容易だが、教員、特に学級担任は、どうしても「ミニマムスタンダード」を子どもに求めざるをえないという側面がある。スクールカウンセラーは、学校の生徒指導機能や進路指導機能を肩代わりする存在ではなく、学校のなかで日常的に生じる子どもと教員の関係や、子ども同士の関係、教員同士の関係などを円滑に機能させるための触媒であるべきだろう。そこには、カウンセラーとしての専門的判断を教員が利用可能なように適確に伝える説明責任があると考えるべきである。

✿スクールソーシャルワーカー

2008（平成20）年度から、スクールソーシャルワーカー活用事業が開始された。カウンセラーが主として子どもや親の心理面に重点を置くのに対して、ソーシャルワーカーは学校内外のさまざまな人間関係の調整などを通じて子どもと家庭と学校の支援にあたる。そこには、問題を個人の病理としてとらえるのではなく、その個人と環境との不適合から生じるものとして見るという視点がある。こうした視点は、虐待という幾重にも重なった孤立や、悪循環する人間関係を示す現象に対するアプローチにはきわめてフィットしていると考えられる。虐待対応では、どうしても大人の視点から子どもを守る、という発想が中心になりがちであるが、実際には介入に対して子どもが拒否的な反応を示すことも珍しくない。こうしたときに、得てして対応に当たる大人は「なぜ理解しないのか」と子どもに対する苛立ちを感じがちになるが、ソーシャルワークの視点からは、そうした子どもの反応がどのような経緯で出てきているのかということをていねいに吟味しようとする。ある意味では、校内の連携において、「子どもの立場の代弁者」「親の立場の代弁者」という位置づけになると考えてもいいかもしれない。

ただし、諸外国に比してわが国ではスクールソーシャルワーカーの歴史が浅く、そもそも専門の養成課程がない。そのため、地域ごとにスクールソーシャルワーカーの資質や経験も非常にばらつきがあると思われる。今後、積極的に活用することでさまざまな意味での水準の底上げを期待することになる。

✿学童保育職員

学童保育職員は、学校組織の一員ではないが、子どもの学校生活に密接な関連をもつ人間である。多くの場合、学童保育が実施されているのは小学校の低学年のうちであるが、虐待を受けている子どもの場合、学校生活以上に学童保育の場での行動が先行して問題視されることもある。これは、学童保育の体制が必ずしも学校ほどに手厚いものではないという事情と、学童保育の場が学年の異なる集団であり、学級ほどに統制のとれた集団生活ができないという事情が絡んでいるものと思われる。

学童保育は、まだ制度的にも成熟しているわけではなく、自治体ごとにその運営方法なども異なる。しかし、子どもの生活を支えるという点では、重要な役割を占めている。学校は、場合によっては学童保育の職員ともしかるべき情報共有や、保護者に対する対応方針のすり合わせをするべきであろう。

2　校内での体制づくり

学校を構成するさまざまな分掌ごとに、虐待対応において果たしうる役割や事例を述べてきた。こうした各分掌の特性を活かしながら具体的な校内体制が構築されていくことになるのだが、この段階ではまさにケースバイケースの判断になってくる。これは機関間連携においてもまったく同様なのだが、いくら「職務」とか「役割」といった観点でチームをつくろうとしても、そこには「人」の要因が大きく関与してくるからである。形のうえでだけ、すべての分掌の機能を組み合わせた理想的な体制をつくってみたところで、「誰か」が機能しなくなればチームの対応は崩れる。ましてや、教職員は虐待を受けた子どものことだけに関わっているのではない。特定の子どもへの関わりに比重がかかり過ぎれば、教職員集団のなかにある種の利害対立のような感じ方が拡がることも十分にありうる。

細かすぎる役割分担はかえって対応を硬直化させる。かといって、あまりにも大まかで抽象的な原理原則論では特定の教員が孤立したり精神的に追い詰められていくことにつながる。

チーム対応を継続的に機能させていくためには、まず、情報の流れを不断にチェックすることが肝要である。関わりの狙いを含めた情報が遺漏なく共有されていれば、チームの一体感や能動感を維持することが可能になる。

そのうえで、些細なことでも望ましい変化に気づき、それを指摘し合っていこうとする姿勢も大切である。自分たちの関わりに効果が実感できれば、意欲は継続しやすい。

もし、専門機関などに依頼して研修をする機会があるならば、できれば最初は全体研究会として実施することが望ましい。事態に対する認識が共有できたり、特定の専門用語に対する理解を共有できたりすることは、同じ目的意識で全員が関わっていくうえでの大切な基盤になる。「全校体制」というのは、何も全員が同じことをする体制ということではないはずである。担任が当該の子どもに対してとっている指導の方針に、同級の子どもが何か疑問を抱いたとしよう。その子は自宅に帰って、自分の親にその疑問をぶつける。そこで、その親が直接担任のところに来て疑問を伝えてくれるならばまだ対処はしやすい。だが、その親は、妹の学年の教員に「上の子がこんなことを言っていて……」と訴えたりするのである。このとき、「○○先生のしていることはちゃんと意味があるんです。それは私たちも何度も話し合って理解しています。でも、子どもさんには説明が足りなくて心配になったかもしれませんね」と答え、そのような疑問が呈されたことをできるだけすぐに当の担任教員に伝える、という体制が求められるのである。万一、「実は私も○○先生のやり方には疑問があって……」などという反応をしてしまったら、「全校体制」には簡単にひびが入ってしまう。「○○先生は大変なんだよ。わかってあげて」というのも怪しい。そこには、さながら校内で孤軍奮闘しているかのような○○先生のイメージが伝わるからである。「役割はみんな違う。でも、一緒にやっている」というメッセージを送ることこそが、「全校で取り組む」という言葉の内実なのだろうと思われる。

✿異動や担任交代時の引き継ぎ

異動や担任の交代は教員につきものであり、避けることはできない。新たに引き継ぎを受ける教員が、それまでの経過を共有している場合には、引き継ぎも比較的容易であろう。だが、どちらかが異動によって交代する場合、なかなか詳細な事実経過を伝達するだけの時間的余裕はないことが多い。その意味でも、関わりの経過を教職員集団が共有していることが重要になるのである。また、事実と推論がきちんと分離された記録が残っていることは、引き継ぐ側の教員にとっても大きな資料価値になる。

親との間に一定の関係を築いていた教員が交代するときに、その教員が担当していた期間の子どもの変化や親との間で確認されてきたことがらなどを改めて親とともに評価するような関わりをもつべきかどうかという点も悩むところである。それが、親と子が変わってきたということへの肯定的な評価につながり、次の担当者との関係構築を容易にすることも考えられるが、逆効果になる場合も考えられるからである。なかには、「せっかく子どもが先生を信頼するようになったのに見捨てるんですか」と抗議してくるケースなどもある。ここでも、「みんなで関わってきた」という事実があることが個々の教員を助けることになる。

旧担任が、新年度になっても校内に残っている場合には、それが新担任と親子の関係構築を阻害してしまう要因になってしまうのではと懸念される場合もある。間違っても、教員同士が子どもや親との関係をめぐって競合的な感覚に陥ることのないよう、管理者をはじめとした周囲の教員からの言葉がけが必要になる。

✿中期的・長期的な対応

虐待ケースへの対応は長期間にわたって継続されることがほとんどである。それに対して、毎年の異動によって、教職員集団の顔ぶれは徐々に変化していく。子どもが時間経過とともに変化し、安定した学校生活を送ることができるようになってくるにつれて、「かつての激しい時期」を知らない教員も増えてくることになる。そうなると、ある種の人的配置の手厚さや、特別待遇的な対処方法などについて、教員集団内から疑問が呈されることも考えられる。経過を熟知している教員からすれば、「今のような対処の仕方をずっとしてきたからこその安定であって、すぐにその体制を外すわけにはいかない」という思いがあるが、それを知らない教員の側からすれば「他にももっと考えるべき子どもはいるのではないか」という思いにもなる。特に小学校は在籍期間も長く、子どもも発達的な可塑性に富んでいるので、変化も大きい。子どもの発達的な現状や、家庭と学校との関係などについて、くり返し全体での評価を行っていくことで、こうした不協和音を防ぐことができるようになると考えられる。

第9章　関係機関との連携

関係機関との連携の必要性

虐待への対応では、学校を含めた関係機関の情報共有や行動連携が必須の課題になる。これまでにも述べてきたとおり、学校という組織はすべての子どもに投網的に関わる機関であり、いかなる問題を有している子どもや家庭であろうと、義務教育段階であれば関わりを拒むことは許されない。しかし、だからといってすべての問題に学校が単独で対応できるものでもないし、対応すべきでもない。第7章に示した例をより詳細に再掲して考えてみよう。

小学校の特殊学級に在籍している自閉症の男児。就学当初に見られたパニックやこだわりは、数年にわたる担任の努力もあり、ほとんど収まってきていた。学習のセットも形成され、順調な学校生活が続

いていた。

高学年に進級した頃から、男児の行動がきわめて不安定になり始めた。授業中にも落ち着かず、常同的な行動が見られ始めた。そのことを担任が注意すると、奇声をあげて自分の手の甲を血が滲むまで噛んだり、歩き回りながら壁などに頭を打ち付ける自傷行動が見られ始めた。さらに、休み時間などでも特別支援学級に遊びに来る他の子どもたちに対して突然髪をつかんで引きずり倒そうとしたりする行動が見られ始めた。

極端な行動の変化に驚いた担任は、母親に連絡をとって家庭生活の状況を確認した。すると、数か月前に父親が会社を解雇されたことがわかった。父親はその後、職業安定所などに出向いて仕事を探したものの、年齢的な問題もあってなかなか適職は見つからなかった。なんとか再就職先が見つかっても、自分よりも若い上司との折り合いがつかなくて短期間で退職してしまうこともあった。経済的にはさほど逼迫している状況ではなかったものの、職を失ったことで自己評価を低下させられてしまった父親は、かつてかなりの努力をして断っていたアルコールに再び溺れるような状況に陥ってしまった。男児の学校での行動が著しく不安定になった頃には、父親は職探しもあきらめてしまい、日中から飲酒をしている状態だった。男児は帰宅すると酔った父親から「うるさい」「ちゃんとできないなら帰ってくるな」などの言葉を投げつけられたり、時には実際に叩かれたり、酒瓶を振りかざして威嚇されたりするようになっていた。母親はこうした状況をコントロールできず、最近ではいけないと思いつつも男児が帰宅する頃を見計らって、パート労働や買い物などの口実で家を空けてしまうようになっていた。

この例では、男児の行動が不安定になった原因が家庭における親子関係にあることは明白である。そして、根本的な解決は父親の再就職と断酒であることも確かであろう。しかし、だからといって父親の職能開発や仕事探しをすることや、断酒のための対応をすることが教員の仕事かといわれれば、そこまで踏み込める時間も力量もない、というのが現実のはずである。いわば、問題の根本的な部分には学校は立ち入れないのである。しかし、具体的な「問題」がもち込まれているのはまさに学校現場であり、その「問題」をなんとかしなければ学校としては指導が成り立たないことになる。

このような例に対して、対症療法に徹して対応することもできるかもしれない。しかし、問題の根が明確であればあるほど、学校としては原因となっている家族病理そのものになんらかの手を打ちたいと考える。そこには、家庭の問題に有効に切り込んでいける他機関の力が必要であり、機関連携は必須の課題になるのである。

また、虐待ケースの対応につきまとうリスク評価の問題も絡んでくる。学校は、継続的に子どもに関与する。そのことは、子どもが学校生活にもち込んでくるさまざまな「問題」に対して、社会集団としての学校の秩序を維持したり、場合によっては周囲の子どもや教職員の安全を確保するための切迫した状況に直面することにもつながる。これとは別に、継続的な関与によって、学校は虐待を受けた子どもに対して、認知面や行動面でのかなりの変容を促すこともできる。ところが、子どもの年齢が幼いほどいえることだが、子どもの認知や行動が改善されることは、虐待に陥っている親子の関係においてはかえって子どもの置かれている立場を危うくすることも考えられるのである。それまで殴られてもひたすらに耐えていた子どもが、殴る保護者に対して正当な反論ができるようになった事態を考えてみれば、このことは容易に推察できるだろう。

これらは、いずれにしても定期的で持続的なリスク評価を必要とする問題である。自分たちが提供できる教育環境や指導が、虐待を受けた子どもに対してもそれ以外の子どもに対してもどのような影響を及ぼしうるのか、どの程度のリスクがあるのか、そのことを評価するには外部からの客観的な評価も必要となる。そのためには、機関連携が必要なのである。そして、学校の関わりによって子どもにどのような変容が期待できるのか、その変容に対して家庭はどのような反応を起こすことが考えられるのか、その反応に対してどの機関がどのように対応してくれるのか――こうしたことが理解されることで、学校現場は見通しをもった踏み込みをすることができるようになるのである。

学校現場にとって機関連携を欠かすことができない理由は他にもある。それは、学校という組織が地域社会のなかで果たすことを期待されている役割に関連してくるが、この点は後で通告に関する議論をする際に述べたい。

1　情報の共有

機関連携の必要性は、何も学校だけが切実に迫られているものではない。虐待という複雑で多面的な問題状況を生み出す現象に対応していくには、どのような機関であっても単独では不可能である。

多機関による連携は、情報の共有というレベルと、具体的な行動の連携というレベルで考えることができる。事例によっては、情報が共有されることだけでも相当の効果をあげることができる。前述した例で確認してみよう。

事情があって、普段は父親から離れて母子で生活している家庭。母親は、妊娠した時点からうつ状態に陥り、出産後にもこの状態は続いていた。もともと非常に生真面目な性格でもあり、子どもが新生児の頃から、育児書の書いてあるとおりにならないとたちまち不安に陥るという状態が見られていた。こうした状況を把握していた保健師は、家庭訪問などをくり返しながら母親の育児を支えるとともに、母親自身にも精神科の受診を勧めた。幸い母親は自分でも生活のなかでの苦痛感を強く自覚していたため、精神科の受診を受け入れた。

精神科医は、母子の状況を総合的に判断しながら母親への対応を続けた。気分調節のための投薬だけではなく、「適度に手を抜く」ことを母親に勧めたのである。実際、母親は、子どもが思いどおりに反応してくれない場面などではパニックに陥り、子どもの首を絞めたり、子どもの頭を壁に打ちつけようとする行動が見られたりすることもあったため、「他人の力を借りながら育てていいのだ」というメッセージを送る必要があった。

このような対応によって、危うさは常にもちながらも母親はなんとか養育を続け、子どもは就学の時期を迎えた。当時、まだ虐待の危険性を孕んだケースについて関係機関が情報を共有するための適切なシステムは存在せず、母親が自身の精神科治療について医師が学校に情報を伝えることを拒んだことで、学校にはさまざまな就学前の家族支援の情報が届かないことになった。

就学した子どもを担当した教員は、この子に対して「力は十分にもっていながら、養育環境が適切ではなかったために、社会生活の基盤ができあがっていない」という評価をした。この評価そのものはおそらく間違いではなかった。だが、教員はこうした評価にもとづいて、かなり強い生活面の指導を母親に対してもかけたのである。ハンカチが昨日と同じである、連絡帳に返答がない、筆箱のなかが整っていない、宿題の確認が不十分……こうした指導は、そのことによって子どもが今後の学校生活で十分に素質を開花させていくための基礎をつくることが狙いだったが、母親にとっては過酷な要求であり、自らの育児の「不出来さ」を毎日のように確認させられるような気分になったのであろう。就学から2か月ほどした時点から、母親は子どもに対する感情のコントロールを失い始め、「お前がちゃんとしないからだ」と罵ったり、「どうして何もかもお母さんにやらせようとするの」と泣き叫んだり、ときには体罰を加えたりするようになってしまった。

この例では、教員の関わりが悪かったと単純に断じるわけにはいかない。教員の判断と指導は、ある意味では非常に合理的なものであり、子どもの学校生活にとってよかれと思って実行されたものであることは間違いない。問題の本質は、母子の関係の脆弱さや、それをこれまで支えてきた対応の基本原則などについての情報が、まったく教員に届けられなかったことにある。情報の共有は、それだけでも親子関係の歪みや悪化に対する一定の抑止力になりうるのである。

2　要保護児童対策地域協議会という枠組み

情報の共有が大切であるという原則はわかっていても、現実の問題として個人情報の取り扱いという面で困難は多い。一般的にいえば、本人の同意が得られれば個人情報を他の機関に提供することは可能だが、虐待事例ではまずこうした同意が得られることは期待できない。親子の関係が虐待に陥ろうとするような場合、そこに関連してくる要因はあるいは保護者の精神科的な問題や夫婦関係・親子関係の微妙な問題であったりする。自分の育児がうまくいっていないという自覚をもっている保護者でも、そのことを学校の教員に知られたくないという気持ちでいることは多い。このような状況を打開するため、２００６（平成18）年に児童福祉法を改正し、法定の組織として位置づけられたのが要保護児童対策地域協議会であり、その詳細はすでに第1章で述べた。

要保護児童対策地域協議会の個別ケース会議などに参加する際に、自覚しておくべきことがある。それは、学校という組織が、他の領域の専門機関からは「情報セキュリティの甘い組織」として見られているということである。

学校も当然守秘義務をもっているし、それを遵守しているという自覚もあるだろう。だから、「セキュリティが甘い」などと評価されることに心外の思いをもつと思われる。ここには、教員の勤務体制や、教員コミュニティとでもいうべき独特の風土が関係しているものと考えられる。

夫婦で教員とか、親子で教員、といった例は非常に多い。おそらく、こうした身内に同種の職業をもった人間がいるという比率は、他の専門職と比べても相当に高いのではないだろうか。こうした特性が、周囲の機関から見ると、とても内向きな組織に映るのだと思われる。そして、内向きな組織の内部では、守秘義務が緩くなってしまっているのではないかという危惧の念を抱かせるのかもしれない。それに加えて、教員は定期的に異動するため、「重要な個人情報を知っていて、今はそのケースに関わっていない人」がどんどん増えていくという構造にもなる。少なくとも、守秘義務の遵守について明確に自覚しているということを、他機関との会議の場では必要に応じてその都度明言する努力は必要であろう。

3　要保護ケースとは

さて、要保護児童対策地域協議会の担当することになる要保護ケースとはどのようなケースを指すのだろうか。その中核にあるのが虐待ケースであることはいうまでもない。だが、すでに述べたように、市町村ベースで運営される要保護児童対策地域協議会の役割は、まず何よりも虐待の予防である。ここでいう予防とは、啓発レベルの活動ももちろん含まれるが、それ以上に重要なのがリスクを抱えた家庭や子どもを早期に把握して、事態が虐待の状況に陥ってしまうことを防ぎながら、子どもや家族を支えるためのネットワークを構築することである。

これまでにも述べてきたとおり、虐待が生じてしまうリスク要因は多種多様である。あたり前のことだが、何か一つリスク要因に該当する特性があったからといって、必ず虐待を生じてしまうなどということはない。たとえば、経済的な問題を抱えている家庭であったり、子どもや保護者になんらかの精神疾患や発達障害があるなどというのは、確かに虐待のリスク要因になりうる。しかし、こうした問題を抱えていても、しっかりとした家族関係を営んで子育てをしている人たちは数多くいるし、子どもに障害があることでいっそう家族関係を緊密で協調的なものに変えていっている家族も多い。リスクはあくまでもリスクに過ぎず、それが虐待という現実の家族関係に陥ってしまうまでには、幾多の不幸な連鎖とでもいうべき「問題の玉突き」が存在するのである。

要保護児童対策地域協議会保護と市町村に課せられている使命は、こうしたリスクを早い段階で把握し、それが虐待につながらないようなサポート体制を敷いていくことである。市町村は虐待対応の一次機関に位置づけられたとはいえ、児童相談所のような強権的介入の権限を与えられているわけではない。その役割はあくまでも早い段階でのリスク把握と予防的介入であり、不幸にして虐待と呼ぶしかない状況が生じた場合には、当然児童相談所を中心とする専門機関との協調のもとで対応することになる。要保護児童対策地域協議会は、何も児童相談所がしていたことを肩代わりしろといっているのではないのである。

4　教育委員会の役割

このように考えてくると、学校現場の虐待対応に関しては、教育委員会の果たす役割が重要になってくる。すでに述べたように、要保護児童対策地域協議会が設置されれば、まず間違いなく教育委員会は実務者会議レベルで参画しているはずである。学校現場が虐待を疑いながらも確信を抱けないケースや、さまざまな模索にもかかわらず家庭との連携の手だてを見出すことができないケースなどについて、いきなり協議会の事務局や児童相談所に虐待の通告を行うことには抵抗感も強いだろう。しかし、現場として対応に困難さを感じるケースが存在することを教育委員会に報告するのであれば、こうした抵抗感はほとんどないはずである。角度を変えていえば、教育委員会は、こうした学校現場からの連絡を受けたときに、それが要保護児童対策地域協議会の仕組みを活用すべき――つまり、関係する多機関の連携のもとで学校現場を支援すべき――状況なのか、それとも教育行政のなかにあるさまざまな相談機能や現場支援機能――スクールカウンセラーの活用や教育センターの助言など――で対応できる範囲の問題なのかを適確に判断する機能を求められるということなのである。

5　通告の考え方

学校という組織は、地域の中核的な資源として機能することを求められているため、どれほど関わりが困難な家庭や保護者に対しても、なんとかパイプを築きあげようと努力する。そして、多くの場合、か細いながらもこうしたパイプの構築に成功しているものなのである。第1章で述べたように、通告に対する学校現場の根強い抵抗感は、こうした学校の特性に由来していると考えられる。通告することによって、か細いながらも築きあげた保護者とのパイプが途切れてしまうのではないかという不安と、そのことによって子どもへの被害が増悪するのではないかという懸念が学校現場を迷わせるのだと考えられる。

だが、虐待という複雑で多面的な問題に対して、学校が単独で対応できないということは自明のことである。通告とは保護者を断罪する行為ではなく、子どもも保護者も、そして対応している教員も含めて、すべての関係者を救うための行為であると考えなければならない。そこには、当然ながら、通告した後でも学校が果たすべき役割があるということも認識する必要がある。

社会的な虐待対応が本格的に始められたばかりの頃は、学校現場には通告さえすればすぐに子どもが家庭から分離されて安全な場所に移される、と考える人も多かった。そのため、そうした分離対応が行われないと「何のために通告したのか」という疑問を口にするというようなこともあった。しかし、現実の問題として通告された事例のうち、家庭から分離されるのは1～2割である。通告とはゴールではない。チームによる対応のスタートに過ぎないと考えておくことが重要である。このことは、何よりも学校の管理者が徹底して認識しなければならないことである。

6　記録の大切さ

通告を含めた関係機関との連携においては、記録がきわめて重要になる。第4章でも述べたとおり、記録にあたって最も留意すべき点は、事実と推論を峻別することである。実際に保護者や子どもが言ったこと、したことについて、文脈を含めた記録があることが最高である。「どのような質問に対してそう答えたのか」ということが明確にわかることが必要なのである。

虐待事例では、周囲の保護者などからも情報が寄せられることも多い。その場合も、それがあくまでも伝聞であることは記録されなければならない。また、そうした伝聞についても、できればその報告をしてきた人が実際に見聞きしたことなのか、推測したことなのかをそれとなく確認することもした方がいい。たとえば、くり返しになるが、「その夜も1時間近く子どもの泣き声が聞こえて、お母さんぶたないで、と言っていた」という報告が「その夜も子どもを叩いていた」と記録されてしまえば、その後の対応は変わらざるをえなくなる。その母親が、その夜にはなんとか叩くことを自制していたとしたら、「叩いていた」という前提で関わることはいたずらに反発を招くだけの結果になりかねない。記録は、それを聞く人間にとってはある意味で絶対的な情報になるということを銘記しておくべきである。

家庭訪問や保護者との個別的な面接などは、ある意味で密室的な状況である。他の教職員はその場に立ち会っているわけではない。対応した人間が「意味がない」「重要でない」と判断したことは、記録から漏れる。それは、他の人間にとっては存在しなかった事実になってしまうのである。文脈も記録する方が望ましいというのは、こうした記録の特性に対して、記録が情報としての多様性を保てるようにする意味で重要なのである。

虐待対応に関係する諸機関

虐待という多面的な対応を必要とするケースでは、関係するさまざまな機関の特性をよく理解したうえでチームを組むことが必要になる。学校現場を訪れると、しばしば関係する他の機関について「言ったのにちっとも動いてくれない」といった苦情を耳にする。確かに関係機関の対応に拙さがある場合もあるが、こうした不満の多くが、関係機関の特性を十分に理解していないがために、求めても仕方のない機能や動きを求めてしまっている結果であることもしばしばである。ここでは、主要な関係機関についておおよその理解を得ておくための情報を提供する。

1　児童相談所

児童相談所は、いうまでもなく虐待対応の中枢的な機関である。児童相談所は都道府県および政令市・中核市が設置する機関で、２０１１（平成23）年12月の時点で全国に２０６か所ある。

児童相談所は社会的な虐待対応の仕組みで常に中心機関として想定されていて、都道府県知事や政令市長の命のもと、非常に強い権限を付与されている。虐待が疑われる状況で保護者に対する出頭要求を出すこともできるし、必要な場合には家庭に立ち入って調査や質問を行うことも許されている。さらに、もしもこうした出頭要求や立ち入り調査を保護者が拒んだ場合には、再度の出頭要求や、強制的に家庭内に立ち入って質問や子どもの捜索をすることも許されている。これを臨検と呼ぶが、この場合には裁判所の許可状を得てから行うことになる。児童相談所の権限は虐待防止法や児童相談所運営指針の改訂が行われるたびに、基本的には強化され続けていると考えていい。不幸にして子どもの死亡を防げなかったような事例が出てくるたびに、その失敗の過程が検討され、次の法改正につなげられていくのである。

児童相談所の権限は、こうした調査段階のものだけではなく、一時保護や児童福祉施設への措置という形で、子どもを保護者から分離する決定を下すこともできる。こうした権限は、保護者の親権に拮抗するためのものということができるか、その最終的な方策として、児童相談所は、検察官などと同様に裁判所に対して親権喪失の請求をすることができることになっている。ただ、親権喪失という判断はきわめて重大な人権に絡む問題になるため、２０１１（平成23）年に民法が改正されて、2年間という期間限定で親権停止という処分が可能になった。学校現場では誤解されやすいが、施設などに措置されている子どもたちの親権は、保護者がそのまま持っているというケースがほとんどなのである。その子の教育措置について、たとえば支援学級を利用させたいと考えても、生活を共にしていない保護者が反対して実現しないというような事態はこれまでにもたびたび報告されていた。親権停止という対応がとられることで、子どもが生活している施設の長や里親に一時的に親権が移り、教育措置の協議などもしやすくなることが予想されている。

２００７（平成19）年度の児童相談所運営指針の改訂では、通告から48時間以内には子どもの安否を確認することが義務づけられた。とはいえ、通告のあった事例について児童相談所がすべて直接家庭を訪問して子どもと接触を図るわけではない。学齢期の子どもであれば、その子がきちんと登校してきているかという確認が学校に対してなされる、ということが最も現実的であろう。学校側がその子どもについて虐待の可能性があるという認識をもっていた場合には、こうした確認があってもさほど動揺することはないかもしれないが、まったくそうした認識をもっていなかったケースについて、近隣住民や親族の通告によって児童相談所が動き、学校に確認を求められて慌てるという事態も考えられる。焦って子どもに家庭での生活状況を根掘り葉掘り尋ねてしまうというようなことがあってはならない。児童相談所は、強大な権限を有しているがために、逆に人権に対する非常に慎重な判断と対応を求められていることにもなる。そのために、通告された事例について学校側に安否の確認はしても、それ以上の詳細な情報は提供しない、という判断をすることも十分にありうる。通告された事例が間違いなく虐待事例であるとは限らない場合もあるから、こうした慎重な姿勢は当然のことなのである。確認の連絡を受け、それが学校にとってまったく想定外のものであった場合には、連絡があったことを学校長を含めた校内関係者で共有するとともに、学校として必要に応じて情報の提供や学校としての対応の在り方について協議する場の設定を申し入れるべきであろう。

教育の場である学校と、福祉対応の児童相談所では、ケースの緊急性に対する評価の観点が食い違うこともしばしばある。ネグレクト事例の家庭からの分離などをめぐってはこうした齟齬が特に生じやすい。

中学校一年生の女児を頭に、5人の子どもがいる母子家庭。下の2人はまだ2歳と0歳である。長女である中学生は、母親から同胞の世話をすることを命じられている。彼女は、毎朝食事の支度から洗濯、

掃除までをこなす必要があるため、結果として長期にわたる不登校状態に陥っていた。学校側は、何度か母親との面接を実施したものの、「長女がしっかりしているから私は助かる」「子どもが家の仕事を手伝うのはしつけの一部」という主張にあってなかなか話が思うように進まない。母親自身がしばしば夜間に家を空けてしまうことなどを指摘すると「私には私の時間が必要だし、そのことは長女もわかっている。だいいち、長女は家事をすることをちっとも嫌がっていないし、学校に来るよりもずっといいと言っている」と言い出した。この段階で学校は通告を決断した。

通告を受けた児童相談所は、母親との面接を含めた家庭状況の調査を実施した。その結果、あきらかにネグレクトに該当するケースであると判断し、子どもの保護に踏み切るという連絡があった。ところが、保護されたのは就園就学の年齢に達していない下の二人のみだったのである。驚いた学校側が相談所に確認すると、長女についてはさしせまった危険がないと判断した、という回答があった。しかし、下の二人が保護されたことで、長女は母親から「お前がしっかり面倒を看ないからこんなことになった」という攻撃を受けることになった。

この例では、通告した中学校からすれば、かえって当該の子どもに対する保護者の攻撃が強まる結果になってしまったことになる。だが、ネグレクトケースで子どもの「緊急性」を判断する場合、生活上での自力の判断が困難な乳幼児の方が危険性が高いという判断はある意味で合理的で当然のことなのである。しかし、学校側からすれば、保護者の勝手な意志で登校の機会を奪われている長女を守りたいと考えたがゆえの通行であったにもかかわらず、長女の登校という点については何も変化がなかったことになる。

こうした判断の食い違いは、しばしば生ずることであり、基本的にはチーム対応の経験を蓄積していくなかで、「家庭からの分離を必要とする緊急性とは何か」という判断基準をすり合わせていくしかない。

家庭からの分離に関して、学校現場は、しばしば予防的な発想をする。「この子には十分な力があるのに、家庭のケアが不十分だからその力を発揮できずにいる。今家庭から分離して、しかるべき環境で自立の基盤が形成されれば、その後は家庭に戻ってもなんとか自分の力で伸びていける」という判断をしがちなのである。これに対して児童相談所は、リスクの回避という観点からケースを眺める。最悪の事態は何か、それを回避するにはどのような手だてが必要か、と考えていくのである。その判断にあたっては、「たしかに家庭で生活していることでのリスクや悪影響もある。しかし、だからといって家庭から強引に分離した場合、そのことで子どもがさらに傷つくリスクもある。どちらのリスクがより重大か」という思考方法をとる。結果として、学校側が期待したような対応が児童相談所から得られない、という事態が生じる。それぞれの機関が背負っている責任や、限られた対応資源を最善の形で活用するには何が大切か、といった建設的な議論を積み上げていく以外には、相互理解の道はないのではないかと考えられる。

すでに述べたように、児童相談所は、子どもと家庭の福祉に対する強大な権限をもっている。それだけに、その業務は人権に直結する微妙な問題と常に向き合っていることになる。そのためもあり、組織としての児童相談所の決定は、常に合議制によって行われる。教師が相談所の地区担当者や、心理判定職員に通告をしたからといって、それですぐに組織としての児童相談所が動くわけではなく、内部において情報の収集と評価のための会議が開かれる必要があるのである。そのことを学校側は理解しておかなければならない。また、外部から見ていると、「虐待しているのだから親の権利などすぐに止めてしまえるはずだ」と考えてしまいがちだが、裁判所の判断は必ずしもそうではない。児童相談所は、家庭裁判所に対して審判の申し立てをする以前に、はたして「勝てる」申し立てなのかどうか打診することもしばしばである。一度審判を申し立てて、万一相談所側が敗れるようなことがあると、その後のケース対応は不可能なまでに困難になることもある。こうした折衝や判断の過程はなかなか外部に漏れてくるものではなく、学校側から見ていると児童相談所の動きが遅いように見えたり、判断にためらいがあり過ぎるように見えたりする。

2　警　察

警察は、児童相談所と並んで、いざとなれば強権的な介入をすることが可能な機関であるという意味で重要である。警察庁は、虐待による死亡事例の増加を受けて、できる限り積極的な予防介入をするように指針を示している。そこでは、傷害、暴行、殺人未遂などあらゆる罪名を総動員して予防介入にあたれ、と謳われているが、親子関係のケアという観点からすれば、あまり警察の介入ばかりが先行することは望ましくないのは確かである。大切なのは、たとえ親子の関係であっても、傷害罪や暴行罪は成り立つのだという理解をすることである。

もちろん、警察が介入する事態というのは非常事態であり、保護者との穏やかな関係などは、一時的にせよ崩れてしまうことを覚悟しなければならない。その意味では、警察の介入は、親や子どもの言動が社会的規範から完全に逸脱していることを明示するための手段という位置づけができるだろう。

小学校3年生の男児。教室内、校内での激しい攻撃的言動が相次ぎ、学校側は内服を含めた医療的関与が必要な児童ではないかという認識を深めていた。すでに、粗暴な行動を制止しようとした教員の何人かは治療の必要な怪我をしている事実もあった。しかし、家庭からはまったく理解を得られず、「あの子が暴れるのには理由がある」「相手の子にも非がある」「教員の関わりが悪い」と主張し続けていた。そうした主張の背景には「家では子どもはなんでも言うことを聞く」という認識があった。いうまでもなく、家庭でこの男児が従順なのは、両親からの激しい体罰による統制であると考えられていた。

要保護児童対策地域協議会の個別ケース会議が重ねられるなかで、医療機関の受診を引き続き家庭に対して説得していくという方針は示されたが、同時に、周囲の子どもの安全確保という観点からは、万一、著しい他傷が懸念される事態が生じたときには、すぐに警察に連絡し、介入を求めるという方針も確認された。児童相談所を通じて管轄の警察に事情説明がなされ、万一警察が介入したときには、説諭とともに、両親に対してしかるべき専門機関での治療を勧告してもらうよう依頼がなされた。

この例などでは、警察は実際に介入することはなかったが、どのような状況になったら警察の対応を求めるべきなのか、そして、そこで警察はどのような対応をすることになっているのか、ということが理解できていることで、学校現場は安心感をもって事態にあたることができるようになったのである。

通常、子どもの非行や家出といった逸脱行動が激しいケースを除いて、虐待ケースに関して警察の介入や協力を要請するのは、学校から直接ではなく、児童相談所を経由してであることが多い。

3　保健センター、保健所

保健センターや保健所は、母子保健行政を通じて、就学前から子どもと家庭に関与してきていることが多い。その意味では、学校が得られないような情報をもっているのである。また、保健師業務というのはたいへんに幅が広く、子どもだけではなく成人の健康問題も含めて、家庭に介入する口実を見つけやすい。親の糖尿病管理や、同居している高齢者の健康管理などを理由に家庭に入り込み、見守り体制の一翼を担っているというケースも数多くある。家庭訪問の機能がきちんと位置づけられているのも保健行政の使い道の一つである。

国レベルでは、虐待の早期発見と予防のため、生後４か月までの間にすべての家庭を母子保健担当者が家庭訪問することが義務づけられている。これに始まり、３歳までの何度かの集団健診を通じて、保健行政は親子の関係性についても情報をもっている。こうした情報は、ケースの立体的な理解をしていくうえで欠かせない情報になることもしばしばである。

また、保健部局では、さまざまな形で子育て支援のための相談や情報提供事業を展開している。たとえ、当該の子どもについては無理としても、その下にいるきょうだいを窓口にして、子育てサークルや育児相談の事業などに親をつなげることで、家庭へのパイプを増やしていくという対応も考えられる。

4　医療機関

医療機関は、虐待対応の社会的なシステムにとって不可欠の機関であり、幼稚園も含めて子どもが就園・就学してくる以前からケースに関与している場合が多い。関与する診察科も小児科だけではなく、外科、整形外科、産科、皮膚科、耳鼻科、泌尿器科、歯科、精神科など多岐にわたる。

医療機関には高度な守秘義務が課せられていて、一般的には他機関との情報共有も難しい。子どもや親が受診したとしても、その結果を知らされないままになってしまう、ということは学校現場にはよくあることである。要保護児童対策地域協議会の仕組みは、こうした状況を打開することを目的にして構想されたといってもいい。

医療機関との連携は、親と子への直接的な治療だけでなく、子どもの精神発達状況の診断や、独特の社会的権威をもった職種としての親への各種の説得などが考えられる。

5　福祉事務所、市町村福祉担当課

福祉事務所や市町村の福祉担当課は、いうまでもなく、最も地域に密着した福祉の窓口である。保育所の利用や生活保護などを含めた経済的支援など、福祉が親子の生活に直結するサービスの担い手になっていることは非常に多い。こうした特性から、福祉部局は家庭の状況を把握しやすく、また、サービスの継続的な支給にあたり、ある程度の発言力を家庭に対して有していることも多いのである。福祉事務所は、児童相談所と並んで、虐待通告を受理する機関としても位置づけられているし、ほとんどの場合、家庭児童相談員という担当者がいて、多種多様な相談に応じている。実際、通告を受けた児童相談所がまず地元の福祉事務所に連絡して、家庭の状況や子どもの安全確認などの情報提供を求めることもしばしばである。

福祉事務所を含めた福祉部局は、直接的なサービス支給を担う。そうしたサービスは支給のための条件が定められているが、ケースの特性や家庭の状況に応じて、それらのサービス支給に柔軟な対応を依頼したりする事例も珍しくない。また、親からのクレームに対して制度的な説明をする場合などは、担当の部局から淡々としてもらった方が効果的であることもしばしばである。

6　発達障害者支援センター

２００６（平成18）年の発達障害者支援法施行によって、全国の各都道府県に発達障害者支援センターの設置が進められている。この機関は名のとおり発達障害に関する専門機関であるが、その業務の性質上、児童相談所や各種の医療機関とつながりをもっていることがほとんどである。発達障害と虐待がともに絡むようなケースでは、支援センターにつなぎ、そこで構築された人間関係を活用して児童相談所なり他の専門機関につないでいくということもしばしば見られることである。

7　民生委員・児童委員

虐待ケースへの対応では、休日を含めた24時間体制での見守りが必要になることも多い。その場合、地域社会のなかで目的意識をもって家庭の状況を見ている人間の存在は欠かせなくなる。また、虐待の大きな要因となっている家族の地域からの孤立という状況を打破するには、地域住民のなかに協力者が必要になる。民生委員や児童委員はこうした局面で有効に機能しうる。

8　児童養護施設・情緒障害児短期治療施設

児童福祉に関わる居住型の施設としては、児童養護施設以外にも情緒障害児短期治療施設、児童自立支援施設などがある。ただ、児童養護施設はなかでも圧倒的に数が多いことと、施設内学級という制度をもたないため、そこに在籍する子どもは学齢期であれば校区の学校に通学してくるという事情があり、とりわけ学校との連携を求められる施設であるということができる。

児童養護施設と学校との連携については、現在のところ、明確な制度的枠組みがあるわけではなく、「施設長と学校長」「担任と指導員」といった「人」に依存したものになっているのが実態である。もともと、児童養護施設は生活の場を提供することが最大の目的であり、子どもが学校に来ている時間帯というのは施設としては休みをとっているか、別の業務をしている時間帯にあたる。しばしば、児童養護施設の職員を「呼び出しても文句を言わない親」のように扱ってしまう例にぶつかるが、基本的には専門性の異なる専門職同士の関係が築かれる必要がある。特に、１９９９（平成11）年度からは、一定の条件を満たしている児童養護施設には心理治療の専門職員を配置する仕組みが動き始めていて、スクールカウンセラーと養護施設の心理職員、といった連携のチャンネルも考えられるようになってきている。

埼玉県や神奈川県などでは、児童養護施設の協議会が、施設に在籍する子どもの学校場面での逸脱行動などを調査し、施設側から学校への問題提起を行おうと努力し始めている例もあるが、歴史的に古い施設でありながら、学校との連携という課題が明確に意識され始めたのは最近のことなのである。もともと、「そこに施設があるのが当たり前」という歴史を有している場合も珍しくない。

学校側としては、「施設の子」という特別視をしないということは当然のことなのだが、同時に、施設入所を余儀なくされる事情があったということが、当然のことながら子どもの心身の発達に配慮すべき点があることを意味しているという認識も大切であると思われる。確かに、児童養護施設に在籍する子どもたちのなかには、学校生活のなかでさまざまな指導困難性を教員が感じるような言動を示す例も多い。2003（平成15）年に文部科学省研究班の活動の一環として筆者らが実施した「校区内に児童養護施設を有する学校の担任教員が感じる指導困難性について」という全国調査でも、「すぐキレる」「授業妨害がある」「落ち着きがなく、パニックを起こしやすい」「学業不振があって、個別的な指導が必要」といった状態像が示されている。しかし、考えてみればこうした行動傾向は、発達障害を有する子どもたちにも頻繁に見られるものであり、何も施設の子どもだけが示す行動ではない。

校区内の児童養護施設と良好な協力関係を築いている学校を訪ねてみると、ほとんど異口同音に「確かに施設の子どもは問題も多い。けれども、施設には子どもの後ろに職員がいてくれて、その人たちと適宜情報交換もできるし協力関係も築ける。それに比べたら、在宅で通学してくる子どもの起こす問題の方がはるかに対応困難だ」という感想を聞く。この言葉にこそ、学校と児童養護施設の連携のあり方が示されていると考えられる。

情緒障害児短期治療施設は、現在では虐待対応の専門施設のような位置づけをされていることもあり、この10年ほどで急増しているが、まだ設置されていない都道府県も多い。児童養護施設との大きな違いは、小児科医または児童精神科医のスーパービジョンを必須にしていることや、セラピストと呼ばれる心理療法専門職が常勤していること、「治療」を目的にするため、さまざまな家族介入の方策をもっていること、原則として施設内学級をもっていることなどがあげられる。施設内学級はいうまでもなく教員の人事異動の対象であり、情緒障害児短期治療施設のある自治体の教員は、いつそこに勤務することになるかわからないわけである。こうした施設内学級に勤務したことのある教員の経験を学校現場で共有するような研修も積極的に検討されていいと思われる。

個別ケース会議の留意点

個別ケース会議を含めた、関係機関による個別ケース会議は、虐待ケースへの対応過程で頻繁に開催されることになる。こうした会議に際しての留意点を述べておくことにする。ここでの記述は、実は校内における会議でも同様にあてはまることと考えていただきたい。

1　参加者

誰が会議に参加するのかはケースバイケースであるが、なんらかの意味で学校としての意思決定に責任を負える人間と、ケースについて最も情報を有している人間が参加することが望ましい。たいていの場合は学校長と担任が含まれ、そのケースへの対応状況によっては特別支援教育コーディネーターや生徒指導担当者、進路指導担当者、特殊学級担任、養護教諭、スクールカウンセラーなども含まれてくる。ただし、参加者が多ければいいというものでもない。要は個別ケース会議に際して、参加者が校内での対応状況について確実な状況把握をしていることが重要なのである。

会議には、学校での対応の経過が書面で提出されることが望ましい。そうした資料をまとめる時間的余裕がない場合でも、学校がさまざまな判断をしたときに根拠となった資料については実際に提示する必要がある。たとえば、連絡帳に書かれた親の文章とか、子どもの作品などである。

2 記録の提出

3 「できること」による責任分担

会議の進行にあたっては、「できること」をつなぎ合わせるという姿勢が何よりも重要である。「なぜできないのか」という批判をぶつけ合っても生産的な議論は望めない。そのためには、各機関がどのような特性をもっているのかを相互に理解することが必須の条件となる。

機関間連携では、しばしば「役割分担」という言葉が出される。もちろんこれは間違いではないが、役割分担という言葉には独特の曖昧さが伴う。もし、具体的なアクションプランが伴わなければ、役割分担は何も決めないことと同義になってしまうことさえある。「学級担任は引き続き子どもの様子を見守ってください。生徒指導は機会を見つけて保護者との接触を試みてください。何かあったら児童相談所に連絡してください」——かつて、しばしば見られた「役割分担」の一例であるが、これでは実態として何も決まっていないのである。「見守る」というのは何をいつまでどうやってなのか。「機会を見つけて」とはどういう機会のことなのか。「接触」とはどのような会話をすることなのか。「何かあったら」とは何があったらなのか。そうしたことが何一つ見えてこないのである。

必要なのは役割分担ではなく、責任分担であると考えるべきである。責任分担という言葉が意味しているのは、具体的な関わりの規定である。誰が、何を、いつまでに、どうやって実施するのか。そこまで話し合われて初めて方針が共有されたことになる。

こうした責任分担が着実に決定された場合には、会議の流れとしてほとんど必然的に「次回の会議をいつにするか」ということが決まってくる。これに対して、曖昧な役割分担で終始してしまった会議では、「次回の開催時期」が決まらないままに終わることが多いのである。

4　操作的定義の重視

会議では、操作的定義が重視されなければならない。操作的定義とは、「○○が～だった場合に、□□であると判断しよう」という形の定義である。

たとえば、「両親の協力姿勢を引き出そう」という目標が定められたとしよう。これは操作的ではない定義の仕方である。何をもって協力姿勢というのか、どうやってその姿勢を引き出すのかについてのヒントは与えられていない。このようなレベルで目標を与えられても教員は困惑するばかりだろう。個別ケース会議に参加する教員は、往々にして日々の親と子への対応に悩み抜いていて、なんとか打開の手だてをもらいたいと願っている。このようなレベルの結論で会議が終わってしまえば、「話し合っても何も実効性がない」と感じてしまっても不思議ではないのである。もし、この目標が「今度の運動会に両親揃って見に来てもらうことを目指そう。そのためには、学級担任と学校長が、少なくとも一度以上、両親のそれぞれに直接『ぜひ見に来てください』と伝えることにしよう」という形で定義されたとしたらどうだろうか。ここには具体的な行動の指標がある。もし、その目標が実現できなかったとしても、何が妨げになったのかを分析することも十分可能になる。これが操作的な定義なのである。

操作的定義が確実に行われれば、「次回の開催」が決まることも納得してもらえるだろう。上記のような例であれば、「運動会が終わった時点で一度情報共有を」という結論は、ごく自然に導かれるからである。

5　関係者の「温度差」への理解と配慮

会議では、参加者の親と子に対する関わりの形態、立場、経験の度合いなどによって、切迫感や困惑度に必ず違いが生じる。こうした「温度差」への理解と配慮が必要である。原則としては、参加者のなかで最も「弱っている」「困っている」「苦しんでいる」人の立場で会議が進行することが望ましい。

もちろん、こうした困り方が、明らかに経験不足などによって生じているものだと判断できる場合もある。だが、その場合でもその人の「困り」を無視することは望ましい会議の姿ではない。「あなたにはまだ理解できないでしょうけれど、そういうものなの。だから話はここでおしまい」という対応は、短期的には会議を効率化する。しかし、それは同時に会議の参加者全員に「この会議は『わからない』『困った』に対応してくれない」という印象を植えつけることになる。そのことは、長期的には参加者に対する会議の求心力を弱めていくことにつながるのである。虐待ケースへの対応がしばしばきわめて長期間にわたることを考えれば、これは間違いなくマイナス要因になる。

6　会議の目標

会議は、何よりも評価の共有が目標にされるべきである。どのように現在の状況を見ていくべきかという点が共有されれば、各機関の特性に応じて行動の決定も容易になる。

似ているようだが本質的に異なるのは、「対応策の一致」を執拗に求めてしまう会議である。くどいようだが、機関ごとの特性に応じて役割も対応も異なるのである。親に対して共感的に対応することが必要な機関、それが可能な機関、逆に親に対して毅然とした対応をするべき機関、それぞれみな異なる。異なる対応が同じ目的のための各ピースなのだということは、ケースに対する評価が共有されることで得られる理解なのである。

7　会議の決定事項の共有

会議で決定されたことは、参加者全員に共有される必要がある。会議に出席していればそんなことは達成できると思うのは間違いである。同じ話を聞いていたはずなのに、まったく違う理解をしているということは実際に起こる。何が決定されたのか、ということは、会議の終了にあたって具体的に確認されることが必要であり、後日であっても書面で確認されることが望ましい。

第10章 特別支援教育と虐待

特別支援教育とは

２００７（平成19）年度から完全実施となった特別支援教育という構想は、個々の子どもの教育ニーズに適確に応えようとすれば、「個別指導の必要な子は特殊学級などの『特殊教育』で、それが必要のない子は『通常教育』で」という従来の教育制度そのものを改めるしかないという認識から生まれている。もともと、障害をもつ子どもたちに対する日本の分離的な教育制度は国際的にも批判されていたことだが、特殊教育から特別支援教育への転換を決定的にした要因は、発達障害という概念の登場であると考えられる。教育行政が「軽度発達障害」と呼ぶ子どもたちは、その大半が通常学級に在籍し、しかも確実に個別的な配慮と対応を必要としているということが理解されてくるにつれて、教育措置に縛られず、子どものニーズに応じて指導体制を柔軟に組み替えられる制度への転換が必要になったのである。

個別的な配慮と対応を必要とする子どももとしない子ども、という二分法で特殊教育と普通教育を構造的に分ける枠組みが破綻するとしたら、構造上の区分を撤廃するしかない。その意味では、特別支援教育の構想が登場したときに、旧制度の特殊学級を全廃するという意向が示されたことは論理的には自然なものだったといえる。もちろん、いきなり特殊学級が全廃されることには現場の抵抗と混乱も大きく、当面特殊学級も存続しながら特別支援教育体制の確立が目指されていくことになる。

構造を撤廃することで「一人ひとりの子どもの教育ニーズに応える」ことを目指す特別支援教育は、個別的な配慮と対応を教育の機能として保障しようとするものと考えることができる。すべての学校が「特別支援教室」「特別支援教育」という機能を備え、その機能を利用するにあたって在籍という構造上の区別を必要としない仕組みを構築することを目指すわけである。この、「機能としての特別支援教育」という考え方は決定的に重要である。特別支援とは、「特定の担当者がする支援」なのではない。通常学級には通常学級での特別支援、個別指導の場には個別指導の場での特別支援、さらにいえば、学校行事、登下校、給食指導、部活動など、子どもの学校生活のすべての局面において、その場に立ち会う教職員が、それぞれの立場と役割にもとづいて特別支援を試みる、ということなのである。だからこそ、特別支援教育の中核を担うべく各校に配置される教員は、「担任」ではなく「特別支援教育コーディネーター」と呼ばれているのだと考えられる。

♻虐待を受けた子どもと特別支援教育

特別支援教育は、従来の特殊教育時代に対象としていたさまざまな障害をもつ子どもに加え、軽度発達障害と総称されるタイプの子どもを個別的な指導の対象とした。虐待を受けた子どもという規定は、特別支援教育の対象としては明文化されていない。しかし、実際の問題として、虐待を受けたことによる行動の混乱を示す子どもたちは、確実に特別支援の対象に入ってくるはずである。そこには、後述するような理論的な必然性があるのである。

♻発達障害とはなんなのか

文部科学省が特別支援教育の新たな対象として規定した軽度発達障害とは、LD（学習障害）、ADHD（注意欠陥／多動性障害）、アスペルガー障害、高機能自閉症、という4つのカテゴリーで成り立っている。それぞれについての詳細を説明することは本書の目的ではないので、他の専門書や研修に頼っていただきたい。ここでは、非常におおまかではあるが、発達障害という状態像を「知的な遅れに起因するのではない集団適応の問題を示す子ども」と理解することにしたい。集団適応の問題を引き起こすことになる原因はさまざまであるが、それは少なくとも全般的な知的水準の低さによるのではない。だからこそ、その問題の現れ方にはばらつきが激しく、人によって、場所によって、課題内容によって、子どもが示すパフォーマンスは乱高下することになるのである。

こうした、「知的な遅れに起因するのではない集団適応の問題」とは、虐待を受けた子どもが示す問題にも通じることは理解できるだろう。つまり、「知的な遅れに起因するのではない集団適応の問題」とは、原因として一方の極に純粋の発達障害をもち、もう一方の極に（妙な言い方だが）純粋の不適切な養育、すなわち虐待をもつ問題なのである。

現実のケース対応では、たとえそれが発達障害という診断を受けるほどの明確さはないにしても、子どもの発達特性に見られる難しさやつまずきと、その特性に対する養育の不適切さは、混在している。現実のケースはほとんどが両方の要因を併せもっているといって過言ではないだろう。対応では、それぞれの要因についてどのような対処をすべきかが常に問われるし、時系列に沿って対応の軸足は移り変わっていく。発達障害と虐待は、両極のようでいて、その因果がリンクする問題なのである。

そもそも、発達障害とは、誰にでもあるさまざまな能力のばらつきとそこから派生する得手不得手や好き嫌いが、日常生活のなかで支障にまで至って適応障害を生じさせてしまうような状態と考えることができる。そこには「3歳で障害があると判定されたら100％障害者として成人する」という恒常的で個人の特性にのみ着眼する障害観はない。あくまでも、その子の発達的なプロフィールと周囲の環境との関係性のなかで「適応」や「不適応」が左右されてくるのである。もちろん、従来からいわれてきた障害を考えるうえでもこうした関係性の視点はあったわけだが、発達障害という概念では「不適応」状態の説明や対処に、この関係性の考え方から著しく大きな位置を占めることになる。これまでにも述べてきた通り、虐待を受けることで子どもの心身の発達には大きな影響が生じる。これは、関係性によって負わされてきたハンディと考えることができる。

現在の学校現場において、こうした関係性による「不適応」に対して、個別的な取り出し対応ができる仕組みとしては、特別支援教育の体制以外にはシステム的なものがないというのが現状である。

ただし、特別支援教育の仕組みを活用するためには、対象となる児童生徒がなんらかの意味で「障害」の判定を受けていることが前提となる。この点で虐待を受けた子どもたちに対して特別支援教育の対応をすることに困難が生じる。医療機関や判定機関との協議を通じて、その子の教育環境として特別支援教育の枠組みを利用することの是非をよく検討し、しかるべき対応を依頼していくことになる。

これまでは、家庭から分離されて施設に入所している子どもの場合、学校側としては特別支援の対象にしたくても、保護者が反対して埒があかないという事態もしばしば見られていた。民法の改正によって親権の一時停止という措置が可能になったことで、施設入所の期間は施設長が親権を代行するという事例も増加すると思われ、このような事態は徐々に改善されていくことが期待されている。

✿生徒指導と虐待、発達障害、そして特別支援学級

学校が直面する生徒指導上のさまざまな課題は、しばしば表面に現れた現象面の分類で語られてきた。非行であったり不登校であったりいじめであったりである。しかし、虐待と発達障害は、こうした現象面の現れの背景要因、すなわち「原因」の部分として語られる側面をもつ。それは、これまでの伝統的な生徒指導上の問題分類のすべてに関連しうるものであり、同時にそのどれにもあてはまらない独自の現れをするものでもある。

発達障害と虐待

1　自閉症スペクトラムと虐待

自閉症スペクトラムという用語は、自閉症という状態像を中核にして、共通する特徴をもっていながらも自閉症の診断基準を完全には満たさないといった子どもを含めた広がりを指す概念である。そのなかには、比較的言語発達が良好で、知的にも高機能に偏るタイプの子どもたちがアスペルガー症候群としてくくられている。ただし、自閉症とアスペルガー症候群はあくまでも症状の濃淡であり、そこに「異なった障害である」という前提は必ずしも仮定されていない。自閉症スペクトラムという言葉は心理教育的な立

場から提唱されてきたもので、「同じような関わりの工夫が同じような効果を奏するのであれば、共通する特性があると考えられる」といった発想から出てきている。これに対して、精神医学的な概念である広汎性発達障害という考え方では、自閉性障害＝自閉症とアスペルガー障害は異なる疾患単位として考えられている。こうした概念の異同について細かく論じるのは本書の役割ではないが、要するに、自閉症スペクトラムという言葉でくくられる子どもたちというのは、医学的な診断名でいえば自閉性障害とアスペルガー障害、そして一部の特定不能の広汎性発達障害を含むものであると理解しておいていい。なお、俗にいう「高機能自閉症」とは、診断的にいえば自閉症であり、「高機能自閉症」という独立した診断カテゴリーがあるわけではない。

自閉症スペクトラムと虐待との関連性については、最近になってしばしば指摘されるようになってきた。虐待を主訴として小児科を受診した子どもの25％に自閉症スペクトラムが認められたという報告もある（杉山、巻末ブックガイド参照）＊7。

自閉症スペクトラムと呼ばれる子どもたちに共通しているのは、対人関係や意思疎通の深刻なダメージである。視線が合いにくいとか、エコラリアと呼ばれるような、言われた言葉をそのままくり返してしまう言語などは、こうした障害特性の現れなのである。そのような特性を最も端的に示すのが、中核にいる「自閉症」の子どもたちということになる。

自閉症は、対人関係の障害、コミュニケーションの質的な障害、興味の限局性という三つの柱によって診断される。その障害の本質的な特徴については、最近では「心の理論」と呼ばれる考え方で説明されることが多い。これを理解するには、「心の理論課題」と呼ばれるものの代表的な設問に対する答え方を見ていくのがいちばんである。

無人の室内に、淳子さんが入ってくる。淳子さんは、テーブルのうえにキャンディが乗っているのを見つける。「ラッキー！　後で食べよっと」と考えた淳子さんは、テーブルのひきだしにキャンディを入れて部屋を出る。再び無人になった室内に、百恵さんが入ってくる。百恵さんは、偶然、テーブルのひきだしを開けてキャンディを見つける。「ラッキー！　後で食べよう」と考えた百恵さんは、キャンディを戸棚にしまって部屋を出る。みたび無人になった室内に淳子さんが帰ってくる。ここで問題が出される。「キャンディを食べようと思った淳子さんは、どこを開けるでしょうか？」

もちろん、正解は「テーブルのひきだし」である。そこにキャンディが入っていないことは解答者にもわかっているだろう。しかし、ひきだしから戸棚にキャンディが移ったことを淳子さんは知らないということもわかっている。淳子さんの心のなかではキャンディは今もひきだしのなかにあるのだから、食べようと思ったらひきだしを開けるはずなのである。そして、こうした一連のことがらが理解できるからこそ、「ひきだしを開けてキャンディがないことに気づいたらがっかりするだろう」とか「怒るかもしれない」といった予測もできることになる。

知的な遅れがあったとしても、問題の意味が理解できる水準の子どもであれば、この問題には正解できる。ところが、ずっと知的には高いと思われる自閉症の子どもは、「戸棚」と答えるのである。

これは何を意味しているのかというと、自閉症という障害特性をもつ子どもは、相手の心のなかにどのような意図や信念があるのか、ということを察知したり類推したりすることが極端に苦手なのだ、ということである。

私たちは、ほとんど意識することもなく、相手の表情や仕草から「意図」を感知してそれに反応している。廊下を歩いていて、向こうから大急ぎで走ってきた相手が自分にぶつかり、手にしていた書類を落としてしまったとしよう。相手は立ち止まりもせず、「すみません！」とだけ言って、そのままトイレに駆け込んだ。こんなとき、通りがかった人から「どうしたの？」と尋ねられたら、おそらくほとんどの人は「トイレが迫っていたらしくてあわてていたよ」とぶつかってきた相手のことを評するだろう。これが、「意図」に反応するということなのである。「向こうからすごい勢いで入ってきた人がぶつかってきて、書類が散らばったのに拾いもしないで、すみませんと言いながら前を押さえてトイレに走って入っていった」などという言い方はしないはずである。

ところが、自閉症の子どもは、まさにこのような説明の仕方をするのである。それに対して「もれそうになっていて急いでいたんだね」とこちらが言ったとしても「ぶつかったの！」と抗議を続けるかもしれない。そこには、相手の心の状態を察知することの困難さが明確に示されている。そして、相手の意図や信念といった心の状態を察知して、それに反応することができる状態を「心の理論をもっている」と表現しているのである。その言い方を使えば、自閉症とは、心の理論をもたない、もしくは非常にもちにくい、ということになる。

心の理論をもたない子どもを育てるということは、極めて難しいことである。言葉によるコミュニケーションが可能になるはるか以前から、親と子の間には非言語的な感情のやりとりが成立している。見つめ合った状態から親が視線を脇に向ければ、それを見て子どもも親が見た方向に視線を向けたりする。転んだ子どもに親が気づかなければ子どもはそのまま自力で立ちあがって遊び始めるのに、気づいて声をかけたりすると急に泣き出したりする。これらはみな、子どもが親の「意図」に反応できている証拠である。もしもこうした反応が返ってこないとしたら、育児は非常にやりにくいものになることが容易に想像できるだろう。

自閉症スペクトラムとは、中核的な自閉症に見られるこうした特徴を大なり小なり共有する子どもたちとしてとらえることができる。ということは、その子育ての困難さもまた、共通する面をもっているのである。彼（女）らの多くは相互的なやりとりに深刻な困難さを抱えているし、親から期待されていることを受け止めることが苦手である。通常の子育てであればキャッチボールのように簡単な感情の行き来が、自閉症スペクトラムの子どもたちの子育てでは、細心の注意を払った親の自覚的努力によらなければならなくなるのである。それでも、ほどなくして子どもが音声言語によるコミュニケーション能力を獲得してくれるならばまだいい。自閉症スペクトラムの子どもたちでは、コミュニケーションの発達にも遅れが見られることがほとんどであり、仮に一定の意思疎通が図れる程度の音声言語を獲得したとしても、それは円滑な人間関係に結びつくとは限らない特徴を示すことが多い。

さらに、自閉症スペクトラムのこうした障害特性は、外から見て非常にわかりにくい。専門家の目からは判定できるが、必ずしも専門知識を十分にもっているわけでもなく、それほど多数の幼児を観察してきたわけでもない一般的な親にとっては、何かが変だと感じたとしても、子どものどこがどう変なのか、あるいは自分の関わり方の方が変なのか、なかなか理解はできないだろう。言葉がまったく出てこないといった状態が3歳過ぎまで続くようなことがあれば、さすがに何か発達の問題があるのではという気づきもするだろうが、アスペルガー症候群のように、2歳過ぎあたりから音声言語が出てきたりすると、ますます気づきは遅れることになる。そのぶん、子どもの行動の意味を測りかね、自分の育児の仕方に疑問を抱きながら、手探りで子育てを続ける期間が延びるのである。

このような状態で、適切な早期療育の支援が得られない場合、親が極度の育児疲れを感じたり、子どもを指示どおりに動かそうと思うあまりに体罰的な関わりをしたりすることも十分に考えられる。意図が感知できないということは、親の体罰の意味もなかなか理解できないということになる。一向に行動が修正されないままで、親の出方に怯えるような反応ばかりが見られてくれば、親の無力感や焦燥感はさらに募ることも想像できる。こうした悪循環の結果として、もはや虐待としかいいようのない体罰的な関わりが固定化してしまったり、あまりの育児疲れと無力感からネグレクトのような状態になってしまうことも考えられる。これが、自閉症スペクトラムが虐待に結びつきやすいメカニズムなのである。

2　ＬＤ、ＡＤ／ＨＤと虐待

ＬＤおよびＡＤ／ＨＤは、自閉症スペクトラムと並んで「軽度発達障害」というカテゴリーにまとめられている状態像である。もちろん、その障害特性において重複する部分もあるが、ＬＤやＡＤ／ＨＤの基本的な特性は認知能力のアンバランスや行動調整機能の不全であり、対人関係において相手の意図や感情を察知するうえでの一次的な困難さを抱えているということではない。自閉症の病態を説明するパラダイムである心の理論仮説でいうならば、ＬＤやＡＤ／ＨＤの子どもたちは、心の理論はもち合わせているのである。

もともとＬＤやＡＤ／ＨＤという概念は、それまで「やる気がない」とか「親のしつけや育て方が悪い」と責められてきた子どもについて、それが養育の問題ではなく発達特性の問題であり、しかるべき教育環境を提供することが大切なのだということを主張するために導入されたという側面もある。

ＬＤやＡＤ／ＨＤの一次障害は、「聞く、話す、読む、書く、計算する、または推論する能力のうち特定のものの習得と使用の著しい困難」であったり、「注意の持続力、集中力の問題」「衝動性のコントロールの問題」であったりする。それ自体は対人認知を大きく歪ませるものではないが、このような一次障害は、周囲の子どもたちとの興味のズレや、遊び体験の失敗などにつながりやすく、結果として二次的なつまずきとしての自信のなさ、友だちのできなさといった情緒的・社会的問題に結びついていく。

乳児期から幼児期にかけて、家庭内の人間関係だけに限れば「マニアックな子」「ちょっと変わった子」といった認識のままで過ごしてくることもできるかもしれないが、幼稚園や保育所などに通い始めて集団生活が始まると、集団活動に同調できない傾向は徐々に顕著になってくる。逸脱傾向が強まれば、当然親はその点を周囲からも指摘されることになる。保護者がそのことを過度に気にすることになれば、なんとか子どもを「標準的」な行動の枠組みに押し込めようとすることにもなる。特に、就学後に現れてくる学業面での落ち込みは、「せめて勉強は家でも補える」という思いから、不適切なスパルタ的な関わりにつながることも少なくない。

また、自閉症スペクトラムの特性をもつ子どもに対する養育が虐待的なものに追い詰められていく過程と同様、LDやAD／HDの子どもの育児では、親は子どもとの関係に大きなストレスを感じてしまうこともありうる。こうした困難さの原因が子どもの発達特性にあるということが納得できるようになるまでの期間が長いために、親子関係の歪みが固定化されていってしまうこと、そのことがさらに親子関係の悪循環を招いていくことなども、やはり自閉症スペクトラムと同様のみちすじであると考えられる。

ただし、LDやAD／HDの場合には、対人関係のチャンネルが合っているように感じる場面もしばしばある。このことが虐待的な養育に陥ってしまうことへの抑止力になるのかどうかは、親の受け止め方に依存するものと思われる。「わかってはいるんだ」とか「できることだってあるんだ」と思うことで、子どもへの関わりに気長さや期待をもつことができる場合もあるだろう。逆に、「やらせればできるはずだ」

とか「昨日できたのに今日できないのは自分を馬鹿にしているからなのか」と受け止めてしまえば、子どもへの関わりはいっそう不適切なものになっても不思議ではない。この意味で、LDやAD／HDの子どもに、二次的な障害としての不登校やいじめといった症状をもたせてしまわないようにしていくことは、親子関係のさらなる悪循環の食い止め＝虐待防止という観点からも大切なことなのである。

3　発達障害と虐待の鑑別

多くの場合、特別支援教育の対象になる子どもなのかどうかという判断は、まず最初にチェックリストによるスクリーニングとして行われる。すでにチェックリストの内容は周知のことと思うが、リストはあくまでも表面に現れる行動特性によるものであり、その行動が発達障害に起因するのか、養育の問題なのかということまでは判定はできない。

学校現場は何よりも子どもの行動特性に応じた対応を模索する場である。通告の必要性について判断したりするうえで、発達障害なのか虐待なのかということを鑑別する必要性は確かにあるが、先にも述べたように、たいていのケースではこの両者の要因が何がしか混在しているものである。対応の方法にしても、自己コントロールの回復に向けた手だてなどは、多分に共通するところも大きい。鑑別は、子どもと親に関わりをもちながら、徐々に認識を深めていく過程であり、「虐待なら通告、発達障害なら個別の支援計画」といったような、鑑別自体が目的化されてしまうようなことがあれば本末転倒であろう。

虐待ケースに対して、学校現場がある程度までのリスク評価をしていると思われる実態は、第1部においても述べた。このことに関しては福祉分野などからは疑問の声もある。虐待のリスクを評価するという作業は、家庭の経済状況や親自身の生育歴なども含めた総合的な判断であり、学校では困難だろうというのがその理由の一つである。また、そもそも学校には虐待についての判定をすることは求められておらず、それは児童相談所の業務だという筋論もある。

しかし、学校は日々子どもに接する機関であり、そのなかで最善の対応策を模索している以上、子どもの状態や家庭の状況に関する評価も不断に実行しているものである。学校現場におけるリスク評価とは、虐待ケースでいえば、要保護児童対策地域協議会や児童相談所に通告するかどうかの判断である。そこにあるのは、当該の子どもが虐待を受けているのかどうかということを確定的に判断しようとしているのではなく、むしろその子どもの示す逸脱行動や親が学校にもち込む混乱が、学校における指導の限界を超えているかどうかという点の判断に関わっている。これは、初回の通告のみならず、チーム対応が開始されて以降の状況の変化を評定する指標でもある。後者の特性をもつことで、対応開始後に、学校から個別ケース会議の開催を要請する判断の根拠となる。

そう考えれば、そのケースが発達障害的な対応を主とした方がいいのか、虐待を主とした方がいいのかという鑑別の問題は、他機関との協議のなかで深めていけばいいという言い方もできる。

特別支援教育体制とは、ある意味で、学校がケースバイケースの機関連携ではなく、常設型のネットワークの一員として機能することを求める変革であるという見方もできる。鑑別の困難さという問題は、学校が本当にこうした常設型のネットワークを活用していくことができるようになれば、おのずと解消していくことなのではないかと思われる。

4 保護者がもつ発達障害特性

発達障害と虐待との関連という課題にとってもう一つ重要な視点は、保護者自身が発達障害特性を有している場合についてである。

子どもの気分変動が許せない、些細な嘘に対して過剰な正論とでもいうべき叱責を加える、家庭内の掃除や時間管理が極端にできない、子どもの喜怒哀楽に適確に反応できない……など、おそらく保護者自身の方になんらかの発達障害特性があると考えられるようなケースも決して少なくない。いうまでもなく、親子の関係とは相互的なやりとりを通じて成長していくのであるから、保護者の側に「子どもの気持ちをキャッチできない」「子どもの発達的な水準から見て適切な要求を発信できない」といった特性があれば、当然歪みを生じてしまうことになる。

親の発達障害的な特性が明らかで、虐待的とも思われる子どもへの関わり方も決して悪意や情緒的な歪みによるものではないということがわかっていれば、「子どもとの関わりのモデルを示す」という学校現場の機能は、親子の関係を修復していくうえで大きな役割を果たすだろう。場合によっては、親に、自身の認知的な特性を理解してもらうことも可能かもしれない。

ただし、両親のどちらかに発達障害特性があるのではないかと疑われるようなケースでも、その親が家庭生活や社会生活で著しい不適応状態にあるとは限らない。それどころか、さまざまな苦労はあったにせよ、自分の特性に適した仕事を見つけていたり、「そういう人」として扱ってもらえる人間関係に恵まれてきたことなどにより、一定の安定した生活を営んでいることも多い。そうなると、「あなたの、子どもに対するとらえ方がおかしい」ということを単純に伝えても、それがその保護者の生きてきた方略や達成した成果に対する否定的なメッセージになってしまい、容易に受け入れてもらえなかったり、相談関係を断ち切られてしまったりすることもある。また両親のどちらかがパートナーに対してなんらかの問題意識をもっていたとしても、その状態で一定期間夫婦関係や両親関係を営んできているのであり、ある意味で「発達障害的な対人関係の取り方に慣れてしまっている」という状態にあることも多い。そうなると、発達障害特性をもっているパートナーが、子どもと上手に関係がとれないことについても「もう少し子どもに我慢の力があれば」というような認識をされてしまい、子どもに必要以上の忍耐を強要してしまったり、歪んだソーシャルスキルの学習に追いやってしまう危険性も出てくることがある。はたして親に対するアプローチを学校が担うことが望ましいのかどうかということも含めて、慎重に検討しなければならない問題になるだろう。

5　障害の受容

子どもの発達障害が虐待的養育に結びついていく過程で最も頻繁に認められる要因は、保護者が子どもの障害をうまく受け止められないという事態である。これは、子どもに「○○障害」というレッテルが貼られることに抵抗するという場合もあるが、それだけではない。障害受容の心理過程の特徴を理解するとともに、障害受容のあり方が虐待防止の観点からどのような多様性と課題性をもっているのかを理解しておくことは、学校にとって不可欠のことと思われる。

障害受容の出発点は、通常子どもに対する障害の告知である。告知する側は、得てして障害判定を「加算」として考える。それまでその保護者が抱いてきた子ども像に、「○○障害」とか「△△症候群」という「名札」を貼ってくれ、と考えるのである。ところが、障害を告知されるということは、保護者にとっては（それが、青天の霹靂であればあるほど）ある種の「喪失体験」なのである。この子には障害がある、と言われた時点で、保護者はそれまで自分がその子に対して抱いてきた「この子はこういう子だ」という思いを一度突き崩される。いわば、名札を付け加えるべき本体が崩れてしまうのである。だから、「加算」のしようもない。与えられた「名札」だけが虚空を漂っているような状態になる。

もっとも、「この子は自分が思い描いてきたような子ではない」「この子と自分との関係で理想としてきた状態は実現できない」という思いは、子どもの障害の有無にかかわらず、すべての子育てで生じている過程のはずである。生まれてくるときに抱く子どもへの期待、その子を含めて創り出していく家庭生活への理想が、子どもの成長に伴って徐々に修正されていく過程は、みな同じである。ただ、障害の告知は、こうした「理想の崩壊」が極めて集約的に起こることを意味しているのである。そう考えれば、障害を告知されたからといって、それは決して「理想の子どもの喪失」ではなく、「理想の大幅な修正」に過ぎないのだが、その心境に到達するまでには具体的で現実的な子どもとの関わり方の理解と習得が必要であり、それには個人差はあるものの長い時間を必要とするものであることを理解しておかなければならない。

たとえ、「障害名」を受け容れ、我が子が同年齢の他の子と「違う」ことを受け容れたとしても、それがそのまま「障害受容」であることとは限らない。なかには、「周囲の子と違う」ことは受け容れても、「みんなと同じようにできさえすれば問題はないし、文句を言われる筋合いはない」といった理解につながってしまい、過度のスパルタ的な子育てで子どもに「同じである」ことを強要するような子育てに陥ることもある。反対に、子どもに障害があることを一種の免罪符にしてしまい、「障害児なのだからできなくて当たり前」「障害児に対して苦手なことに挑戦させるのはおかしい」「周囲が我慢すればいいこと」といった主張に偏ってしまうこともある。いずれも、子どもの発達的な特徴を踏まえたうえでその子のスキルを向上させるという意味では歪みのある養育といわざるをえない。

なかには、子どもの示すさまざまな逸脱行動への対処に疲れ果て、養育を放棄してしまうような事態に陥る事例もある。

障害受容の心理過程と虐待防止との関連は、このようにきわめて多様である。特別支援教育に関わる種々の研修は、常にこの点に留意して行われる必要があるのである。

第11章 スクールトラウマ、メンタルケア、その他の留意点

スクールトラウマという考え方

虐待は、子どもの心身の発達に深刻な打撃を与える。そして、その影響は学校にもち込まれてくる。しかし、子どもが後々まで影響を被るようなトラウマを経験するのは、家庭内だけとは限らない。不幸にして続いている学校を舞台にした陰惨な事件や、子どもが巻き込まれる犯罪、さらには教員によるわいせつ行為などを含めた不祥事など、子どもがトラウマを抱えてしまう契機は、家庭外にも数多くある。そうした契機が学校を舞台にしている場合、特にスクールトラウマというくくり方をすることもある。

スクールトラウマの契機にはさまざまなものがある。いくつか例をあげてみよう。

——摂食障害の女児がいた。きわめて勤勉で活動的、意欲的でもあり、担任教員もなかなかその子の気持

ちのなかに入り込む機会を得られないままになっていた。しかし、女児は確実に痩せていき、周囲の子どもたちも「給食を食べない」「病気になっちゃう」と不安の声をあげ始めていた。結局、この女児はある日昏倒し、そのまま入院したが、数日で帰らぬ人になってしまった。そのことを知った学級内の女児グループのショックは大きく、何人かがその後食事も喉を通らないという状態が続くことになった。

中学2年生の女子。下校途中に見知らぬ男性からレイプを受けた。その後に続いた警察の事情聴取の期間、登校をしていなかったため、教員は子どもに接触できないままになってしまった。2週間後に再登校してきたときには、事件に関して完全に無口になり、教員との会話も成り立たないような状態が続いた。

高校1年生の男子。休み時間に屋上で数人によるバレーボールに興じていたが、自分の投じたパスに対して回転レシーブの真似事をしようとしたクラスメートが、明かり採りのプラスチックカバーを突き破り、そのまま階段の踊り場に転落した。結局クラスメートは意識を回復しないまま死亡してしまった。男子生徒は、その後、登校しても階段に近寄れなかったり、教室にいても突然不安発作に襲われるようになった。

これらの例は、いずれも学校生活に関連するトラウマ体験である。虐待ではないから、子どもに対する治療的な関わりの必要性や、家庭と学校で歩調を合わせた対応などについての話し合いは可能であろう。

とはいえ、そこで必要とされる配慮が、虐待を受けた子どもに対する対応と共通する部分があることも確かである。

もちろん、こうしたスクールトラウマ体験のなかには避けることのできない事態も含まれている。また、誰を責めても仕方がないという事態もある。しかし、スクールトラウマと呼ばれる現象のなかで、ある意味最も悲惨で、虐待との関連性が強いのはいじめの問題であろう。

1　いじめと虐待の関連性

いじめと虐待には非常に強い関連性がある。単純に考えれば、虐待を受けた子どもが、その影響によっていじめを受けたりいじめを加える側に回ってしまう、という事態が考えられる。このことについてはすでに述べてきた。

だが、いじめと虐待の問題はそれほど単純ではない。虐待をしている保護者との面接をくり返していくと、非常に多くのケースで、保護者自身が幼稚園と高等学校を含めた学校教育の時代に「いじめを受けていた」と訴える。これはどういうことなのだろうか。

いじめとは、対人関係をパワーゲームに変えてしまうことである。いじめられる子どもとは、いわばこのパワーゲームの「負け組」にされているのである。仮に、転校や卒業といった外的な環境変化によって、表面的にはいじめ関係から脱却したとしても、この「負け組」体験で味わわされた屈辱感や恐怖感、憎悪といった感情は残り続ける。

いじめを受けた、と訴える保護者は、しばしば学校教育終了後に、あたかもこうした屈辱をバネにしたかのような、ある種の社会的成功を獲得することも多い。それは個人個人によって異なるが、若くして高級車や持ち家をもったり、営業成績でトップをとったり、といった「達成」である。おそらく、こうした成果は、その人が「負け組」体験を逆転させて、自分は「勝ち組」に入ったのだと感じたいという思いに支えられているのであろう。そこには、対人関係をパワーゲームとしてとらえる視点から脱却できず、単に天秤の傾きを逆転させただけの心理的な補償作用が認められるのである。

こうした「勝ち組、負け組」的発想は、ある時点で、致命的なまでに挫折させられることになる。つまり、育児の開始である。育児とは、いわば、大人の側が意図的に、しかも１００％「負け組」にならなければ成り立たないような営みなのである。「俺を誰だと思っているんだ」「私はトップセールスなんだから疲れているのよ」……そんな言葉をいくら連ねたところで、子どもが泣きやむわけではない。「泣く子と地頭には勝てない」という言葉はまさに真実をついているのである。

こうした状況に直面したとき、かつていじめに遭っていたときに感じていた敗北感や屈辱感、恥辱感が蘇るのである。幼い子どもに対して「馬鹿にするんじゃない！」と怒鳴りつける保護者の精神的な余裕のなさには、こうした否定的感情を蘇らせる子どもへの苛立ちが感じ取れる。「この子は私を苦しめるために生まれてきたんじゃないかと思う」「この子は私がやっとの思いで片づけた場所に限って散らかす」といった訴えは、虐待をしてしまう保護者からしばしば聞かれる言い方である。発達的に見れば当然と思われるような子どもの言動を、自分に対する非難や批判に受け止めてしまう心性は、その保護者の自己評価の低さをうかがわせる。しかも、子どもは物理的な力関係では圧倒的に無力である。ひとたび子どもを力で屈服させる関係に陥ってしまうと、ある意味で子どもを暴力的に支配することが、自分自身の力や立場を回復できるかのような思いも生じてくる。これが、いじめられ体験が虐待に結びついていく過程なのではないかと考えられる。

だとすれば、学校におけるいじめ対応は、長期的な意味での虐待予防の営みでもあるということになる。それは、単にいじめ－いじめられの関係を切り離すことで終わるものではない。力で一方的に相手を支配する、という対人関係の取り方や価値観そのものを変容することを目指さなければならないのである。

2　生徒指導上の諸課題と虐待

従来の生徒指導論は、問題を現象別に分類してそれぞれの対応について検討する形が大半を占めていた。非行、自殺、いじめ、不登校、といった分類の仕方である。

これに対して、発達障害と虐待という、最近になって学校現場に提起された課題は、基本的に問題の原因に関連する分類である。その意味では、非行や不登校という章立てに並んで虐待や発達障害が論じられるのはおかしいということにもなる。虐待と発達障害は、従来の生徒指導上のすべての課題に関連しうるものなのだという理解をしておく必要がある。

ただし、だからといって従来の生徒指導の枠組みそのものを解体しなければならないというわけでもない。いじめ問題と虐待の関連を説明するなかで、表面的ないじめ関係の解消だけではなく、それが子どものなかに形成してしまう人間関係に対する認知そのものが適切に吟味されなければ、将来その子が親になっていったときに禍根を残すことになりかねないという指摘をした。いじめの対応に限らず、学校が担う子どもの人格形成の営みすべてに、「親として次世代を育てうる人に育つために」という観点を明確に意識すること――それこそが、学校に期待されている虐待防止の観点である。学校における虐待防止とは、何もこれまでにまったく存在していなかった新たな取り組みをしろということではない。これまでにも行われてきた教育活動のなかに、虐待防止の観点をしっかりと自覚するということなのである。

こうした、人格形成途上の存在である子どもに対する心のケアという観点は、すべての教育活動の前提である。不登校と虐待との関連でも、しばしばネグレクトや性的虐待の結果として子どもが不登校状態に陥るという面が強調されるが、ＤＶが生じている家庭や、保護者の偏った信仰心などによる不適切な養育などを受けて心に傷を負った子どもが、不登校という選択をすることすら許されず、表面的には問題のない児童生徒として学校生活を過ごすという事態も少なくない。長じて、仕事上の人間関係や家庭での人間関係につまずき、カウンセリングを受けていくなかでこうした自身の生育歴を振り返り、それが広義には虐待と呼んでもいいほど不適切な環境だったのだとようやく自覚することも珍しくないのである。そうしたケースのなかには「不登校になりたかった」「問題を起こしたかった」という回想をする人たちもいる。学校の虐待防止とは、一面で、こうした長期的な人格形成の見通しをもって生徒指導にあたるということであり、問題となる現象が生じているかどうかだけで判断されるべきものではない。

こうした、生徒指導上の諸課題と虐待・発達障害との関連性について**図6**（２７３ページ）にまとめた。きわめて雑駁な図ではあるが、ある程度それぞれの関連についてイメージをもつために役立てばと思う。

3　トラウマを学校生活にもち込む子ども

２０１１年3月11日に発生した東日本大震災は、まさに近現代において未曾有の被害をもたらし、その日を境に「日常」を失い、慣れ親しんだ土地を離れざるをえない人々を大量に生み出した。全国の学校に、被災地から避難・移住した子どもたちが通い始めている。彼（女）らの多くは、新しい環境の緊張や、危機的な生活状況への健康的な闘志によって、表面的には元気に生活しているように見えるかもしれない。しかし、その内面でどのような葛藤や防衛が働いているのかは、おそらく彼（女）ら自身にもわかっていないことが予想される。

本書において、こうした自然災害のトラウマに対する対処を詳細に説明することはしない。ただし、虐待を受けた子どもや、その他のスクールトラウマを負った子どもたちと共通する関わりの視点として、環境の継続性と安全性が何よりも重要だということのみを指摘しておきたい。そして、その環境とは、何よりも人間関係なのである。

トラウマを負った子どもは、日常的な人間関係のなかでも、しばしば特異的な反応を示す。そのことは、学校生活という面では失敗や逸脱という形で現れてくる。失敗があっても逸脱があっても、それを修正しながら、「やっぱりこの人との関係は続いていく」という感覚をもつことができるかどうかは、回復への基盤になると考えていただきたい。

対応する教職員のストレスとメンタルケアの重要性

虐待事例やいじめ問題、さらにはさまざまなトラウマを抱えた子どもに最前線で対応する教職員は、強度のストレスにさらされる。そこでは、教員が「あたり前」と考えてきた人間関係が破壊される現実がある。

およそ教職を目指すような人は、おしなべて人と接することが好きであり、教えたり感謝されることに大きな喜びを感じる傾向が強いはずである。ところが、虐待ケースとの遭遇は、やりとりの楽しさとか伝える喜びといったものからほど遠い経験を教員に与える。たとえ、子どもとの間に一定の信頼関係が築けたとしても、それで問題が解決するわけではない。今度は、子どもの訴えを通じて、その子が生きざるをえない人間関係の歪みや、悲痛な被虐待体験を共有しなければならなくなる。

あえて極端な言い方をすれば、虐待ケースに対応している教員は、虐待を受けているのである。仕事に使命感を感じ、「子どもが好き」という思いを自らの原動力にするところの大きい教員ほど、受けるダメージは大きくなる。

小学校2年生の、身体的虐待を受けている子どもの担任教員。ようやく子どもとの関係がつき始めた頃から、子どもはその教員に対して「処刑ごっこ」「葬式ごっこ」といった遊びを執拗に求めるようになってきた。さらには、教員の名前を書いた紙人形を切り刻んで埋葬するという遊びもくり返し始めた。その後、お家ごっこと称して教員を子ども役にし、罵声を浴びせかけるといった遊びも示し始めた。

それらすべてが虐待の影響であると理解していた教員は、ひたすらにこうした遊びにつき合い、耐えた。だが、ある日、限界が来た。帰宅していつもどおりに時間を過ごしているつもりでいたその教員は、突然、夫からの「何をしてるんだ！」という怒鳴り声で我に返った。彼女は、4歳になる自分の子どもの首を絞めていたのである。

図６　生徒指導上の諸課題と虐待・発達障害の関連性

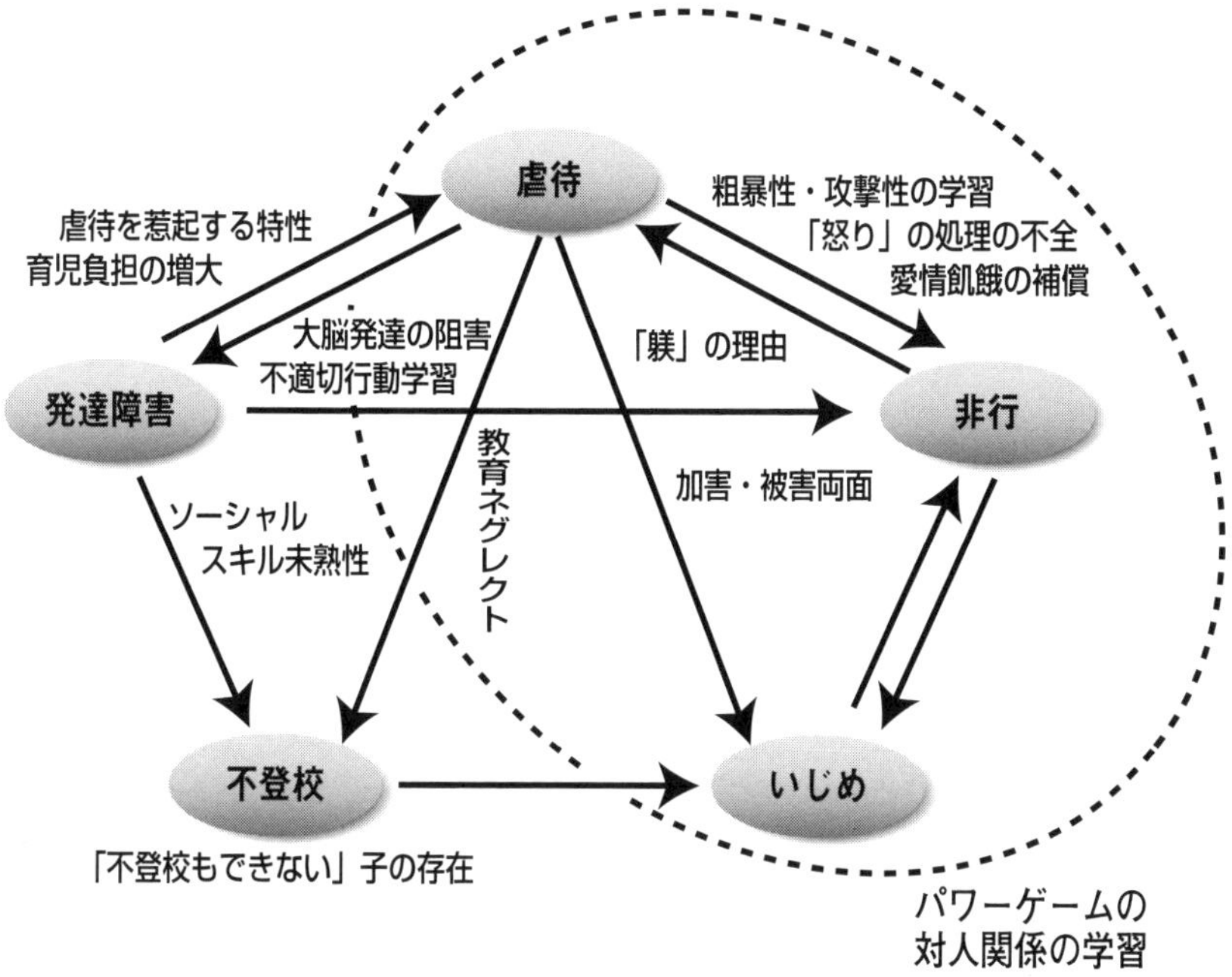

虐待と発達障害は密接に関連する。虐待を受けることで子どもの大脳発達にも非可逆的な影響が生ずる。特に前頭葉の未発達が生じることで、行動調節に困難をきたすようになる。逆に、発達障害があることで保護者の育児負担は増大する。気持ちのやりとりに困難を示す発達障害では、養育の仕方が過度にスパルタになったりする危険性もはらむことになる。

虐待によって不適切な攻撃性を学習したり、怒りの適切な表現ができなくなったりすることは、非行的な行動につながりやすくなる。また、虐待を受けた子どもの愛情飢餓感は、非行グループに入ることで擬似的に癒されることを求めることにもつながる。子どもに非行行動が見られれば、それに対する「しつけ」と称して体罰を含めた虐待的な養育が引き起こされることもある。また、発達障害をもつ場合、周囲との感情的な交流がうまくいかず、不適切な行動学習をしてしまうために結果として非行的な行動につながることもある。

虐待の一形態である教育ネグレクトは現象面では不登校そのものである。また、発達障害のために年齢相応のソーシャルスキルが獲得できていない場合には、学年進行につれて周囲との相互交渉に困難さが増して、不登校という形で集団不適応の状態に追い込まれることもある。

非行や不登校など、表面的な不適応状態が生じることで、それがいじめの理由になることもある。また、発達障害による対人関係のつたなさがいじめにつながる場合もある。虐待によって獲得したパワーゲーム的な対人関係のとり方は、いじめをする側に回る要因にもつながる。

ネグレクトと身体的虐待によってすでにチーム対応が始まっている男児を受け入れた幼稚園の教員。事前に申し送られた子どもの生育歴を読むだけで涙を流した彼女は、「この子が親から与えてもらえずにいた愛情を、全部私が与えてあげたい」と強く感じた。しかし、実際に登園してきた子どもが示すリミットテスティングに翻弄された結果、わずか1か月後に、チームの一員であったカウンセラーに対してこう訴えた。「あの子を殴るお母さんの気持ちがわかるんです。お母さんだけが悪いんじゃない。あの子には殴られても仕方がないところがあるんです」。

学校というシステムや、教職という職業は、基本的に性善説に立脚しているといえる。「思いはいつか通じる」「流した汗はいつか報われる」という考えが、ある意味で教員を支えているのである。虐待という、子どもの存在基盤そのものを脅かすような究極的な親子関係の歪みに直面すると、教員はこの支えが根底から揺さぶられるような葛藤に襲われる。真摯な対応を続けて成果をあげていながら「私は、あのお母さんの気持ちが理解できるようになるのが怖いんです」と訴えた教員がいたが、この言葉にはこうした葛藤が如実に示されている。

こう考えてくると、教職員のメンタルケアは、学校が子ども虐待の問題に対応していくうえで最重要課題の一つであるという認識に到達する。

ケース対応の困難さが、機関間連携の拙さや、知識の不足によって生じているならば、対応策は打ち出せる。しかし、ケースの特性そのものが著しい困難さの原因であれば、結局はチーム対応の体制を整えたうえで、対応する個々人の努力に頼るしかなくなるのである。残念ながら、現場をこまめに巡回しながら、虐待ケース対応で生じる教員のストレスをその都度解消していくような関わりができる機関や専門職はほとんどない。また、相談先があったとしても、現在の教員が置かれている多忙な状況は、相談に行くことすらもためらわせてしまう。メンタルケアのためのシステムづくりは重要な課題であるが、同時に、教員の自助努力によるストレスマネージメントも必要である。

ストレスマネージメントの原則

ここでは、教師の職務特性とストレスの関連や、ストレスへの対処法を体系立てて論じている中島（巻末ブックガイドを参照）[*8]を引用して、ストレスマネージメントの原則を紹介することにする。

対処法のステップ1としては、まず、ストレスがその人のものごとのとらえ方や考え方によって規定されてくるという前提に立って、自分のなかに不合理な信念がないかどうかを確認することで始まる。不合理な信念とは「自分は誰からも非難されるようなことがあってはならない」とか、「教員たるもの、親に対して憎しみを感じるようなことがあってはならない」といった思い込みのことで、本人にとってはそれが抗いがたい前提になっているために、現実が決してそのようには進まないという事実に直面すると強度のストレスを感じてしまうことになる。同僚やカウンセラーに、自分の悩みを傾聴してもらうことで、自分のなかにこうした不合理な信念があることに気づければ、そこにストレス対処の入り口があるのである。

ステップ2として、自分がストレス対処のために採用している対処行動はどんなものかということを知ることである。相談したり、問題解決のために意識的に問題から距離をとって客観性を保とうとしたり、計画を確認したりといった積極的で効果的なタイプと、ひたすらに問題になりそうな状況を回避しようとしたり、他人に責任を転嫁しようとしたり、買い物や食事、飲酒などで気を紛らわせたりするような、消極的で悪循環的なタイプがあると考えられている。自分の生活のなかでどのような対処行動がとられているのかを発見することができれば、その方法でいいのか、あるいはもっと効果的な対処方法がありうるのかを検討していくことが可能になる。

ステップ3では、今後も直面するであろうストレスを想定して、適切な回避や解消の方法を検討する。リフレッシュ法と呼ばれる活動はさまざまにあるが、その人の生活時間や地域性によって、選択しやすい方法としにくい方法があるであろう。これらを適切に選択することができれば、より効果的なストレスマネージメントが可能になるのである。

ステップ4と5は、専門機関への相談や、不幸にして不適応状態まで追い詰められた後の復職に関することがらであり、ここでは省略する。興味のある方は、巻末の文献リストを参考にしていただきたい。

筆者自身が、虐待ケースに対応していくうえで非常に重要だと考えているのは、「仕事が好きである」という感覚をもつことである。「子どもが好き」「教えるのが好き」というのは教員であれば当然の前提である。虐待ケースは、こうした前提だけでは処理できないほどのストレスと葛藤を教員にもたらす。「なぜこんな思いをしなければならないのか」「世の中はどうなってしまったのか」といった問いかけにとらわれ始めると、結論のない泥沼に入り込んだり、それこそ責任転嫁などの悪循環的な対処法に陥る危険性が高くなる。「これほどに困難な事態に道をつけるとしたらどのような技術論があればいいのか」という問いは、「仕事が好き」という感覚からこそ生じてくる。

虐待対応では、セイバーズファンタジーと呼ばれる心理機制がしばしば問題視される。これは、自分が子どもの救済者であるという思いにとらわれ過ぎたあまり、あたかも周囲の人間が自分の努力を理解しない無能者であるかのように感じてしまったり、自分ひとりでも戦い続けるという独善的なヒロイズムに陥ってしまう状態のことを示している。教員もまた、こうしたセイバーズファンタジーに陥る危険性を多分にもった職業であることを十分に認識しておくべきであろう。

研　修

学校における虐待対応というテーマは、ここ数年で各都道府県の教育センターなどを中心に研修機会が増えてきている。どのような研修でもいえることだが、大規模で一方的な講義形式の研修には限界があり、実際のケースに即した研修が不可欠になる。特に、これまで虐待関連の研修は、どうしても福祉や医療分野の講師を依頼することが多かったため、学校現場としては問題の大筋や背景は理解できても、具体的に学校という場で何ができるのかという点については踏み込み不足を感じる向きも多かったようである。

第1部で紹介した全国調査の結果にも示されているが、校内の職務によって虐待の発見や対応の観点は微妙に異なる。今後は、こうした職務に応じたきめ細やかな研修も企画されるべきであろう。また、子どもや親への直接的な対応についてだけでなく、個別ケース会議の進め方や、関係機関の特性などについての研修も必要になると思われる。その意味では、校区内に児童養護施設や児童自立支援施設がある学校であれば、それぞれの職員なり管理者が、相互に相手機関の内部研修に講師として参加し、機関の特性や日課などについて説明することもいい研修になると思われる。これ以外にも、たとえば情緒障害児短期治療施設の施設内学級に勤務した経験のある教員などを同業者講師として招くことも、同じ目線での意見交換が可能になるという意味で貴重な研修の機会になるのではないだろうか。

筆者らが参加した文部科学省の研究会議では、教員がニーズに応じて学びを深めてもらえるよう、視聴覚教材の開発に取り組んでいる。まだ配布についての見通しは立っていないが、こうした教材を活用してもらうことも研修の一助になるだろう。

本書の巻末に、文中に引用した以外にも参考になると思われる書籍をリストとして掲げてある。参考にしていただきたい。

なお、どのような問題でも同じかもしれないが、現実に子どもを目の前にしたときに、さまざまな関係機関との協議を重ねながらその対応に取り組むことこそが何よりの研修であるということはいうまでもない。

授業のなかでの虐待防止教育

本書では、虐待を受けている子どもに対して学校に何ができるのかという観点で論じてきた。しかし、虐待防止に向けた学校の活動というテーマからすれば、人権教育などを通じた将来的な虐待を防止するための教育活動も忘れてはならない。

虐待は、家庭内で生じる病理であり、授業の素材としてとりあげるにはかなりの困難を感じるだろう。子どもの年齢によっては正確な理解が得られないことも十分にありうるし、実際に虐待的な体験をしてきた子どもがいた場合には、かえってトラウマ体験を増幅させてしまう危険性も伴う。非常に慎重な姿勢と準備で行われなければ、予期しない結果を招きかねない素材である。「学校は子どもが親を告発するように指導するのか」という抗議を受けることも容易に想像できる。だが、虐待が究極的な子どもの人権侵害であることは明白であり、人権教育が避けて通ることのできない課題であることも事実なのである。どのような授業実践が可能なのか、模索はすでに始められている。「児童虐待防止指導法」の研究に入っている教育委員会もある。今後、こうした取り組みが徐々に紹介されていくことが期待される。

家庭内の虐待を直接的に扱うのではなく、もう少し一般論のレベルとして、「力によって相手を服従させることは許されない」「誰にでもイヤなことをイヤだと主張する権利はある」「感情をもつことは権利だが、その表現の仕方には責任がある」といった内容は、十分に授業素材として活用できる。

このような内容を子どもに伝えていくプログラムとしてしばしば活用されるのがＣＡＰ（Child Assault Prevention＝子どもへの暴力防止）プログラムである。ＣＡＰプログラムは、もともとアメリカでレイプ救援のために開発されたプログラムであり、日本では、一定の研修を経て養成されたＣＡＰスペシャリストと呼ばれる人たちによって全国的に活用され始めている。地域によっては、学校現場にも積極的に関わり、子どもや教職員向けのワークショップを重ねて成果をあげているグループもある。ＣＡＰプログラムそのものは勝手に流用することは許されないが、子どもに対して、自分の権利が侵害されるとはどういうことなのかということを伝えていく方法として参考にする価値は十分にある。

教育行政の課題

第1部でも紹介したとおり、改正防止法では、学校現場が虐待を受けた子どもにとって適切な教育環境を提供できるようにするための支援を教育行政に求めている。具体的にどのようなことが考えられるのか、いくつか検討しておく。

一つは、学校現場が通告をする前に気軽に相談できるような体制を築くことである。学校現場が通告に対して今もなお強いためらいを感じていることはすでに述べた。そして、これが単なる「不勉強」の結果ではなく、学校という組織の特性に関わっているのではないかという考察も紹介した。「学校だけで対応していくには、この点とこの点で困難があるのではないか」「学校にはこの部分は関与できなくて当然なので、機関連携を求めるべきではないか」「最前線に立たされている教員に対してとりあえずどのような配慮と対応をするべき段階なのか」といったことを相談できる教育行政内部の機能があれば、学校現場の困惑はかなり軽減されるであろうし、結果として不適切な抱え込みや、教員のダメージ、そして何よりも当該の子どもに取り返しのつかない悲劇が起きることを防ぐことにもつながると考えられる。

こうした機能を教育委員会のなかに位置づけるのか、学校現場に対して虐待問題に詳しい専門家を臨機応変に派遣できる仕組みとして位置づけるのか、あるいは要保護児童対策地域協議会のなかにスーパーバイザー的な機能として位置づけるのか、それは地域ごとの特性にも左右される問題であろう。

次に、人事交流の問題がある。学校現場の虐待対応力を向上させていくためには、福祉や警察の機関と教育機関との間で人事交流を設定し、各機関の特性を熟知した人間を着実に養成していくことも大きな意義がある。すでに、児童相談所と教育委員会の人事交流や、警察と学校現場の人事交流といった試みは全国各地で試みられている。

また、2002年度の全国調査で、現場教員が教育行政に何を望むかという質問をしているが、圧倒的に多かったのが人的配置に関する要望であった。虐待に詳しい専門職をカウンセラーとして配置することや、教員の加配などの要望である。人的な配置は、年度途中での柔軟な対応にもさまざまな困難があり、決して容易なことではないが、それが現場からの最大の要望であるという事実は銘記しておくべきであろう。

まとめ

✪虐待対応は学校の危機管理

ここまで、学校における子ども虐待への対応について、さまざまな観点から検討してきた。最後に、学校という組織の特性をもう一度振り返りながらまとめとしたい。

学校は、さまざまな家庭の事情が集約的にもち込まれる場である。そこでは、社会集団の特性として、一定の規範が要求される。ただし、学校という場では、この規範が「教育的観点」と呼ばれる価値観から生まれてきていて、そこでの生活すべてがこの観点から組織立てられている。そこに、「学校の常識は社会の非常識」と呼ばれるようなズレも生じる可能性がある。学校が掲げる教育的な規範が、家庭の目指す規範と食い違うということは、これまでにもいくらでもあったと思われる。ただ、かつては、「学校とはそういう所だ」というよくも悪くも学校の独自性や特殊性を認め、家庭教育と学校教育の違いを共存させていく構えが、どの家庭にも多かれ少なかれあったのかもしれない。そこに、「家庭との連携」という言葉が学校に絡むあらゆる問題についてキーワードとして登場する素地があった。

だが、こうした構えは、確実に変化してきている。「家庭の方針だから学校は口を挟むな」という考え方も広まり、給食費の滞納など、これまで当然とされてきたルールやモラルが崩れてきている。「家庭との連携」という学校教育を支えてきた基盤にひびが入り始めているといえるだろう。そして、「家庭との連携」の基盤にある価値観の共有の根本的な「ズレ」、家庭における子どもの養育という営みに関する究極の「ズレ」として、虐待の問題があると考えられるのである。

その意味で、虐待という現象がどの学校においても直面しうる問題であるという認識に立つということは――そして、それは現代においてどうしても必要な認識なのだが――学校教育の屋台骨に関わる危機的な状況なのだと考えるべきである。虐待が、子どもの発達を極度に歪ませ、生存さえ脅かす究極的な人権侵害であるという認識、それが学校教育の土台を揺るがせる問題構造をもっているという認識、そして、第11章にも述べたとおり、教員のモティベーションを大きく傷つける問題であるという認識をもてば、学校にとって虐待事例への対応は危機管理の問題であると理解されるだろう。

虐待への対応が、教職員の個人的な努力ではなく、学校という組織そのものに対して求められているという現代の要請は、虐待が危機管理の課題であると考えれば当然のことなのである。

♻異動もプラスに変える体制づくり

公立学校の場合、その組織特性として際だっているのは、人の異動の頻繁さであると思われる。転勤に限らず、担任の交代もまた子どもにとっては人の異動であることを考えれば、最大でも2年間ほどしか固定的な教師－子ども関係は続かないのが学校の仕組みである。たとえ教師が同じ人間であったとしても、学年進行につれて子どもたちはみるみる成長し、変化していく。小学校などではこの傾向はとりわけ顕著になる。つまり、学校とは人的な要素について非常に変動性の高い場なのである。

こうした「人の変化」は、虐待を受けた子どもの心理的な回復を支え、人格形成を図っていくうえではマイナス要因としてとらえられることが多い。確かに、せっかく築かれ始めた信頼関係が、人の変化とともにまた振り出しに戻ってしまった、という嘆きの声はよく聞くところである。

だが、異動の頻繁さは現状としてどうにも動かせない事実である。だとすれば、嘆くのではなく、それをなんらかの意味で強みに変えていくような発想が求められてくる。

人が変わるということがなんらかの意味でプラスになるとしたら、どのような状況が考えられるだろうか。消極的な観点からいえば、保護者や子どもとの関係が悪化した教員を交代させることで、不当な攻撃から退避させたり、ケースマネージメントの心機一転を図る、ということになるだろう。ただ、虐待をしてしまう保護者の病理性が強まるほど、自分と関わっている人の人格を全体的にとらえたりすることは困難になることが多い。「○○先生」という個人ではなく「教員」というひとくくりの認知をしてしまうのである。そのため、担任や担当者を交代させて関係改善を図ろうとしても、「教員には何を言っても無駄」「学校には何も期待していない」といった一般化された攻撃ばかりが返ってくるということもある。

実は、心理治療的には、相手が強い怒りを感じている状況というのはこちらからの治療的な操作もしやすいという面があるのだが、こうした対応は教員にとって一般的には専門外の領域に属すると思われる。チーム内の専門職や、スクールカウンセラーの支援を得ながら対処すべきであろう。

積極的なプラス面としては、新しい人間関係のなかで、これまでに獲得してきたソーシャルスキルを試し、成功することで自信を回復していく、ということが考えられる。これは、何も虐待事例に限ったことではなく、そもそも担任の交代という仕組みは、子どもにこうしたステップアップの機会を定期的に提供するという意味合いもあるのである。ただし、虐待を受けることによって対人関係の構築にさまざまな困難さをもたされてしまった子どもの場合、「総代わり」といった人間関係の変化にはやはり耐えられないこともしばしばである。そもそも、担任だけに対応させるという色合いが強いほど担任の交代の影響が大きくなるのであり、適切な校内体制が組まれていれば、「総代わり」の状況は回避できることがほとんどである。

♻思い込みの打破

教員は、子どもに対して常に仮説をもち、自らの関わりを通じてその仮説を検証している存在である。しかし、この仮説は、徐々に硬直化していき、ついには思いこみとして固まってしまうこともある。教員がひとたび「この子はいい子だ」と思い込んでしまうと、その子が何かトラブルを起こしたときには「きっと何か理由があったに違いない」と考える。しかし、ひとたび「どうしようもない悪（ワル）だ」と思いこんでしまった子どもに対しては、たとえその子が称賛に値する行動をとったとしても「どうせ何か下心があるに違いない」などと考えてしまったりするのである。ここまでくれば、教員の子どもに対する評価は仮説ではない。現実が仮説と何度食い違っても、決して仮説が修正されることはないということになってしまうのであり、もはや固定観念と呼ぶべきであろう。

１９６４年に、サンフランシスコの小学校を舞台にして、ある心理学実験が行われた。今後の学力の伸びが予測できる新タイプの検査、というふれ込みでテストが実施され、その結果と称して「数か月で学力が伸びる子」のリストが教員に渡された。実は、検査には学力の伸びを予測する効果などまったくなく、渡されたリストもランダムな抽出によるものだった。にもかかわらず、数か月後、リストアップされた子どもたちは本当に成績が向上していたのである。これは、教員がその子どもたちについては「必ず伸びる」という期待をもちながら関わったからだろうと推測され、こうした効果のことをピグマリオン効果と呼んだのである。

この実験については方法論的な批判もあるし、ピグマリオン効果そのものについても懐疑的な意見もある。しかし、教員や親が子どもに対して、なんらかの方向性をもった強い期待を抱き続けていることで、その子を期待どおりの方向に導いていくということは決してありえないことではないし、教育の世界ではこうした信念レベルの関わりが強調されることもしばしばである。

こうした信念や期待が教員に自覚されている場合にはまだいい。無自覚になってしまうと、さまざまな意味で危険になる。ときには、それは虐待を受けた子どもにとって人間不信を強化せざるをえないような「見えないバリアー」として機能してしまうかもしれない。また、第11章に述べたようなセイバーズファンタジーと呼ばれる状況に教員を追い込むことにもなりかねない。子どもと保護者に対する評価が、くり返し複数の人間によって吟味されることで、個々の教員が思い込みに陥っていくことを防ぐことが大切なのである。

✪真に非虐待的な学校生活

スクールトラウマの説明のところでも述べたが、子どもがトラウマ的な体験をするのは何も虐待の場合だけではない。なかには、人為によっては避けがたいトラウマ体験もある。だが、その一方で、少なくとも学校の責任として絶対に避けなければならないトラウマ体験もある。教員自身が加担してしまういじめや、子どもの心への無理解によって子どもに与えてしまうトラウマ体験である。

学校には規律が必要である。特定の子どもの甚大な犠牲によって他の子どもの教育が保障されるという構造は許されない。叱責や制約が子どもの人格形成にとって必要であるという点もおそらく論を俟たない。体罰が明確に禁止されているにもかかわらず、体罰の教育的効果という議論が決して止まないのはこうした考え方があるからと思われる。

虐待を受けた子どもに対して、学校は、「虐待的ではない世界がある」ということを伝えなければならない。適切な方法であれば怒りを表現することも許される世界、自分の主張を表明してもいい世界、失敗しても「次」が与えられる世界を教えなければならない。それはつまり、学校が真に「非虐待的」な環境になることを意味しているのである。

資料&ブックガイド

児童虐待の防止等に関する法律及び児童福祉法の一部を改正する法律新旧対照表

＊傍線部は改正部分

○児童虐待の防止等に関する法律（最終改正 平成一九年六月一日法律第七三号）

新（平成二〇年施行）	旧（平成一六年改正）
（目的） 第一条　この法律は、児童虐待が児童の人権を著しく侵害し、その心身の成長及び人格の形成に重大な影響を与えるとともに、我が国における将来の世代の育成にも懸念を及ぼすことにかんがみ、児童に対する虐待の禁止、児童虐待の予防及び早期発見その他の児童虐待の防止に関する国及び地方公共団体の責務、児童虐待を受けた児童の保護及び自立の支援のための措置等を定めることにより、児童虐待の防止等に関する施策を促進し、もって児童の権利利益の擁護に資することを目的とする。	（目的） 第一条　この法律は、児童虐待が児童の人権を著しく侵害し、その心身の成長及び人格の形成に重大な影響を与えるとともに、我が国における将来の世代の育成にも懸念を及ぼすことにかんがみ、児童に対する虐待の禁止、児童虐待の予防及び早期発見その他の児童虐待の防止に関する国及び地方公共団体の責務、児童虐待を受けた児童の保護及び自立の支援のための措置等を定めることにより、児童虐待の防止等に関する施策を促進することを目的とする。
（児童虐待の定義） 第二条　この法律において、「児童虐待」とは、保護者	（児童虐待の定義） 第二条　この法律において、「児童虐待」とは、保護者

（親権を行う者、未成年後見人その他の者で、児童を現に監護するものをいう。以下同じ。）がその監護する児童（十八歳に満たない者をいう。以下同じ。）について行う次に掲げる行為をいう。

一　児童の身体に外傷が生じ、又は生じるおそれのある暴行を加えること。

二　児童にわいせつな行為をすること又は児童をしてわいせつな行為をさせること。

三　児童の心身の正常な発達を妨げるような著しい減食又は長時間の放置、保護者以外の同居人による前二号又は次号に掲げる行為と同様の行為の放置その他の保護者としての監護を著しく怠ること。

四　児童に対する著しい暴言又は著しく拒絶的な対応、児童が同居する家庭における配偶者に対する暴力（配偶者（婚姻の届出をしていないが、事実上婚姻関係と同様の事情にある者を含む。）の身体に対する不法な攻撃であって生命又は身体に危害を及ぼすもの及びこれに準ずる心身に有害な影響を及ぼす言動をいう。）その他の児童に著しい心理的外傷を与える言動を行うこと。

（親権を行う者、未成年後見人その他の者で、児童を現に監護するものをいう。以下同じ。）がその監護する児童（十八歳に満たない者をいう。以下同じ。）について行う次に掲げる行為をいう。

一　児童の身体に外傷が生じ、又は生じるおそれのある暴行を加えること。

二　児童にわいせつな行為をすること又は児童をしてわいせつな行為をさせること。

三　児童の心身の正常な発達を妨げるような著しい減食又は長時間の放置、保護者以外の同居人による前二号又は次号に掲げる行為と同様の行為の放置その他の保護者としての監護を著しく怠ること。

四　児童に対する著しい暴言又は著しく拒絶的な対応、児童が同居する家庭における配偶者に対する暴力（配偶者（婚姻の届出をしていないが、事実上婚姻関係と同様の事情にある者を含む。）の身体に対する不法な攻撃であって生命又は身体に危害を及ぼすもの及びこれに準ずる心身に有害な影響を及ぼす言動をいう。）その他の児童に著しい心理的外傷を与える言動を行うこと。

（児童に対する虐待の禁止）

第三条　何人も、児童に対し、虐待をしてはならない。

（国及び地方公共団体の責務等）

第四条　国及び地方公共団体は、児童虐待の予防及び早期発見、迅速かつ適切な児童虐待を受けた児童の保護及び自立の支援（児童虐待を受けた後十八歳となった者に対する自立の支援を含む。第三項及び次条第二項において同じ。）並びに児童虐待を行った保護者に対する親子の再統合の促進への配慮その他の児童虐待を受けた児童が良好な家庭的環境で生活するために必要な配慮をした適切な指導及び支援を行うため、関係省庁相互間その他関係機関及び民間団体の間の連携の強化、民間団体の支援、医療の提供体制の整備その他児童虐待の防止等のために必要な体制の整備に努めなければならない。

2　国及び地方公共団体は、児童相談所等関係機関の職員及び学校の教職員、児童福祉施設の職員、医師、保健師、弁護士その他児童の福祉に職務上関係のある者が児童虐待を早期に発見し、その他児童虐待の防止に寄与することができるよう、研修等必要な措置を講ずるものとする。

3　国及び地方公共団体は、児童虐待を受けた児童の保護

（児童に対する虐待の禁止）

第三条　何人も、児童に対し、虐待をしてはならない。

（国及び地方公共団体の責務等）

第四条　国及び地方公共団体は、児童虐待の予防及び早期発見、迅速かつ適切な児童虐待を受けた児童の保護及び自立の支援（児童虐待を受けた後十八歳となった者に対する自立の支援を含む。第三項及び次条第二項において同じ。）並びに児童虐待を行った保護者に対する親子の再統合の促進への配慮その他の児童虐待を受けた児童が良好な家庭的環境で生活するために必要な配慮をした適切な指導及び支援を行うため、関係省庁相互間その他関係機関及び民間団体の間の連携の強化、民間団体の支援その他児童虐待の防止等のために必要な体制の整備に努めなければならない。

2　国及び地方公共団体は、児童相談所等関係機関の職員及び学校の教職員、児童福祉施設の職員、医師、保健師、弁護士その他児童の福祉に職務上関係のある者が児童虐待を早期に発見し、その他児童虐待の防止に寄与することができるよう、研修等必要な措置を講ずるものとする。

3　国及び地方公共団体は、児童虐待を受けた児童の保護

及び自立の支援を専門的知識に基づき適切に行うことができるよう、児童相談所等関係機関の職員、学校の教職員、児童福祉施設の職員その他児童虐待を受けた児童の保護及び自立の支援の職務に携わる者の人材の確保及び資質の向上を図るため、研修等必要な措置を講ずるものとする。

4　国及び地方公共団体は、児童虐待の防止に資するため、児童の人権、児童虐待が児童に及ぼす影響、児童虐待に係る通告義務等について必要な広報その他の啓発活動に努めなければならない。

5　国及び地方公共団体は、児童虐待を受けた児童がその心身に著しく重大な被害を受けた事例の分析を行うとともに、児童虐待の予防及び早期発見のための方策、児童虐待を受けた児童のケア並びに児童虐待を行った保護者の指導及び支援のあり方、学校の教職員及び児童福祉施設の職員が児童虐待の防止に果たすべき役割その他児童虐待の防止等のために必要な事項についての調査研究及び検証を行うものとする。

6　児童の親権を行う者は、児童を心身ともに健やかに育成することについて第一義的責任を有するものであって、親権を行うに当たっては、できる限り児童の利益を尊重するよう努めなければならない。

及び自立の支援を専門的知識に基づき適切に行うことができるよう、児童相談所等関係機関の職員、学校の教職員、児童福祉施設の職員その他児童虐待を受けた児童の保護及び自立の支援の職務に携わる者の人材の確保及び資質の向上を図るため、研修等必要な措置を講ずるものとする。

4　国及び地方公共団体は、児童虐待の防止に資するため、児童の人権、児童虐待が児童に及ぼす影響、児童虐待に係る通告義務等について必要な広報その他の啓発活動に努めなければならない。

5　国及び地方公共団体は、児童虐待の予防及び早期発見のための方策、児童虐待を受けた児童のケア並びに児童虐待を行った保護者の指導及び支援のあり方、学校の教職員及び児童福祉施設の職員が児童虐待の防止に果たすべき役割その他児童虐待の防止等のために必要な事項についての調査研究及び検証を行うものとする。

〔新設〕

7｜　何人も、児童の健全な成長のために、良好な家庭的環境及び近隣社会の連帯が求められていることに留意しなければならない。

（児童虐待の早期発見等）

第五条　学校、児童福祉施設、病院その他児童の福祉に業務上関係のある団体及び学校の教職員、児童福祉施設の職員、医師、保健師、弁護士その他児童の福祉に職務上関係のある者は、児童虐待を発見しやすい立場にあることを自覚し、児童虐待の早期発見に努めなければならない。

2　前項に規定する者は、児童虐待の予防その他の児童虐待の防止並びに児童虐待を受けた児童の保護及び自立の支援に関する国及び地方公共団体の施策に協力するよう努めなければならない。

3　学校及び児童福祉施設は、児童及び保護者に対して、児童虐待の防止のための教育又は啓発に努めなければならない。

（児童虐待に係る通告）

第六条　児童虐待を受けたと思われる児童を発見した者は、速やかに、これを市町村、都道府県の設置する福祉事務所

6　何人も、児童の健全な成長のために、良好な家庭的環境及び近隣社会の連帯が求められていることに留意しなければならない。

（児童虐待の早期発見等）

第五条　学校、児童福祉施設、病院その他児童の福祉に業務上関係のある団体及び学校の教職員、児童福祉施設の職員、医師、保健師、弁護士その他児童の福祉に職務上関係のある者は、児童虐待を発見しやすい立場にあることを自覚し、児童虐待の早期発見に努めなければならない。

2　前項に規定する者は、児童虐待の予防その他の児童虐待の防止並びに児童虐待を受けた児童の保護及び自立の支援に関する国及び地方公共団体の施策に協力するよう努めなければならない。

3　学校及び児童福祉施設は、児童及び保護者に対して、児童虐待の防止のための教育又は啓発に努めなければならない。

（児童虐待に係る通告）

第六条　児童虐待を受けたと思われる児童を発見した者は、速やかに、これを市町村、都道府県の設置する福祉事務所

若しくは児童相談所又は児童委員を介して市町村、都道府県の設置する福祉事務所若しくは児童相談所に通告しなければならない。

2　前項の規定による通告は、児童福祉法（昭和二十二年法律第百六十四号）第二十五条の規定による通告とみなして、同法の規定を適用する。

3　刑法（明治四十年法律第四十五号）の秘密漏示罪の規定その他の守秘義務に関する法律の規定は、第一項の規定による通告をする義務の遵守を妨げるものと解釈してはならない。

第七条　市町村、都道府県の設置する福祉事務所又は児童相談所が前条第一項の規定による通告を受けた場合においては、当該通告を受けた市町村、都道府県の設置する福祉事務所又は児童相談所の所長、所員その他の職員及び当該通告を仲介した児童委員は、その職務上知り得た事項であって当該通告をした者を特定させるものを漏らしてはならない。

第八条　市町村又は都道府県の設置する福祉事務所が第六条第一項の規定による通告を受けたときは、市町村又は福

若しくは児童相談所又は児童委員を介して市町村、都道府県の設置する福祉事務所若しくは児童相談所に通告しなければならない。

2　前項の規定による通告は、児童福祉法（昭和二十二年法律第百六十四号）第二十五条の規定による通告とみなして、同法の規定を適用する。

3　刑法（明治四十年法律第四十五号）の秘密漏示罪の規定その他の守秘義務に関する法律の規定は、第一項の規定による通告をする義務の遵守を妨げるものと解釈してはならない。

第七条　市町村、都道府県の設置する福祉事務所又は児童相談所が前条第一項の規定による通告を受けた場合においては、当該通告を受けた市町村、都道府県の設置する福祉事務所又は児童相談所の所長、所員その他の職員及び当該通告を仲介した児童委員は、その職務上知り得た事項であって当該通告をした者を特定させるものを漏らしてはならない。

第八条　市町村又は都道府県の設置する福祉事務所が第六条第一項の規定による通告を受けたときは、市町村又は福

祉事務所の長は、必要に応じ近隣住民、学校の教職員、児童福祉施設の職員その他の者の協力を得つつ、当該児童との面会その他の当該児童の安全の確認を行うための措置を講ずるとともに、必要に応じ次に掲げる措置を採るものとする。

一　児童福祉法第二十五条の七第一項第一号若しくは第二項第一号又は第二十五条の八第一号の規定により当該児童を児童相談所に送致すること。

二　当該児童のうち次条第一項の規定による出頭の求め及び調査若しくは質問、第九条第一項の規定による立入り及び調査若しくは質問又は児童福祉法第三十三条第一項若しくは第二項の規定による一時保護の実施が適当であると認めるものを都道府県知事又は児童相談所長へ通知すること。

2　児童相談所が第六条第一項の規定による通告又は児童福祉法第二十五条の七第一項第一号若しくは第二項第一号又は第二十五条の八第一号の規定による送致を受けたときは、児童相談所長は、必要に応じ近隣住民、学校の教職員、児童福祉施設の職員その他の者の協力を得つつ、当該児童との面会その他の当該児童の安全の確認を行うための措置を講ずるとともに、必要に応じ同法第三十三条第一項の規

祉事務所の長は、必要に応じ近隣住民、学校の教職員、児童福祉施設の職員その他の者の協力を得つつ、当該児童との面会その他の手段により当該児童の安全の確認を行うよう努めるとともに、必要に応じ児童福祉法第二十五条の七第一項第一号若しくは第二項第一号又十五条の八第一号の規定による児童相談所への送致を行うものとする。

2　児童相談所が第六条第一項の規定による通告又は児童福二十五条の七第一項第一号若しくは第二項第一号又は第二の八第一号の規定による送致を受けたときは、児童相談所長は必要に応じ近隣住民、学校の教職員、児童福祉施設の職員その他の者の協力を得つつ、当該児童との面会その他の手段により児童の安全の確認を行うよう努めるとともに、必要に応じ同法第三十三条第一項の規定による一時保

定による一時保護を行うものとする。 3　前二項の児童の安全の確認を行うための措置、児童相談所への送致又は一時保護を行う者は、速やかにこれを行うものとする。	護を行うものとする。 3　前二項の児童の安全の確認、児童相談所への送致又は一時保護を行う者は、速やかにこれを行うよう努めなければならない。
（出頭要求等） **第八条の二**　都道府県知事は、児童虐待が行われているおそれがあると認めるときは、当該児童の保護者に対し、当該児童を同伴して出頭することを求め、児童委員又は児童の福祉に関する事務に従事する職員をして、必要な調査又は質問をさせることができる。この場合においては、その身分を証明する証票を携帯させ、関係者の請求があったときは、これを提示させなければならない。 2　都道府県知事は、前項の規定により当該児童の保護者の出頭を求めようとするときは、厚生労働省令で定めるところにより、当該保護者に対し、出頭を求める理由となった事実の内容、出頭を求める日時及び場所、同伴すべき児童の氏名その他必要な事項を記載した書面により告知しなければならない。 3　都道府県知事は、第一項の保護者が同項の規定による出頭の求めに応じない場合は、次条第一項の規定による児	**〔新設〕**

童委員又は児童の福祉に関する事務に従事する職員の立入り及び調査又は質問その他の必要な措置を講ずるものとする。

（立入調査等）

第九条　都道府県知事は、児童虐待が行われているおそれがあると認めるときは、児童委員又は児童の福祉に関する事務に従事する職員をして、児童の住所又は居所に立ち入り、必要な調査又は質問をさせることができる。この場合においては、その身分を証明する証票を携帯させ、関係者の請求があったときは、これを提示させなければならない。

2　前項の規定による児童委員又は児童の福祉に関する事務に従事する職員の立入り及び調査又は質問は、児童福祉法第二十九条の規定による児童委員又は児童の福祉に関する事務に従事する職員の立入り及び調査又は質問とみなして、同法第六十一条の五の規定を適用する。

（再出頭要求等）

第九条の二　都道府県知事は、第八条の二第一項の保護者又は前条第一項の児童の保護者が正当な理由なく同項の規定による児童委員又は児童の福祉に関する事務に従事する

（立入調査等）

第九条　都道府県知事は、児童虐待が行われているおそれがあると認めるときは、児童委員又は児童の福祉に関する事務に従事する職員をして、児童の住所又は居所に立ち入り、必要な調査又は質問をさせることができる。この場合においては、その身分を証明する証票を携帯させなければならない。

2　前項の規定による児童委員又は児童の福祉に関する事務に従事する職員の立入り及び調査又は質問は、児童福祉法第二十九条の規定による児童委員又は児童の福祉に関する事務に従事する職員の立入り及び調査又は質問とみなして、同法第六十二条第五号の規定を適用する。

〔新設〕

職員の立入り又は調査を拒み、妨げ、又は忌避した場合において、児童虐待が行われているおそれがあると認めるときは、当該保護者に対し、当該児童を同伴して出頭することを求め、児童委員又は児童の福祉に関する事務に従事する職員をして、必要な調査又は質問をさせることができる。この場合においては、その身分を証明する証票を携帯させ、関係者の請求があったときは、これを提示させなければならない。

2　第八条の二第二項の規定は、前項の規定による出頭の求めについて準用する。

（臨検、捜索等）

第九条の三　都道府県知事は、第八条の二第一項の保護者又は第九条第一項の児童の保護者が前条第一項の規定による出頭の求めに応じない場合において、児童虐待が行われている疑いがあるときは、当該児童の安全の確認を行い又はその安全を確保するため、児童の福祉に関する事務に従事する職員をして、当該児童の住所又は居所の所在地を管轄する地方裁判所、家庭裁判所又は簡易裁判所の裁判官があらかじめ発する許可状により、当該児童の住所若しくは居所に臨検させ、又は当該児童を捜索させることができる。

〔新設〕

2　都道府県知事は、前項の規定による臨検又は捜索をさせるときは、児童の福祉に関する事務に従事する職員をして、必要な調査又は質問をさせることができる。

3　都道府県知事は、第一項の許可状（以下「許可状」という。）を請求する場合においては、児童虐待が行われている疑いがあると認められる資料、臨検させようとする住所又は居所に当該児童が現在すると認められる資料並びに当該児童の保護者が第九条第一項の規定による立入り又は調査を拒み、妨げ、又は忌避したこと及び前条第一項の規定による出頭の求めに応じなかったことを証する資料を提出しなければならない。

4　前項の請求があった場合においては、地方裁判所、家庭裁判所又は簡易裁判所の裁判官は、臨検すべき場所又は捜索すべき児童の氏名並びに有効期間、その期間経過後は執行に着手することができずこれを返還しなければならない旨、交付の年月日及び裁判所名を記載し、自己の記名押印した許可状を都道府県知事に交付しなければならない。

5　都道府県知事は、許可状を児童の福祉に関する事務に従事する職員に交付して、第一項の規定による臨検又は捜索をさせるものとする。

6　第一項の規定による臨検又は捜索に係る制度は、児童虐待が保護者がその監護する児童に対して行うものであるために他人から認知されること及び児童がその被害から自ら逃れることが困難である等の特別の事情から児童の生命又は身体に重大な危険を生じさせるおそれがあることにかんがみ特に設けられたものであることを十分に踏まえた上で、適切に運用されなければならない。

（臨検又は捜索の夜間執行の制限）

第九条の四　前条第一項の規定による臨検又は捜索は、許可状に夜間でもすることができる旨の記載がなければ、日没から日の出までの間には、してはならない。

2　日没前に開始した前条第一項の規定による臨検又は捜索は、必要があると認めるときは、日没後まで継続することができる。

（許可状の提示）

第九条の五　第九条の三第一項の規定による臨検又は捜索の許可状は、これらの処分を受ける者に提示しなければならない。

〔新設〕

〔新設〕

（身分の証明）

第九条の六　児童の福祉に関する事務に従事する職員は、第九条の三第一項の規定による臨検若しくは捜索又は同条第二項の規定による調査若しくは質問（以下「臨検等」という。）をするときは、その身分を示す証票を携帯し、関係者の請求があったときは、これを提示しなければならない。

〔新設〕

（臨検又は捜索に際しての必要な処分）

第九条の七　児童の福祉に関する事務に従事する職員は、第九条の三第一項の規定による臨検又は捜索をするに当たって必要があるときは、錠をはずし、その他必要な処分をすることができる。

〔新設〕

（臨検等をする間の出入りの禁止）

第九条の八　児童の福祉に関する事務に従事する職員は、臨検等をする間は、何人に対しても、許可を受けないでその場所に出入りすることを禁止することができる。

〔新設〕

（責任者等の立会い）

第九条の九　児童の福祉に関する事務に従事する職員は、

〔新設〕

第九条の三第一項の規定による臨検又は捜索をするときは、当該児童の住所若しくは居所の所有者若しくは管理者（これらの者の代表者、代理人その他これらの者に代わるべき者を含む。）又は同居の親族で成年に達した者を立ち会わせなければならない。

2　前項の場合において、同項に規定する者を立ち会わせることができないときは、その隣人で成年に達した者又はその他の地方公共団体の職員を立ち会わせなければならない。

（警察署長に対する援助要請等）

第十条　児童相談所長は、第八条第二項の児童の安全の確認又は一時保護を行おうとする場合において、これらの職務の執行に際し必要があると認めるときは、当該児童の住所又は居所の所在地を管轄する警察署長に対し援助を求めることができる。都道府県知事が、第九条第一項の規定による立入り及び調査若しくは質問をさせ、又は臨検等をさせようとする場合についても、同様とする。

2　児童相談所長又は都道府県知事は、児童の安全の確認及び安全の確保に万全を期する観点から、必要に応じ迅速かつ適切に、前項の規定により警察署長に対し援助を求め

（警察署長に対する援助要請等）

第十条　児童相談所長は、第八条第二項の児童の安全の確認又は一時保護を行おうとする場合において、これらの職務の執行に際し必要があると認めるときは、当該児童の住所又は居所の所在地を管轄する警察署長に対し援助を求めることができる。都道府県知事が、前条第一項の規定による立入り及び調査又は質問をさせようとする場合についても、同様とする。

2　児童相談所長又は都道府県知事は、児童の安全の確認及び安全の確保に万全を期する観点から、必要に応じ適切に、前項の規定により警察署長に対し援助を求めなければ

なければならない。 3　警察署長は、第一項の規定による援助の求めを受けた場合において、児童の生命又は身体の安全を確認し、又は確保するため必要と認めるときは、速やかに、所属の警察官に、同項の職務の執行を援助するために必要な警察官職務執行法（昭和二十三年法律第百三十六号）その他の法令の定めるところによる措置を講じさせるよう努めなければならない。	ならない。 3　警察署長は、第一項の規定による援助の求めを受けた場合において、児童の生命又は身体の安全を確認し、又は確保するため必要と認めるときは、速やかに、所属の警察官に、同項の職務の執行を援助するために必要な警察官職務執行法（昭和二十三年法律第百三十六号）その他の法令の定めるところによる措置を講じさせるよう努めなければならない。
（調書） **第十条の二**　児童の福祉に関する事務に従事する職員は、第九条の三第一項の規定による臨検又は捜索をしたときは、これらの処分をした年月日及びその結果を記載した調書を作成し、立会人に示し、当該立会人とともにこれに署名押印しなければならない。ただし、立会人が署名押印をせず、又は署名押印することができないときは、その旨を付記すれば足りる。	**〔新設〕**
（都道府県知事への報告） **第十条の三**　児童の福祉に関する事務に従事する職員は、臨検等を終えたときは、その結果を都道府県知事に報告し	**〔新設〕**

なければならない。

（行政手続法の適用除外）

第十条の四　臨検等に係る処分については、行政手続法（平成五年法律第八十八号）第三章の規定は、適用しない。

（不服申立ての制限）

第十条の五　臨検等に係る処分については、行政不服審査法（昭和三十七年法律第百六十号）による不服申立てをすることができない。

（行政事件訴訟の制限）

第十条の六　臨検等に係る処分については、行政事件訴訟法（昭和三十七年法律第百三十九号）第三十七条の四の規定による差止めの訴えを提起することができない。

（児童虐待を行った保護者に対する指導等）

第十一条　児童虐待を行った保護者について児童福祉法第二十七条第一項第二号の規定により行われる指導は、親子の再統合への配慮その他の児童虐待を受けた児童が良好な家庭的環境で生活するために必要な配慮の下に適切に行わ

〔新設〕

〔新設〕

〔新設〕

（児童虐待を行った保護者に対する指導）

第十一条　児童虐待を行った保護者について児童福祉法第二十七条第一項第二号の規定により行われる指導は、親子の再統合への配慮その他の児童虐待を受けた児童が良好な家庭的環境で生活するために必要な配慮の下に適切に行わ

れなければならない。

2　児童虐待を行った保護者について児童福祉法第二十七条第一項第二号の措置が採られた場合においては、当該保護者は、同号の指導を受けなければならない。

3　前項の場合において保護者が同項の指導を受けないときは、都道府県知事は、当該保護者に対し、同項の指導を受けるよう勧告することができる。

4　都道府県知事は、前項の規定による勧告を受けた保護者が当該勧告に従わない場合において必要があると認めるときは、児童相談所長をして児童福祉法第三十三条第二項の規定により児童に一時保護を加えさせ又は適当な者に一時保護を加えることを委託させ、同法第二十七条第一項第三号又は第二十八条第一項の規定による措置を採る等の必要な措置を講ずるものとする。

5　児童相談所長は、第三項の規定による勧告を受けた保護者が当該勧告に従わず、その監護する児童に対し親権を行わせることが著しく当該児童の福祉を害する場合には、必要に応じて、適切に、児童福祉法第三十三条の六の規定による請求を行うものとする。

れなければならない。

2　児童虐待を行った保護者について児童福祉法第二十七条第一項第二号の措置が採られた場合においては、当該保護者は、同号の指導を受けなければならない。

3　前項の場合において保護者が同項の指導を受けないときは、都道府県知事は、当該保護者に対し、同項の指導を受けるよう勧告することができる。

（面会等の制限等）

第十二条　児童虐待を受けた児童について児童福祉法第二十七条第一項第三号の措置（以下「施設入所等の措置」という。）が採られ、又は同法第三十三条第一項若しくは第二項の規定による一時保護が行われた場合において、児童虐待の防止及び児童虐待を受けた児童の保護のため必要があると認めるときは、児童相談所長及び当該児童について施設入所等の措置が採られている場合における当該施設入所等の措置に係る同号に規定する施設の長は、厚生労働省令で定めるところにより、当該児童虐待を行った保護者について、次に掲げる行為の全部又は一部を制限することができる。

一　当該児童との面会

二　当該児童との通信

2　前項の施設の長は、同項の規定による制限を行った場合又は行わなくなった場合は、その旨を児童相談所長に通知するものとする。

3　児童虐待を受けた児童について施設入所等の措置（児童福祉法第二十八条の規定によるものに限る。）が採られ、又は同法第三十三条第一項若しくは第二項の規定による一時保護が行われた場合において、当該児童虐待を行った保

（面会又は通信の制限等）

第十二条　児童虐待を受けた児童について児童福祉法第二十七条第一項第三号の措置（以下「施設入所等の措置」という。）（同法第二十八条の規定によるものに限る。）が採られた場合においては、児童相談所長又は同号に規定する施設の長は、児童虐待の防止及び児童虐待を受けた児童の保護の観点から、当該児童虐待を行った保護者について当該児童との面会又は通信を制限することができる。

護者に対し当該児童の住所又は居所を明らかにしたとすれば、当該保護者が当該児童を連れ戻すおそれがある等再び児童虐待が行われるおそれがあり、又は当該児童の保護に支障をきたすと認めるときは、児童相談所長は、当該保護者に対し、当該児童の住所又は居所を明らかにしないものとする。

第十二条の二　児童虐待を受けた児童について施設入所等の措置（児童福祉法第二十八条の規定によるものを除く。以下この項において同じ。）が採られた場合において、当該児童虐待を行った保護者に当該児童を引き渡した場合には再び児童虐待が行われるおそれがあると認められるにもかかわらず、当該保護者が当該児童の引渡しを求めること、当該保護者が前条第一項の規定による制限に従わないことその他の事情から当該児童について当該施設入所等の措置を採ることが当該保護者の意に反し、これを継続することが困難であると認めるときは、児童相談所長は、次項の報告を行うに至るまで、同法第三十三条第一項の規定により当該児童に一時保護を行うことができる。

2　児童相談所長は、前項の一時保護を行った場合には、速やかに、児童福祉法第二十六条第一項第一号の規定に基

第十二条の二　児童虐待を受けた児童について施設入所等の措置（児童福祉法第二十八条の規定によるものを除く。）が採られた場合において、当該児童虐待を行った保護者が当該児童の引渡し又は当該児童との面会若しくは通信を求め、かつ、これを認めた場合には再び児童虐待が行われ、又は児童虐待を受けた児童の保護に支障をきたすと認めるときは、児童相談所長は、次項の報告を行うに至るまで、同法第三十三条第一項の規定により児童に一時保護を行うことができる。

2　児童相談所長は、前項の一時保護を行った場合には、速やかに、児童福祉法第二十六条第一項第一号の規定に基

づき、同法第二十八条の規定による施設入所等の措置を要する旨を都道府県知事に報告しなければならない。

第十二条の三　児童相談所長は、児童福祉法第三十三条第一項の規定により児童虐待を受けた児童について一時保護を行っている場合（前条第一項の一時保護を行っている場合を除く。）において、当該児童について施設入所等の措置を要すると認めるときであって、当該児童虐待を行った保護者に当該児童を引き渡した場合には再び児童虐待が行われるおそれがあると認められるにもかかわらず、当該保護者が当該児童の引渡しを求めること、当該保護者が第十二条第一項の規定による制限に従わないことその他の事情から当該児童について施設入所等の措置を採ることが当該保護者の意に反すると認めるときは、速やかに、同法第二十六条第一項第一号の規定に基づき、同法第二十八条の規定による施設入所等の措置を要する旨を都道府県知事に報告しなければならない。

第十二条の四　都道府県知事は、児童虐待を受けた児童について施設入所等の措置（児童福祉法第二十八条の規定によるものに限る。）が採られ、かつ、第十二条第一項の規

づき、同法第二十八条の規定による施設入所等の措置を要する旨を都道府県知事に報告しなければならない。

定により、当該児童虐待を行った保護者について、同項各号に掲げる行為の全部が制限されている場合において、児童虐待の防止及び児童虐待を受けた児童の保護のため特に必要があると認めるときは、厚生労働省令で定めるところにより、六月を超えない期間を定めて、当該保護者に対し、当該児童の住所若しくは居所、就学する学校その他の場所において当該児童の身辺につきまとい、又は当該児童の住所若しくは居所、就学する学校その他その通常所在する場所（通学路その他の当該児童が日常生活又は社会生活を営むために通常移動する経路を含む。）の付近をはいかいしてはならないことを命ずることができる。

2　都道府県知事は、前項に規定する場合において、引き続き児童虐待の防止及び児童虐待を受けた児童の保護のため特に必要があると認めるときは、六月を超えない期間を定めて、同項の規定による命令に係る期間を更新することができる。

3　都道府県知事は、第一項の規定による命令をしようとするとき（前項の規定により第一項の規定による命令に係る期間を更新しようとするときを含む。）は、行政手続法第十三条第一項の規定による意見陳述のための手続の区分にかかわらず、聴聞を行わなければならない。

4　第一項の規定による命令をするとき（第二項の規定により第一項の規定による命令に係る期間を更新するときを含む。）は、厚生労働省令で定める事項を記載した命令書を交付しなければならない。

5　第一項の規定による命令が発せられた後に児童福祉法第二十八条の規定による施設入所等の措置が解除され、停止され、若しくは他の措置に変更された場合又は第十二条第一項の規定による制限の全部又は一部が行われなくなった場合は、当該命令は、その効力を失う。同法第二十八条第四項の規定により引き続き施設入所等の措置が採られている場合において、第一項の規定による命令が発せられたときであって、当該命令に係る期間が経過する前に同条第二項の規定による当該施設入所等の措置の期間の更新に係る承認の申立てに対する審判が確定したときも、同様とする。

6　都道府県知事は、第一項の規定による命令をした場合において、その必要がなくなったと認めるときは、厚生労働省令で定めるところにより、その命令を取り消さなければならない。

（施設入所等の措置の解除）

第十三条　都道府県知事は、児童虐待を受けた児童について施設入所等の措置が採られ、及び当該児童の保護者について児童福祉法第二十七条第一項第二号の措置が採られた場合において、当該児童について採られた施設入所等の措置を解除しようとするときは、当該児童の保護者について同号の指導を行うこととされた児童福祉司等の意見を聴くとともに、当該児童の保護者に対し採られた当該指導の効果、当該児童に対し再び児童虐待が行われることを予防するために採られる措置について見込まれる効果その他厚生労働省令で定める事項を勘案しなければならない。

（児童虐待を受けた児童等に対する支援）

第十三条の二　市町村は、児童福祉法第二十四条第三項の規定により保育所に入所する児童を選考する場合には、児童虐待の防止に寄与するため、特別の支援を要する家庭の福祉に配慮をしなければならない。

2　国及び地方公共団体は、児童虐待を受けた児童がその年齢及び能力に応じ充分な教育が受けられるようにするため、教育の内容及び方法の改善及び充実を図る等必要な施策を講じなければならない。

（児童福祉司等の意見の聴取）

第十三条　都道府県知事は、児童虐待を受けた児童について施設入所等の措置が採られ、及び当該児童の保護者について児童福祉法第二十七条第一項第二号の措置が採られた場合において、当該児童について採られた施設入所等の措置を解除しようとするときは、当該児童の保護者について同号の指導を行うこととされた児童福祉司等の意見を聴かなければならない。

（児童虐待を受けた児童等に対する支援）

第十三条の二　市町村は、児童福祉法第二十四条第三項の規定により保育所に入所する児童を選考する場合には、児童虐待の防止に寄与するため、特別の支援を要する家庭の福祉に配慮をしなければならない。

2　国及び地方公共団体は、児童虐待を受けた児童がその年齢及び能力に応じ充分な教育が受けられるようにするため、教育の内容及び方法の改善及び充実を図る等必要な施策を講じなければならない。

3　国及び地方公共団体は、居住の場所の確保、進学又は就業の支援その他の児童虐待を受けた者の自立の支援のための施策を講じなければならない。 **（資料又は情報の提供）** **第十三条の三**　地方公共団体の機関は、市町村長、都道府県の設置する福祉事務所の長又は児童相談所長から児童虐待に係る児童又はその保護者の心身の状況、これらの者の置かれている環境その他児童虐待の防止等に係る当該児童、その保護者その他の関係者に関する資料又は情報の提供を求められたときは、当該資料又は情報について、当該市町村長、都道府県の設置する福祉事務所の長又は児童相談所長が児童虐待の防止等に関する事務又は業務の遂行に必要な限度で利用し、かつ、利用することに相当の理由があるときは、これを提供することができる。ただし、当該資料又は情報を提供することによって、当該資料又は情報に係る児童、その保護者その他の関係者又は第三者の権利利益を不当に侵害するおそれがあると認められるときは、この限りでない。	3　国及び地方公共団体は、居住の場所の確保、進学又は就業の支援その他の児童虐待を受けた者の自立の支援のための施策を講じなければならない。 **〔新設〕**

（都道府県児童福祉審議会等への報告）

第十三条の四　都道府県知事は、児童福祉法第八条第二項に規定する都道府県児童福祉審議会（同条第一項ただし書に規定する都道府県にあっては、地方社会福祉審議会）に、第九条第一項の規定による立入り及び調査又は質問、臨検等並びに児童虐待を受けた児童に行われた同法第三十三条第一項又は第二項の規定による一時保護の実施状況、児童の心身に著しく重大な被害を及ぼした児童虐待の事例その他の厚生労働省令で定める事項を報告しなければならない。

（親権の行使に関する配慮等）

第十四条　児童の親権を行う者は、児童のしつけに際して、その適切な行使に配慮しなければならない。

2　児童の親権を行う者は、児童虐待に係る暴行罪、傷害罪その他の犯罪について、当該児童の親権を行う者であることを理由として、その責めを免れることはない。

（親権の喪失の制度の適切な運用）

第十五条　民法（明治二十九年法律第八十九号）に規定する親権の喪失の制度は、児童虐待の防止及び児童虐待を受けた児童の保護の観点からも、適切に運用されなければな

〔新設〕

（親権の行使に関する配慮等）

第十四条　児童の親権を行う者は、児童のしつけに際して、その適切な行使に配慮しなければならない。

2　児童の親権を行う者は、児童虐待に係る暴行罪、傷害罪その他の犯罪について、当該児童の親権を行う者であることを理由として、その責めを免れることはない。

（親権の喪失の制度の適切な運用）

第十五条　民法（明治二十九年法律第八十九号）に規定する親権の喪失の制度は、児童虐待の防止及び児童虐待を受けた児童の保護の観点からも、適切に運用されなければな

らない。

（大都市等の特例）

第十六条　この法律中都道府県が処理することとされている事務で政令で定めるものは、地方自治法（昭和二十二年法律第六十七号）第二百五十二条の十九第一項の指定都市（以下「指定都市」という。）及び同法第二百五十二条の二十二第一項の中核市（以下「中核市」という。）並びに児童福祉法第五十九条の四第一項に規定する児童相談所設置市においては、政令で定めるところにより、指定都市若しくは中核市又は児童相談所設置市（以下「指定都市等」という。）が処理するものとする。この場合においては、この法律中都道府県に関する規定は、指定都市等に関する規定として指定都市等に適用があるものとする。

（罰則）

第十七条　第十二条の四第一項の規定による命令（同条第二項の規定により同条第一項の規定による命令に係る期間が更新された場合における当該命令を含む。）に違反した者は、一年以下の懲役又は百万円以下の罰金に処する。

らない。

（大都市等の特例）

第十六条　この法律中都道府県が処理することとされている事務で政令で定めるものは、地方自治法（昭和二十二年法律第六十七号）第二百五十二条の十九第一項の指定都市（以下「指定都市」という。）及び同法第二百五十二条の二十二第一項の中核市（以下「中核市」という。）並びに児童福祉法第五十九条の四第一項に規定する児童相談所設置市においては、政令で定めるところにより、指定都市若しくは中核市又は児童相談所設置市（以下「指定都市等」という。）が処理するものとする。この場合においては、この法律中都道府県に関する規定は、指定都市等に関する規定として指定都市等に適用があるものとする。

〔新設〕

要保護児童対策地域協議会設置・運営指針について

虐待を受けている子どもを始めとする要保護児童の早期発見や適切な保護を図るためには、関係機関がその子ども等に関する情報や考え方を共有し、適切な連携の下で対応していくことが重要である。

このような多数の関係機関の円滑な連携・協力を確保するためには、運営の中核となって関係機関相互の連携や役割分担の調整を行う機関の明確化や、円滑な情報の提供を図るための個人情報保護の要請と関係機関における情報共有の関係の明確化が必要である。

このような背景を踏まえ、「児童福祉法の一部を改正する法律」（平成16年法律第１５３号）により、要保護児童等に関し、関係者間で情報の交換と支援の協議を行う機関として「要保護児童対策地域協議会」を法的に位置づけるとともに、その運営の中核となる調整機関を置くことや、地域協議会の構成員に守秘義務を課すこととされたところである。

地方公共団体は、この要保護児童対策地域協議会を設置することができることとされたところであるが、すべての子どもが心身ともに健やかに育ち、その持てる力を最大限に発揮することができるようにするためには、この要保護児童対策地域協議会の円滑な設置と適切な運営が図られることが必要不可欠である。

このため、今般、厚生労働省、警察庁、法務省及び文部科学省の関係局が連携して、「要保護児童対策地域協議会設置・運営指針」を別添１（後述）のとおり作成したので、この指針を踏まえつつ、地域の実情に応じて要保護児童対策地域協議会が設置・運営されるよう、その内容についてご了知いただくとともに、管内の市町村並びに関係機関及び関係団体等に周知を図られたい。

特に、要保護児童対策地域協議会が実質的に機能するためには、関係機関との適切な連携が不可欠である。主な関係機関等の概要及び関係機関等の連携については、「市町村児童家庭相談援助指針」（平成17年2月14日雇児発第0214002号）第5章（別添2　本資料では省略）のとおりであるので、当該指針を踏まえつつ、関係機関と適切な連携に努められたい。なお、「要保護児童対策地域協議会設置・運営指針」は、警察庁から各都道府県警察等へ、法務省から全国の法務局・地方法務局へ、文部科学省から各都道府県・指定都市教育委員会等へそれぞれ送付される予定であることを申し添える。また、この通知は、地方自治法（昭和22年法律第67号）第245条の4第1項の規定に基づく技術的な助言である。

要保護児童対策地域協議会設置・運営指針

第1章　要保護児童対策地域協議会とは

1　平成16年度児童福祉法改正法の基本的な考え方

(1)虐待を受けている子どもを始めとする要保護児童（児童福祉法（昭和22年法律第164号。以下「児福法」という。）第6条の3に規定する要保護児童をいう。以下同じ。）の早期発見や適切な保護を図るためには、関係機関がその子ども等に関する情報や考え方を共有し、適切な連携の下で対応していくことが重要であるが、こうした多数の関係機関の円滑な連携・協力を確保するためには、

①運営の中核となって関係機関相互の連携や役割分担の調整を行う機関を明確にするなどの責任体制の明確化

②関係機関からの円滑な情報の提供を図るための個人情報保護の要請と関係機関における情報共有の関係の明確化

が必要である。

(2)このため、児童福祉法の一部を改正する法律（平成16年法律第153号。以下「平成16年児童福祉法改正法」という。）においては以下の規定が整備された。

①地方公共団体は、要保護児童の適切な保護を図るため、関係機関等により構成され、要保護児童及びその保護者（以下「要保護児童等」という。）に関する情報の交換や支援内容の協議を行う要保護児童対策地域協議会（以下「地域協議会」という。）を置くことができる。

②地域協議会を設置した地方公共団体の長は、地域協議会を構成する関係機関等のうちから、地域協議会の運営の中核となり、要保護児童等に対する支援の実施状況の把握や関係機関等との連絡調整を行う要保護児童対策調整機関を

指定する。

③地域協議会を構成する関係機関等に対し守秘義務を課すとともに、地域協議会は、要保護児童等に関する情報の交換や支援内容の協議を行うため必要があると認めるときは、関係機関等に対して資料又は情報の提供、意見の開陳その他必要な協力を求めることができる。

(3)こうした改正により、

①関係機関のはざまで適切な支援が行われないといった事例の防止や、

②医師や地方公務員など、守秘義務が存在すること等から個人情報の提供に躊躇があった関係者からの積極的な情報提供

が図られ、要保護児童の適切な保護に資することが期待される。

特に、地域協議会を構成する関係機関等に守秘義務が課せられたことにより、民間団体をはじめ、法律上の守秘義務が課せられていなかった関係機関等の積極的な参加と、積極的な情報交換や連携が期待されるところである。

(4)なお、平成16年児童福祉法改正法においては、地域協議会の設置は義務付けられていないが、こうした関係機関等の連携による取組が要保護児童への対応に効果的であることから、その法定化等の措置が講じられたものである。また、参議院厚生労働委員会の附帯決議においても、「全市町村における要保護児童対策地域協議会の速やかな設置を目指す」こととされているところである。これらの経緯を踏まえ、市町村における地域協議会の設置促進と活動内容の充実に向けた支援に努めるものとする。

2　要保護児童対策地域協議会の意義

地域協議会においては、地域の関係機関等が子どもやその家庭に関する情報や考え方を共有し、適切な連携の下で対応していくこととなるため、以下のような利点がある。

①要保護児童等を早期に発見することができる。

②要保護児童等に対し、迅速に支援を開始することができる。

③各関係機関等が連携を取り合うことで情報の共有化が図られる。

④情報の共有化を通じて、それぞれの関係機関等の間で、それぞれの役割分担について共通の理解を得ることができる。

⑤関係機関等の役割分担を通じて、それぞれの機関が責任

をもって関わることのできる体制づくりができる。
⑥情報の共有化を通じて、関係機関等が同一の認識の下に、役割分担しながら支援を行うため、支援を受ける家庭にとってより良い支援が受けられやすくなる。
⑦関係機関等が分担をしあって個別の事例に関わることで、それぞれの機関の限界や大変さを分かち合うことができる。

3　対象児童

地域協議会の対象児童は、児福法第6条の3に規定する「要保護児童（保護者のない児童又は保護者に監護させることが不適当であると認められる児童）」であり、虐待を受けた子どもに限られず、非行児童なども含まれる。

4　関係するネットワーク等

3のとおり、地域協議会の対象児童は、虐待を受けた子どもに限られず、非行児童なども含まれる。

少年非行問題を扱うネットワークとしては、地域協議会の他に、学校・教育委員会が調整役となっているネットワークや、警察が調整役になっているネットワークも存在するが、これら3つのネットワークは、それぞれ、中心となって活動する機関やケースに取り組む際の視点・手法が異なっていると思われる。実際に少年非行ケースを扱う際には、ケースごとにその子どもが抱える問題に最も適切に対応できるネットワークを活用することが望ましいことから、地域協議会としても、日頃から、関係するネットワークとの連携・協力に努めるものとする。

なお、これら3つのネットワークの構成メンバーは重複する場合も少なくないと思われることから、地域の実情を踏まえつつ、運営の効率化を図るとともに、地域住民に使い勝手の良いものとなるよう適切に対応すること。

また、各種の子育て支援事業を有効に活用し、子どもや家庭に適切な支援を行う観点から、子育て支援事業の調整を行う子育て支援コーディネーターの確保・育成を図るとともに、日頃から、同コーディネーターとの連携・協力に努めていくことが必要である。

第2章　要保護児童対策地域協議会の設立

1　設置主体

(1)地域協議会の設置主体は地方自治法第1条の3に規定する地方公共団体であり、普通地方公共団体である市町村及び都道府県のほか、特別地方公共団体である特別区や地方公共団体の組合（一部事務組合や広域連合）等も含まれる。

⑵地域協議会は、個別の要保護児童等に関する情報交換や支援内容の協議を行うことから、基本的には住民に身近な市町村が設置主体となると考えられるが、地域の実情に応じて複数の市町村が共同で設置することも考えられる。

なお、こうした複数の市町村による共同設置については、一部事務組合や広域連合を設けることなく、事実上共同で設置することも可能である。

2　構成員

地域協議会の構成員は児福法第25条の2第1項に規定する「関係機関、関係団体及び児童の福祉に関連する職務に従事する者その他の関係者」であり、具体的には以下の者が想定されるが、これに限らず、地域の実情に応じて幅広い者を参加させることが可能である。なお、主な関係機関等の概要については、「市町村児童家庭相談援助指針」（平成17年2月14日雇児発第０２１４００２号）第5章を参照のこと。

また、関係機関等の地域協議会への参加に際しては、地域協議会の業務内容や構成員に課せられる守秘義務等について、その内容や違反した場合の罰則等について、あらかじめ説明しておくことが適当である。

【児童福祉関係】
- 市町村の児童福祉、母子保健等の担当部局
- 児童相談所
- 福祉事務所（家庭児童相談室）
- 保育所（地域子育て支援センター）
- 児童養護施設等の児童福祉施設
- 児童家庭支援センター
- 里親
- 児童館
- 民生・児童委員協議会、主任児童委員、民生・児童委員
- 社会福祉士
- 社会福祉協議会

【保健医療関係】
- 市町村保健センター
- 保健所
- 地区医師会、地区歯科医師会、地区看護協会
- 医療機関
- 医師、歯科医師、保健師、助産師、看護師

●精神保健福祉士
●カウンセラー（臨床心理士等）

【教育関係】
●教育委員会
●幼稚園、小学校、中学校、高等学校、盲学校、ろう学校、養護学校等の学校

【警察・司法関係】
●警察（警視庁及び道府県警察本部・警察署）
●弁護士会、弁護士

【人権擁護関係】
●法務局
●人権擁護委員

【配偶者からの暴力関係】
●配偶者暴力相談センター等配偶者からの暴力に対応している機関

【その他】
●ＮＰＯ
●ボランティア
●民間団体

3　設立準備

⑴準備会、勉強会の開催

関係機関によって、地域協議会に対する期待やイメージは、当初ばらつきがあるため、地域協議会を設立させるには、事前に十分な協議、調整が必要となる。

なお、関係機関等の地域協議会への参加に際しては、地域協議会の業務内容や構成員に課せられる守秘義務等について、その内容や違反した場合の罰則等について、あらかじめ説明しておくことが適当である。

このため、地域協議会の中心となる機関（事務局）による準備会や勉強会を開催し、地域協議会運営の骨格部分について協議、調整しておくことが必要である。

⑵要綱の作成

児福法上、地域協議会の組織及び運営に関し必要な事項は、地域協議会が定めることとされており（児福法第25条の4）、地域協議会の設立に先立ち、この内容を関係機関等の間で協議、調整しておく必要がある。

また、この内容については、設立運営要綱等として文書化、制度化しておくことが適当である。

要綱の内容は、地域の実情に応じたものとなるが、①目的、②事業内容、③組織（構成員、要保護児童対策調整機

関等）、④運営、⑤守秘義務、⑥事務局等が考えられる。

①目的

●児福法上、地域協議会は、要保護児童の適切な保護を図ることを目的とするものとされている。（児福法第25条の2第1項）

②事業内容

●児福法上、地域協議会は、要保護児童の適切な保護を図るために必要な情報の交換を行うとともに、要保護児童等に対する支援の内容に関する協議を行うものとされている。（児福法第25条の2第2項）

③組織（構成員、要保護児童対策調整機関等）

●構成員については、上記2に例示した関係機関等に限らず、地域の実情に応じて幅広い者を参加させることが可能である。

●任意団体（法人格を有しない団体）の構成員については、全て個人の資格で参加することとなることに注意すること。

●要保護児童対策調整機関の具体的な役割については、第4章の3を参照のこと。

●実務的な活動をする部会等の設置などを規定することも考えられる。

④運営

●例えば以下のような事項を記載することが考えられる。

●会議の議事は、出席委員の過半数で決する旨

●代表者会議を定期的に開催する旨

●必要に応じて個別ケース検討会議を開催する旨

●必要に応じて、関係機関等に対し、資料又は情報の提供、意見の開陳その他必要な協力を求めることができる旨

⑤守秘義務

●構成員及び構成員であった者には、地域協議会の職務に関し知り得た秘密を漏らしてはならない義務がある。（児福法第25条の5）

●このため、地域協議会の構成員以外の者と連携を図る際には、この義務との関係に留意した対応が必要である。

●この義務に違反した場合には、1年以下の懲役又は50万円以下の罰金に処される。（児福法第61条の3）

⑥事務局

●地域協議会の庶務は、○○において処理する旨記載することが考えられる。

⑦その他

●この要綱に定めるもののほか、地域協議会の運営につい

て必要な事項は、別に定める旨を記載することが考えられる。

4　公示

(1)地方公共団体の長は、地域協議会を設置したときは、厚生労働省令で定めるところにより、その旨を公示しなければならない（児福法第25条の2第3項）。

(2)具体的には、

①地域協議会を設置した旨

②当該地域協議会の名称

③当該地域協議会に係る要保護児童対策調整機関の名称

④当該地域協議会を構成する関係機関等の名称等

⑤関係機関等ごとの児福法第25条の5第1号から第3号までのいずれに該当するかの別（「国又は地方公共団体の機関」、「法人」、「その他の者」のいずれに該当するかの別）

を公示することが必要である。

(3)ただし、要保護児童対策調整機関に名簿を設置した場合については、個人資格での参加者（児福法第25条の5第3号の資格で参加している者）については、「○○市長が指定する者」という形で公示することが可能であるので、この方法を積極的に活用することとし、原則として個人名を公示することのないようにすることが適当である。①守秘義務を課せられている対象者を特定する必要があること、②守秘義務は構成員及び構成員であった者に課せられていることから、名簿は常に最新のものとしておくとともに、過去の名簿についても保存しておく必要がある。

(4)なお、「国又は地方公共団体の機関」又は「法人」以外の構成員（児福法第25条の3第3号の資格で参加している者）は、全て個人の資格で参加することとなり、任意団体の構成員という形で参加することはできないので、留意すること。

第3章　要保護児童対策地域協議会の運営

1　業務

(1)地域協議会は、要保護児童等に関する情報その他要保護児童の適切な保護を図るために必要な情報の交換を行うとともに、要保護児童等に対する支援の内容に関する協議を行う（児福法第25条の2第2項）。

(2)地域協議会については、個別の要保護児童等に関する情報交換や支援内容の協議を行うことを念頭に、要保護児童対策調整機関や地域協議会の構成員に対する守秘義務が設けられており、個別の事例について担当者レベルで適時検討する会議（個別ケース検討会議）を積極的に開催することはもとより、構成員の代表者による会議（代表者会議）や実務担当者による会議（実務者会議）を開催することが期待される。

現在、市町村で取組が進みつつある児童虐待防止ネットワークについては、市町村の規模や児童家庭相談体制にもよるが、以上のような三層構造となっていることが多い。

【代表者会議】

●地域協議会の構成員の代表者による会議であり、実際の担当者で構成される実務者会議が円滑に運営されるための環境整備を目的として、年に1～2回程度開催される。

●ネットワークを構成する関係機関の円滑な連携を確保するためには、各関係機関の責任者（管理職）の理解と協力が不可欠であり、実務者レベルにとどまらず、責任者（管理職）レベルでの連携を深めることで、関係機関等の共通認識が醸成されるとともに、実務者レベルで人事異動があった場合においても、責任者（管理職）の理解があれば、連携の継続性が保たれ、支援の質の低下を最低限に抑えることが可能となる。

●会議における協議事項としては例えば次のようなものが考えられる。

①要保護児童等の支援に関するシステム全体の検討

②実務者会議からの地域協議会の活動状況の報告と評価

【実務者会議】

●実務者会議は、実際に活動する実務者から構成される会議であり、会議における協議事項としては例えば次のようなものが考えられる。

①定例的な情報交換や、個別ケース検討会議で課題となった点の更なる検討

②要保護児童等の実態把握や、支援を行っている事例の総合的な把握

③要保護児童対策を推進するための啓発活動

④地域協議会の年間活動方針の策定、代表者会議への報告

【個別ケース検討会議】

●個別の要保護児童について、その児童に直接関わりを有している担当者や今後関わりを有する可能性がある関係機

関等の担当者により、当該児童に対する具体的な支援の内容等を検討するために適時開催される。その対象は、当然のことながら、虐待を受けた子どもに限られるものではない。

●個別ケース検討会議の構成員も、地域協議会の構成員である以上、守秘義務が課せられているので、関係機関等の間で積極的な情報提供を行い、要保護児童に対する具体的な支援の内容等を検討することが期待される。

●会議における協議事項としては次のようなものが考えられる。

①要保護児童の状況の把握や問題点の確認
②支援の経過報告及びその評価、新たな情報の共有
③援助方針の確立と役割分担の決定及びその認識の共有
④事例の主担当機関とキーパーソン（主たる援助者）の決定
⑤実際の援助、支援方法、支援スケジュール（支援計画）の検討
⑥次回会議（評価及び検討）の確認

●なお、各関係機関の役割分担や次回会議の日程等、個別ケース検討会議で決定した事項については、記録するとともに、その内容を関係機関等で共有することが重要である。

(3)市町村の規模や関係者の市町村の規模や関係機関の多寡等によっては、幅広い関係機関を構成員とし、代表者会議や実務者会議への参加を通じて問題意識の共有や必要に応じ的確な対応を取るための体制の確保を図りつつ、個別ケース検討会議については、対象とするケースの性質に応じて参加機関等を選定することも考えられる。

例えば、教育関係機関については、代表者会議には教育委員会のみが出席し、会議において提供された情報については教育委員会から各小学校、中学校等に周知することとしつつ、個別ケース検討会議には、教育委員会に加え、検討の対象となるケースに直接関係する学校等の関係者を参加させるといった手法も考えられる。

また、地域協議会の対象は、虐待を受けている子どものほか、非行児童や障害児なども含まれることも踏まえ、虐待、非行、障害などの分科会を設けて対応することも考えられる。

(4)個別ケース検討会議への個別の要保護児童等に関する情報の提供については、あらかじめ子どもや保護者の理解を得ておくことが望ましいが、その子どもの保護のために特

に必要がある場合であって、これらの者の理解を得ることが困難であるときはこの限りではない。

(5)地域協議会は、施設から一時的に帰宅した子どもや、施設を退所した子ども等に対する支援に積極的に取り組むことも期待されているところであり、児童相談所や児童福祉施設等と連携を図り、施設に入所している子どもの養育状況を適宜把握するなど、一時的に帰宅した際や退所後の支援の円滑な実施に向けた取り組みを実施することが期待される。

(6)また、支援が必要であるにもかかわらず、連絡先等が不明となってしまった子どもや保護者等に関する情報を共有し、これらの者を早期に発見し、必要な支援を行うことも期待される。

2　相談から支援に至るまでの流れ

個別の相談、通報から支援に至るまでの具体的な流れについては、地域の実情に応じて様々な形態により運営されることとなるが、一つのモデルを示すと以下のとおりとなる。

【相談、通報受理】

● 関係機関等や地域住民からの要保護児童の相談、通報は事務局が集約する。

● 事務局は相談、通報内容を相談・通報受付票（別添2参照）に記録する。

● 事務局は、関係機関等に事実確認を行うとともに、子どもの状況、所属する集団（学校・保育所等）、親や子どもの生活状況、過去の相談歴等、短期間に可能な情報を収集する。

【緊急度判定会議（緊急受理会議）の開催】

● 緊急度判定会議を開催。相談・通報受付票をもとに、事態の危険度や緊急度の判断を行う。

● 緊急度判定会議は、事例に応じ参加機関を考え、随時開催する。電話連絡などで協議するなど柔軟な会議運営に心がける。

● 会議の経過及び結果は、会議録に記載し保存する。

● 緊急の対応（立入調査や一時保護）を要する場合は、児童相談所に通告する。

● 緊急を要しないが地域協議会の活用が必要と判断した場合は、個別ケース検討会議の開催や参加機関を決定する。

【調査】

● 地域協議会において対応することとされた事例について

は、具体的な援助方針等を決定するに当たり必要な情報を把握するため、調査を行う。

【個別ケース検討会議の開催】

●緊急度判定会議（緊急受理会議）で決定した参加機関を集め、個別ケース検討会議を開催する。

●個別ケース検討会議において、支援に当たっての援助方針、具体的な方法及び時期、各機関の役割分担、連携方法、当該事例に係るまとめ役、次回会議の開催時期などを決定する。

●会議の経過及び結果は、会議録に記入し、保存する。

【関係機関等による支援】

●援助方針等に基づき、関係機関等による支援を行う。

【定期的な個別ケース検討会議の開催】

●適時適切に相談援助活動に対する評価を実施し、それに基づき、援助方針等の見直しを行うとともに、相談援助活動の終結についてもその適否を判断する。

3　役割分担

個別事例ごとの関係機関等の役割分担については、それぞれの事例に関する個別ケース検討会議で決定するべき事項であるが、主なものは以下のとおりである。

【主たる直接援助機能】

●日常的に具体的な場面で子どもや家族を支援する機関（者）

●当然ながら、子ども、保護者ともに同じ機関が支援を行うことや、複数の機関が子どもや保護者に対して支援を行うことが考えられる。

【とりまとめ機能（個別ケース検討会議の開催等の事務的な作業を行う）】

●主たる援助機関等から要請を受けて、個別ケース検討会議を開催する。（会議の招集の実務は地域協議会の事務局が行う場合もある。）

●個別ケース検討会議で決定された支援の進捗状況についての連絡調整や情報の整理を行う。

●主たる援助機関等のうち、最も関わりの深いものが、この機関となることも考えられる。

【ケースマネジャー機能（危険度の判断等を行う）】

●事例全体について責任を負い、危険度の判断や支援計画を作り、進行管理を行う。

●必要に応じて、立入検査や一時保護の権限を有する児童相談所と連携を図りながら対応することが適当である。

4　関係機関に対する協力要請

(1)こうした要保護児童等に関する情報の交換や支援の内容に関する協議を行うために必要があると認めるときは、地域協議会は、関係機関等に対し、資料又は情報の提供、意見の開陳その他必要な協力を求めることができる（児福法第25条の3）。

(2)この協力要請は、地域協議会の構成員以外の関係機関等に対して行うことも可能であるが、この要請に基づき当該関係機関等から地域協議会に対し一方的に情報の提供等が行われる場合はともかく、今後の支援の内容に関する協議など、当該関係機関等と地域協議会の構成員の間で双方向の情報の交換等を行うことが見込まれる場合には、協力要請時に、守秘義務が課せられる地域協議会の構成員となることについても要請することが適当である。

(3)なお、医師や地方公務員等については、他の法令により守秘義務が課せられているが、要保護児童の適切な保護を図るために、この規定に基づき情報を提供する場合には、基本的にはこれらの法令による守秘義務に反することとはならないものと考えられる。

(4)また、個人情報の保護に関する法律（平成15年法律第57号。以下「個人情報保護法」という。）においては、本人の同意を得ない限り、①あらかじめ特定された利用目的の達成に必要な範囲を超えて個人情報を取り扱ってはならないとともに、②第三者に個人データを提供してはならないこととされている。（個人情報保護法第16条及び第23条）

(5)しかしながら、「法令に基づく場合」は、これらの規定は適用されないこととされており、児福法第25条の3に基づく協力要請に応じる場合は、この「法令に基づく場合」に該当するものであり、個人情報保護法に違反することにもならないものと考えられる。

第4章　要保護児童対策調整機関

1　趣旨

多くの関係機関等から構成される地域協議会が効果的に機能するためには、その運営の中核となって関係機関の役割分担や連携に関する調整を行う機関を明確にするといった責任体制の明確化が重要であることを踏まえ、地域協議会にはこうした業務を担う要保護児童対策調整機関（以下単に「調整機関」という。）を置くこととした。

2　調整機関の指定

地域協議会を設置した地方公共団体の長は、地域協議会を構成する関係機関等のうちから、一に限り調整機関を指定する（児福法第25条の2第4項）。

要保護児童対策調整機関には、児童福祉担当部局あるいは母子保健担当部局といった児童福祉に関係の深い部局が指定されることが想定されるが、具体的にどの関係機関等を調整機関として指定するかは各地方公共団体の児童家庭相談体制の実情等による。

3　業務

(1)調整機関は、地域協議会に関する事務を総括するとともに、要保護児童等に対する支援が適切に実施されるよう、要保護児童等に対する支援の実施状況を的確に把握し、必要に応じて、児童相談所その他の関係機関等との連絡調整を行う（児福法第25条の2第5項）。

(2)調整機関の業務として具体的に想定されるものは、以下のとおりである。

①地域協議会に関する事務の総括

- 協議事項や参加機関の決定等の地域協議会開催に向けた準備
- 地域協議会の議事運営
- 地域協議会の議事録の作成、資料の保管等
- 個別ケースの記録の管理

②支援の実施状況の把握及び関係機関等との連絡調整

- 関係機関等による支援の実施状況の把握
- 把握した支援の実施状況に基づく関係機関等との連絡調整（個別ケース検討会議における事例の再検討を含む。）

第5章　守秘義務

1　趣旨

地域協議会における要保護児童等に関する情報の共有は、要保護児童の適切な保護を図るためのものであり、地域協議会の構成員及び構成員であった者は、正当な理由がなく、地域協議会の職務に関して知り得た秘密を漏らしてはならない（児福法第25条の5）。

2　守秘義務の適用範囲

(1)この守秘義務の適用範囲は、地域協議会を構成する関係機関等の種別に応じて以下のとおりである。

【国又は地方公共団体の機関である場合】

①守秘義務の対象

当該機関の職員又は職員であった者

②具体的な関係機関等の例

●国の機関

●地方公共団体の児童福祉等主管部局

●児童相談所、福祉事務所、保健所・市町村保健センター

●警察（警視庁及び道府県警察本部・警察署）、法務局

●教育委員会

●地方公共団体が設置する学校

【法人である場合】

①守秘義務の対象

当該法人の役員若しくは職員又はこれらの職にあった者

②具体的な関係機関等の例

●医療機関の設置主体である医療法人

●児童福祉施設の設置主体である社会福祉法人

●私立学校の設置主体である学校法人

●社会福祉協議会（社会福祉法人）

●弁護士会

●法人格を有する医師会、歯科医師会、看護協会等

●ＮＰＯ法人

【上記以外の場合】

①守秘義務の対象

地域協議会を構成する者又はその職にあった者

②具体的な関係機関等の例

●里親

●民生・児童委員協議会、主任児童委員、民生・児童委員

●医師、歯科医師、保健師、助産師、看護師、弁護士

●社会福祉士

●精神保健福祉士

●カウンセラー（臨床心理士等）

●人権擁護委員協議会、人権擁護委員

●ボランティア

●ＮＰＯ（法人格を有しないもの）

⑵市町村や都道府県といった地方公共団体自体が地域協議会の構成員となった場合には、児童福祉担当部局に限らず、要保護児童の適切な保護に業務上直接的な関連を有しない部局の職員にまで守秘義務が及ぶこととなる。

このため、児童福祉担当部局や教育委員会といった地方公共団体の機関については、こうした機関単位で構成員となることが適当である。

(3)また、法人格を有さない任意団体については、その会長のみが構成員になる場合は、当該団体の役職員は構成員とならないため、守秘義務がかからない。このため、このような場合は、当該任意団体の役職員すべてを、それぞれ個人として、構成員にすることが適当である。

3　罰則

守秘義務に反し、秘密を漏らした場合には、1年以下の懲役又は50万円以下の罰金が課せられる（児福法第61条の3）。

第6章　その他

(1)現在、市町村において取組みが進みつつある虐待防止ネットワークについては、地域協議会に移行することが適当である。

(2)地域協議会を構成する関係機関等の意識の共有を図る観点から、地域協議会において相談援助活動に関するマニュアル等を作成するなどの取り組みも有効であると考えられる。

さらに理解を深めたい人のためのブックガイド

本書をお読みいただいたうえで、さらに理解を深めたいと考える読者のために参考文献を掲げておく。虐待に関する文献は膨大な量で、良書も数多い。このリストは、あくまでも教育の分野から見てわかりやすく、日本語で書かれていて、現在でも入手可能なものという前提で作成した。もちろん、どの文献も、本書の特定の章の内容にのみ限定されているわけではないが、それぞれの本の特徴が最も本書の内容に合致すると思われる章と対応して紹介してある。なお、本書の中で引用した文献は基本的にはこのリストに含まれている。

第1部に関連する文献

1　玉井邦夫他著『文部科学省科学研究費特別研究促進費　児童虐待に関する学校の対応についての調査研究報告書』平成16年（文中の文献＊1）

†おそらく文部科学省としては初めての虐待に関する包括的な調査報告書。この報告書は、全国の道府県立教育センターに三部、教員養成大学と児童相談所に一部ずつ送付されている。本書で「研究班」と表記されているのはこの報告書を指す。

2　文部科学省『学校等における児童虐待防止に向けた取組について』（報告書）平成19年（文中の文献＊2）

†上記の研究班報告を受けて、具体的な対応に踏み込む目的で組織された文部科学省研究会議の報告書。海外視

察報告を含んでいる。この文書は、文部科学省のホームページからPDFファイルとしてダウンロードすることができる。

3　才村純他著『保育所、学校等関係機関における虐待対応のあり方に関する調査研究』平成19年（文中の文献＊3）

†本書内で「才村班」と表記されている報告書。上記2の研究会議と並行して活動した厚生労働省科学研究費研究班の第一次報告。入手については日本愛育研究所に問い合わせていただきたい。

第3章に関連する文献

4　西澤哲著『子どもの虐待――子どもと家族への治療的アプローチ』1994年（誠信書房／文中の文献＊5）

†臨床心理学的な見地から書かれた、おそらくわが国で初めてに近い虐待に関する体系的な解説書。虐待を理解するうえで土台となる概念を解説している。

5　玉井邦夫著『子どもの虐待を考える』2001年（講談社現代新書）

†特段の心理学的な知識がないなかで虐待という現象を理解する、ということを目的に書かれた入門書。虐待を、一般的な親子関係や家族関係との共通点から説明している点に特徴がある。

第4章に関連する文献

6　兼田智彦著『学校の危機管理　虐待から子どもを守る——子どものサインをどう読み取るか』2006年（明治図書出版）

†現職教員として長く子どもの虐待に関与してきた著者が、教員としての虐待への取り組みをまとめたもの。必ずしも第2章の内容だけではなく、授業のなかで虐待防止にどう取り組むかという観点も含まれていて、福祉系の著者の本にはない特徴をもっている。

†なお、文中に引用した堺市のマニュアル（文中の文献＊4）は、5分冊からなる非常に充実した内容であり、もし機会があれば一読をおすすめしたい。

第5章に関連する文献

7　W・ボーグ他著（藤川洋子、小澤真嗣監訳）『子どもの面接ガイドブック——虐待を聞く技術』2003年（日本評論社）

†性的虐待に関して、裁判における証拠となりうるような子どもの証言を引き出すためにどうすればいいのか、という観点からまとめられた詳細で実用的なガイドブックの翻訳。司法制度の国による違いなどもあり、必ずしも事例がすべて日本に適合するとは限らないし、教員がここまでできるとも限らない、という面はあるものの、「子どもを誘導せず、正確に事実を聞き出すために」という観点に徹している点で、コミュニケーションの技法論としても興味深い。障害をもつ子どもからの聴き取りなどについても述べられている。性的虐待を念頭

に置いて書かれているが、他の種別の虐待についても十分に応用できる内容である。

第6章に関連する文献

8　リヴィー・T・M、オーランズ・M著（藤岡孝志他訳）『愛着障害と修復的愛着療法』2005年（ミネルヴァ書房／本文中の文献＊6）

†愛着障害に対する専門的な心理治療論。本書には、愛着の概念を紹介するために部分的に引用したもので、必ずしもこの文献の考え方に全面的に依拠しているわけではない。引用した文献ということでリストに掲載した。もちろん、専門書として高い水準にあり、興味のある方はぜひ読んでいただきたい。

9　西澤哲著『子どものトラウマ』1997年（講談社現代新書）

†子どものトラウマに関する平易な解説書。トラウマ記憶や、それが子どもの言動に与える影響などについて理解する好適書。

10　楠凡之著『いじめと児童虐待の臨床教育学』2002年（ミネルヴァ書房）

第7章に関連する文献

11　飯田邦男著『虐待親への接近――家裁調査官の目と技法』2005年（民事法研究会）

†家庭裁判所という、法的な立場から虐待関係の事実を確認していくために、親とどのような観点で面接してい

くべきかという内容でまとめられた本。特殊な立場と業務からのまとめであるので必ずしも学校現場で応用できない面もあるが、親への接近という観点に徹してまとめられている点では参考価値は高い。

第9章に関連する文献

12　安倍計彦著『ストップ・ザ・児童虐待――発見後の援助』2001年（ぎょうせい）

†児童相談所の立場から、学校を含めた関係機関との連携をどうつくり、支援を組み立てていくかについてまとめられた本。

第10章に関連する文献

13　杉山登志郎著『子ども虐待という第四の発達障害』2007年（学研／本文中の文献＊7）

†子ども虐待と発達障害の問題について先端的な活動を続ける児童精神科医による平易な総説。本書に紹介した精神医学的な概念についても丁寧に説明されている。

第11章に関連する文献

14　中島一憲編著『教師のストレス総チェック――メンタルヘルス・ハンドブック』2000年（ぎょうせい／本文中の文献＊8）

†メンタルヘルスの重要性の解説とともに、自己チェックも含めた実用性を重んじた本。

その他

ここまでにあげていないが、子どもの虐待を理解し、対応していくうえで参考になると思われる文献を以下に3点紹介しておく。いずれも専門性が高く、読み応えもある文献ばかりであるが、この問題に関心をもつ方、大学院などで研究的な視点から教員としての仕事を見直す機会を得られた方などには、きわめて有益な文献であると考えられるので、機会があればぜひお読みいただきたい。

15　M・E・ヘルファ、R・S・ケンプ、R・D・クルーグマン編（坂井聖二監訳）『虐待された子ども――ザ・バタード・チャイルド』2003年（明石書店）

†1277頁という大部の著作だが、子ども虐待の問題に関する論点を網羅した百科全書的な本。読破はなかなか難しいかもしれないが、機会があれば一読の価値は十分にある。

16　斎藤学編『児童虐待（危機介入編）』1994年（金剛出版）

17　斎藤学編『児童虐待（臨床編）』1998年（金剛出版）

†ややデータなどが古くなった感はあるが、いずれも、わが国における虐待問題に関する第一線の専門家が各章を担当していて、領域も網羅的である。上述15の日本版とでもいうべき専門書。

虐待に関する本は次々と出版されている。試みにあるオンライン書店で検索したところ、400点を超える結果が出た。これ以外にも、行政部局やNPO団体などが独自にまとめるマニュアルも相当数にのぼる。ここに掲載した各文献を通じて、さらに次の文献を探すことも可能である。

◇おわりに

本書の企画が明石書店から提案されたのは3年前になる。内容的には十分に可能だと思いながら、結局長い時間がかかってしまった。担当の編集者も途中で交代するなど、ずいぶんと迷惑をかけることになってしまった。法規を含めて次々と変わる虐待対応の実状に合わせようとするあまり、書き直しに次ぐ書き直しを迫られたからである。本書を脱稿した翌日に開かれた研修会の質疑応答で、新たな課題を発見するという実状だった。

学校が子ども虐待に対応するということは、何もまったく新しいことをしてくれといっているわけではない。特別支援教育もそうだが、これまでに学校が取り組んできた生徒指導、人権教育、特殊教育の枠組みのなかに、「虐待」という現象への自覚と理解を加えてもらいたい、というだけのことである。しかし、それはおそらく現在の学校のあり方を根底から問い直す問題提起になると考えている。

本書は、現状でできる限りの領域を網羅し、しかも「学校」という視点に立ってまとめたつもりである。しかし、書き上げた直後から、書けなかった内容についての思いばかりが募る。もしも読者から一定の評価をいただけるのであれば、なんらかの形で改訂を続けたいと考えている。

虐待を受けた子どもたちのなかから、「大人になったら学校の先生になりたい」と語る子が出てきてほしい――それが本書執筆中の願いだった。本書がそのような子どもたちに出会うための一助になるならば本望である。

文部科学省の研究班代表として活動を開始してからの5年間で、教育現場における虐待問題への関心や取り組みは飛躍的に進んできたと感じる。その間、全国各地の教員と触れ合う機会もいただいた。学校への批判は巷間にあふれている。傷つく子ども、傷つく保護者、そして傷つく教員の姿を見続けてきた。そうした人たちに少しでも力になることが自分の役割だと思いながら、自分の非力に挫けそうになるたびに、結局は子どもと保護者と教員のパワーに励まされ続けてきた気がする。

本書はどこをとっても完成品ではない。まな板にのせるつもりで上梓する。本書の完成まで、根気よく督励を続けてくれた明石書店の方々に心から感謝したい。

2007年10月　玉井邦夫

玉井邦夫（たまい・くにお）

大正大学人間学部教授。1959年千葉県生まれ。東北大学大学院教育学研究科修士課程修了（心身障害学）後、1983～1990年まで、情緒障害児短期治療施設小松島子どもの家にセラピストとして勤務。1991年より山梨大学教育人間科学部障害児教育講座准教授、2008年より現職。専門分野は臨床心理学。平成14年度～15年度文部科学省特別研究促進費研究班「児童虐待に対する学校の対応についての調査研究」代表、平成17年度～18年度文部科学省委託研究「学校等における児童虐待防止に向けた取り組みについての調査研究会」代表。公益財団法人日本ダウン症協会理事長。

新版《しんぱん》 学校現場《がっこうげんば》で役立《やくだ》つ子《こ》ども 虐待対応《ぎゃくたいたいおう》の手引《てび》き
子《こ》どもと親《おや》への対応《たいおう》から専門機関《せんもんきかん》との連携《れんけい》まで

二〇一三年四月三〇日　初版第一刷発行
二〇一九年八月二五日　初版第三刷発行

■著　者　玉井邦夫
■発行者　大江道雅
■発行所　株式会社　明石書店
〒一〇一-〇〇二一　東京都千代田区外神田六-九-五
電　話　〇三（五八一八）一一七一
ＦＡＸ　〇三（五八一八）一一七四
振　替　〇〇一〇〇-七-二四五〇五
URL　http://www.akashi.co.jp/
■装　丁　明石書店デザイン室
■印　刷　モリモト印刷株式会社
■製　本　協栄製本株式会社

落丁、乱丁本はお取り替えいたします
定価はカバーに表示しています
ISBN 978-4-7503-3788-3

子どもの貧困対策と教育支援　より良い政策・連携・協働のために
末冨芳編著　◎2600円

子どもの貧困と教育機会の不平等　就学援助・学校給食・母子家庭をめぐって
鳫咲子著　◎1800円

子どもの貧困と教育の無償化　学校現場の実態と財源問題
中村文夫著　◎2700円

子どもの貧困と公教育　義務教育無償化・教育機会の平等に向けて
中村文夫著　◎2800円

社会的困難を生きる若者と学習支援
リテラシーを育む基礎教育の保障に向けて
岩槻知也編著　◎2800円

子ども虐待と家族　「重なり合う不利」と社会的支援
松本伊智朗編著　◎2200円

子どもの貧困白書
子どもの貧困白書編集委員会編　◎2800円

外国人の子ども白書　権利・貧困・教育・文化・国籍と共生の視点から
荒牧重人、榎井縁、江原裕美、小島祥美、志水宏吉、南野奈津子、宮島喬、山野良一編　◎2500円

子ども食堂をつくろう！　人がつながる地域の居場所づくり
NPO法人豊島子どもWAKUWAKUネットワーク編著　◎1400円

学校に居場所カフェをつくろう！
生きづらさを抱える高校生への寄り添い型支援
居場所カフェ立ち上げプロジェクト編著　◎1800円

学校を長期欠席する子どもたち
不登校・ネグレクトから学校教育と児童福祉の連携を考える　保坂亨著　◎2800円

児童館の歴史と未来　児童館の実践概念に関する研究
西郷泰之著　◎3200円

子ども虐待とスクールソーシャルワーク
チーム学校を基盤とする「育む環境」の創造
西野緑著　◎3500円

メンタルヘルス不調のある親への育児支援
保健福祉専門職の支援技術と当事者・家族の語りに学ぶ
蔭山正子著　◎2500円

児童福祉司研修テキスト　児童相談所職員向け
金子恵美編集代表　佐竹要平、安部計彦、藤岡孝志、増沢高、宮島清編　◎2500円

要保護児童対策調整機関専門職研修テキスト　基礎自治体職員向け
金子恵美編集代表　佐竹要平、安部計彦、藤岡孝志、増沢高、宮島清編　◎2500円

〈価格は本体価格です〉